安德烈·雪铁龙（André Citroën，1878.2.5～1935.7.3）

直径为 6 米的巨型人字条纹齿轮，1905 年生产。

1919 年，雅维尔厂建立了先进的汽车生产流水线。

　　1919 年出产的第一辆雪铁龙 A 型汽车，堪称雪铁龙汽车家族的鼻祖。背景是雅维尔街 143 号，雪铁龙汽车公司的大门。

1927 年巴黎车展，雪铁龙全钢车身的系列产品成为车展上的宠儿。

雪铁龙里昂分公司大楼建于 1930 年，是当时"全世界最大的服务站"，具有明显的装饰艺术派风格，这里不仅要向潜在用户介绍产品，还要进行售后服务。该建筑于 1992 年作为唯一一个汽车行业大楼被法国政府列为历史建筑，它见证了安德烈·雪铁龙在广告宣传、销售技巧以及艺术领域所扮演的重要角色。

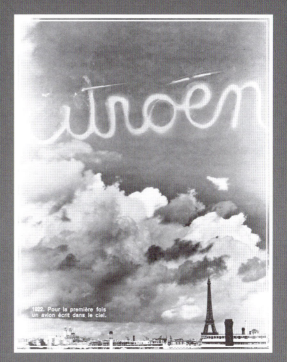

1922 年 10 月，巴黎车展期间，安德烈·雪铁龙安排一架飞机用烟雾将雪铁龙的名字写在了巴黎的天空中。每一次飞行，天空中都会留下长达 5 公里的 CITROËN 七个字母。

雪铁龙公司杰出的广告设计师皮埃尔·鲁伊。

　　轰动一时的雪铁龙履带汽车探索"非洲之旅"(1924～1925)，行程2万公里，发现了很多珍奇的动植物物种以及地理样貌，为人类深入认识非洲，了解非洲提供了第一手的宝贵资料。

　　在 1925 年巴黎世博会期间，埃菲尔铁塔每天晚上灯光灿烂。之后十多年中，每个夜晚，安德烈·雪铁龙都用自己的名字照亮着巴黎的天空，字母的样式每年都会紧随潮流而变化，使得游客陶醉其中。这场展示在整个欧洲都产生了轰动。

雪铁龙 8CV 汽车，又名"罗莎莉"，创 134 天行驶 30 万公里无任何故障的世界记录。雪铁龙曾悬赏三百万法郎，奖励 1935 年 1 月 1 日前能够打破这项记录的汽车制造商。但无人敢于应战。

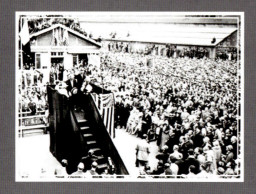

1927 年 5 月 27 日，雪铁龙及雅维尔厂上万职工热烈欢迎单人驾机成功飞越大西洋的美国飞行员查理·林德伯格。

　　2002 年 10 月 25 日，东风汽车公司总经理苗圩和 PSA 标致雪铁龙集团总裁佛尔兹在北京人民大会堂正式签署扩大合作的合资合同，为神龙公司实现跨越式发展开辟了广阔空间。2003 年 1 月，东风雪铁龙品牌正式开始运行。

　　2009 年 4 月 18 日，东风雪铁龙新品牌发布会在上海盛大举行，700 余名各界来宾共同见证了东风雪铁龙迈入品牌新纪元的历史时刻。图为刘卫东先生（右三）、华日曼先生（左三）、萨姆拉先生（右二）、毕高诚先生（左二）、穆懿夫先生（右一）、魏文清先生（左一）与新品牌标识合影。

1931年4月至1932年2月，43位勇士驾驶雪铁龙汽车，翻越喜马拉雅山，从贝鲁特来到北京，行程12 115公里，史称"东方之旅"。这是人类首次借助汽车经过喜马拉雅山脉跨越欧亚大陆；首次使用录像机和录音机考察"丝绸之路"；首次运用利用无线电通信及定位技术保障汽车旅途……

　　路易威登（LOUIS VUITTON，简称 LV）是来自法国的世界顶级奢侈品牌，也是自驾旅行的倡导及引领者。雪铁龙和路易威登合作 80 年来，带领人们寻奇历险、探索自然，留下无数宝贵的社会精神财富。图为 LV 为"东方之旅"定制的旅行箱。

　　2011 年 7 月，东风雪铁龙"新东方之旅"历时 62 天，行程近 1.5 万公里后，成功抵达新疆红其拉甫，并在国门前揭幕了代表千百万车主的"梦想之碑"。这是对 80 年前"东方之旅"的纪念，更掀起了中国汽车消费者追求"创新与荣耀"的高潮。

　　2010 年 8 月 10 日，东风雪铁龙正式成为中国羽毛球队高级赞助商，C5 及世嘉将成为中国羽毛球队指定用车。东风雪铁龙将联合中国羽毛球协会，共同推动中国羽毛球运动的普及和发展。

　　2011 年 4 月，CITROËN DS5 全球首发仪式在上海举行。作为 DS CITROËN 系列不断向高端突破的产品，CITROËN DS5 兼具 "Shooting Brake" 气质与 GT 跑车动感，给消费者带来极度震撼的感受。

Andé Citroën

安德烈·雪铁龙

汽车世纪的奠基人

[法]雅克·沃根辛格◎著
刘海宁◎译
魏文清◎审定

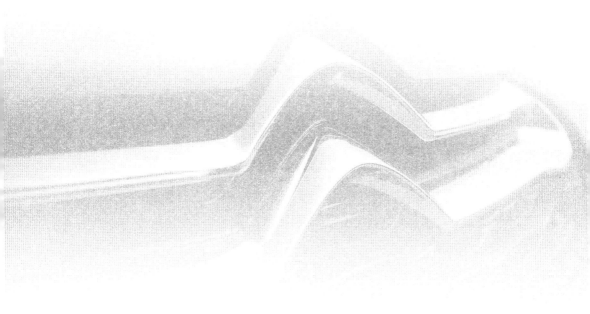

华夏出版社
HUAXIA PUBLISHING HOUSE

图书在版编目（CIP）数据

安德烈·雪铁龙/(法)沃根辛格著;刘海宁译. —北京:华夏出版社,2013.1
ISBN 978-7-5080-6725-4

Ⅰ.①安… Ⅱ.①沃… ②刘… Ⅲ.①雪铁龙,A.(1878～1935)—传记 Ⅳ.
①K835.655.38

中国版本图书馆 CIP 数据核字(2011)第 232298 号

ANDRÉ CITROËN by Jacques Wolgensinger
© Flammarion 1991

北京市版权局著作权合同登记号：图字 01-2011-4595

安德烈·雪铁龙

编　　著　[法]沃根辛格
译　　者　刘海宁
责任编辑　张　平

出版发行　华夏出版社
经　　销　新华书店
印　　刷　北京汇林印务有限公司
装　　订　北京汇林印务有限公司
版　　次　2013 年 1 月北京第 1 版　　2013 年 1 月北京第 1 次印刷
开　　本　720×1030　1/16
印　　张　15.5
彩 插 页　6
字　　数　242 千字
定　　价　32.00 元

华夏出版社　网址:www.hxph.com.cn 地址:北京市东直门外香河园北里 4 号　邮编:100028
若发现本版图书有印装质量问题，请与我社营销中心联系调换。　电话:(010)64663331(转)

序一

北京大学光华管理学院副院长　刘学教授

　　我个人是偏好阅读人物传记类书籍的，一本好的传记书籍往往能够把主人公描写的有血有肉，使人读起来似是生活在那个时代，仿佛亲历书中人物波澜壮阔的一生。在某种意义上，《安德烈·雪铁龙——汽车世纪的奠基人》就是这样一本书。

　　"雪铁龙"是法国第三大汽车公司，其创始人安德烈·雪铁龙一生的经历充满着传奇。市面上关于名人传记的书籍虽然已汗牛充栋，但关于安德烈·雪铁龙的传记恐怕本书还是第一本。相比其他人物传记，本书也颇有特色。

　　由面及点，娓娓道来是本书的第一大特色。本书擅长先描写大的外部环境，而后在这环境下引出书中主体人物。其中最引人入胜之处在于，稔知这些外部事件的读者们从未想到这些事件竟和雪铁龙家族有如此相关，而本书的主人公——安德烈·雪铁龙在这些事件中所受的影响就更值得读者深思了。联想到创始人对其企业的文化的影响，读者们或许就更会唏嘘不已，感慨现今的雪铁龙公司不知该留下多少安德烈·雪铁龙的影子了。从这个意义上来说，《安德烈·雪铁龙——汽车世纪的奠基人》不仅是一本好的传记，更是一本好的案例教材。

　　于细微处见真知是本书的第二大特色。和某些传记人物的戏说不同，本书的每一丝都透着斟酌与考究，这斟酌更多可见诸于作者对细节的推敲把握。本书努力通过每一个词语来表达当时情境和人物内心的意图，同这些细节相匹配的则是详尽的数字，作者从不无根据地评述现状，支撑论点的总是由事实数字组成的论据。同时，这种考究还体现在每一章节的标题和引语上，章节的标题或通过描述某一细节来映衬这一时期事件，或通过一句简单的总结概括背景，引语则和标题相互呼应，利用名言警句巧妙地道出了章节主要人物的心理状态。虽然本书时常着眼于细微之处，但其写作风格并不啰嗦，并没有极尽细节，它省略的地方反倒给了读者更多思考的余地，不会使读者有冗余之感。

在本书的上述特色之下，安德烈·雪铁龙的众多品格就跃然纸上了。他思维活跃，喜爱自由，热爱创新，性情自然随和却又有与生俱来的权威，大脑时常会涌现各种奇思怪想但又具备缜密的理性思维。他一生无时不在与各种力量斗争着，其中不仅有竞争对手、德国士兵、政府、合作伙伴，更有自己的身体。随着历史的演进，安德烈·雪铁龙和他的企业、他的家人朋友、他的敌人们在书中交织着，构成了本书的跌宕起伏。

目前正是《乔布斯传》盛行的时候，对比乔布斯和雪铁龙，相信读者们能发现伟大人物中的一些共性。阅读这些人物传记不仅仅可以使我们享受其中的故事情节，更多的则在于"以人为镜"，不断提高自己。我认为，我写的序言并无夸张与溢美之处，除了个人的友谊之外，基于我对人物传记的粗浅理解和认识，我认为这是一本好书。因此，我诚挚地将本书推荐给读者。

序二 | 活着就要改变世界

和君咨询集团董事长 王明夫博士

2011 年 10 月初，一个秋风萧瑟的日子，"苹果教主"乔布斯骤然离开了这个世界，亿万"果粉"顿时陷入深深的悲痛之中，其中也包括我。我当天的微博说："怅然若失。啊乔布斯！默哀三分钟。停下一切，把心静下来，想一些日常忙碌中不太去想或久已遗忘的问题。归去来兮。敬佩他的意志、他的创造力、他的痴迷、他的'stay hungry, stay foolish'。想起他的骂骂咧咧、直率粗口。最难以忘怀，他那清瘦的身影、锐利的眼神。他的人生，比任何苹果产品有魅力。"

比尔·盖茨说，乔布斯留下的精神财富会影响这个世界至少 100 年，他堪称"信息世纪"的奠基人：1970 年代 Apple II 电脑开启了"信息世界"的大门；1980 年代的麦金塔电脑让创意行业插上了腾飞的翅膀；1990 年代的皮克斯动画指明了动漫的发展方向；2000 年代的 iPod 重新定义了音乐产业，iPhone 重新定义了手机产业，iPad 重新定义了 PC 及传媒出版，一句话，他将"技术、艺术、产业三者完美结合"，从此屹立于当代科技产业的顶峰。

他对于"信息世纪"的贡献，"汽车世纪"的先驱人物安德烈·雪铁龙对于汽车世纪的贡献可以比肩。

虽然所处的时代不同，但两者家庭出身及性格颇有近似：乔布斯是个被寄养的孤儿，他活着就要改变世界；而雪铁龙 6 岁失去父亲，21 岁失去母亲，做事雷厉风行，极富远见，不顾一切地投入来改造这个世界。

正是雪铁龙的坚持，所以我们才有整车交付的销售方式、特许经销商网络、汽车信贷体系；正是雪铁龙的远见，我们才得以奠定现代汽车的模样：全封闭式钢结构车身、前轴驱动、液气联动悬挂、自动变速箱；正是雪铁龙的智慧，我们才发展了现代广告人习以为常的营销方式：路牌广告、报广全幅广告、名人代言、展览展示、事件营销。

可以说，雪铁龙是 20 世纪——"汽车世纪"的先驱，他通过一系列技术"革命"，促进了人类社会的发展和文明的进步，对人类从"工业时代"走向"汽车时代"起到了推动作用。而乔布斯们通过一系列技术"革命"，推动了人类从"汽车时代"走向"信息时代"。

在乔布斯"改变世界"的远景规划里，包括 iCar（智能汽车）、iHouse（智能房屋）、iTown（智能城市），我相信，这些计划不会因为他的离去而搁置，因为雪铁龙的继任者也在试图通过"信息汽车"来"改变世界"，从另外的维度来满足人类的梦想。

今年 3 月，雪铁龙已在法国率先推出全新的"CITROEN MULTICITY"（雪铁龙多城市出行方案），成为首家提供全交通方式出行解决方案的汽车制造商，用户通过手机和网络均可访问 CITROEN MULTICITY 官方网站，查询最佳出行路线，获得机票、火车票预定和租车服务以及假日景点门票预定服务，从而得到更轻松便利的出行解决方案。

活着就要改变世界。多亏了雪铁龙、乔布斯这些伟人，世界才得以不断进步，人类生活才得以不断改变。

写到这里，我望向北京寓所的窗外，在这个深秋的日子里，窗外仍然有一份暖阳。

目 录

前言

这个世界上有许多汽车品牌：有些是首字母缩写的组合，有些是没有太多含义的普通名词，还有些是家族的姓氏，后者就是雪铁龙品牌的情况。

在成为享誉全球的汽车品牌之前，雪铁龙首先是一个男人的名字，他就是安德烈·雪铁龙。

本书追寻着他一生的足迹，这个诞生于 1878 年、逝世于 1935 年的不寻常的男人，推动了世界汽车工业的发展。他的功绩不仅仅在生产制造领域，应用了数不清的创新科技，比如全钢车身，比如液压底盘；在营销和传播领域，他也是现行许多广告形式的先行者，比如创立品牌销售网络的理念，比如在 30 年代用霓虹灯组成品牌的名字装上埃菲尔铁塔，装点巴黎的夜空。

你们将会读到这个传奇男人的一生：他不仅是寻求，而且还发现；他不仅是制造，而且还创新。

因为创立者的天赋智慧，雪铁龙的名气在中国已经誉满神州。早在 1931 年，安德烈·雪铁龙先生就策划了横跨欧亚大陆的"东方之旅"。为了展示雪铁龙汽车优异的性能和出众的质量，从 1931 年 4 月到 1932 年 2 月，14 台履带汽车从贝鲁特出发，一路跋山涉水，穿越中国边境，终于抵达北京，完成了人类汽车史上首次经过"世界屋脊"跨越欧亚大陆的壮举。

60 年后，雪铁龙品牌再次回到中国，这次组建了著名的东风雪铁龙品牌，旗下的产品如爱丽舍、世嘉和 C5 均获得了极大的成功。

结缘中国 80 年了，雪铁龙的传奇和历史仍然在继续，因为有太多中国朋友的喜爱，雪铁龙品牌会一直努力，为中国朋友更好地提供"人性科技 创享生活"。

神龙汽车有限公司商务副总经理兼
东风雪铁龙商务部总经理

东风雪铁龙商务部副总经理

Avant propos

Il existe de nombreux marques automobiles à travers le monde. Certains sont des abréviations, d'autres des mots communs sans signification particulière, d'autres enfin sont des noms de famille. C'est le cas de Citroën.

Car avant d'être une grande marque automobile de renommée internationale, Citroën c'est d'abord un homme : André Citroën.

Ce livre a pour but de retracer la vie de cet homme hors du commun. Né en 1878, mort en 1935, il a révolutionné l'automobile non seulement dans son aspect industriel avec les innovations majeures que furent le châssis tout acier ou la suspension hydraulique mais aussi dans son aspect commercial et marketing. Ilcrée la notion de réseau commercial de marque, ou encore la publicité créative avec son nom qui illuminait tous les soirs la Tour Eiffel au début des années 30.

Vous allez lire la vie d'un homme hors du commun, qui ne cherche pas seulement mais qui trouve. Qui ne construit pas uniquement mais qui innove.

Le nom deCitroën a une longue histoire en Chine et là encore, grâce au genie de son fondateur. C'est lui qui eut l'idée, en 1931, effectuer la traversée du continent asiatique pour tester et montrer la solidité et les qualités de ses modèles. Ce fut la fammeuse ' Croisière Jaune'. D'avril 1931 à février 1932, un équipage de 14 autochenilles Citroën traverse le continent Eurasiatique. Partis de Beyrouth, ils franchissent la frontière chinoise vers Aksou avant de rallier Beijing.

Citroën reviendra en Chine soixante ans plus tard avec la marque bien connue DongFeng Citroën et les modèles à succès actuels que sont la C – Elysee, la C – Quatre et la C5. 80 ans plus tard, la légende mais aussi l'histoire de Citroën continuent. Pour longtemps. Pour très longtemps encore.

DGA Commerical de DPCA
et DG de DCAD

DGA de DCAD

第一部 | 世纪尾声

他们进来了，他们啼哭起来。啊，这就是生命！

——奥素纳·德·项塞尔（Ausonne de Chancel）

第一章　降生于子夜

　　在那个年代，除非例外，男人们一般不会陪伴他们的妻子分娩。有身份的人家生孩子大多在家中由助产士接生，有时也请医生到场。登门接生的大夫由于常常一家接一家地爬楼梯，使得他们能够保持良好的出诊状态，而身材大多比较粗壮的助产士却总是絮絮叨叨，训斥着女佣，让她准备开水。

　　在这样的时刻，男人既无事可做，也无话可说，仿佛成了局外人，帮不上忙，但是又不无干系。这男人想必很清闲，只用让开走廊，任凭兴奋紧张的人群跑来跑去，男人只能等着，或者，他脑筋还转得动的话，就动动脑子。

　　有思想的男人迟早会总结自己的一生。此刻的勒维·雪铁龙坐在（确切地说，是陷在）宽大的、装饰有纽扣花纹的丝绒圈椅里面，一只手漫不经心地捋着颔下愁白的胡须，目光木然地穿过餐桌上的几盏煤气灯，望向几只蓝白相间的代尔夫特①彩陶罐子，却视而不见。他也不例外，盘算着走过的历程，推敲着自己的人生总结。

　　勒维·雪铁龙的思绪仿佛回到了19世纪50年代在阿姆斯特丹生活的幸福日子。那时他还是个年轻小伙儿，听着父母的差遣，成天在外面跑

---

　　① Delft，荷兰城市名，盛产优质彩釉陶瓷。——译者注

来跑去。他皮鞋的鞋跟敲击着马路上的细砖，发出的咔嗒咔嗒的声响，回荡在钻石商云集的街区。他好像又看到戴着高高帽子的工匠，正在王宫区的街上干活，卖煎饼和烤鱼的商贩推着小车沿街叫卖。他回忆起美食的味道，念念不忘的有醋泡李了，有人们通常捏着鱼尾、垂直提起直接吊在嘴边吃的生大西洋鲱鱼，还有扎着头巾的印尼人端出来的一盘盘香辣马来孜然炒饭。阿姆斯特丹城区 50 多条运河纵横交错，100 余座桥梁横跨其上，沿河两岸的手推车和马车你追我赶，吆喝声此起彼伏，河面上鲜花商人的驳船与小艇穿梭来往，水中的野鸭悠闲自得地嬉戏。他仿佛看到了港口热闹的景象，来自天涯海角的商船在这里卸下丝绸、咖啡、茶叶、烟草和香料，趸船上的麻雀肆无忌惮地飞来飞去，海鸥发出刺耳的鸣叫，即将起航去非洲或巽他群岛的轮船上滑轮嘎吱作响。

他想起了家和那精美的早餐，勒维离开家乡后就再也没有吃过那样的早餐（来到巴黎之后就更加不可能了）。他还想到了美味的填馅鲤鱼，外形保持原样，但鱼肉鲜美，妈妈做好了这道菜就盛在复活节专用的盘子里，供全家人美餐。还有星期六的面包，原料有白面和鸡蛋，做成麻花状，上面撒了一层调味用的罂粟籽，好吃极了！这是怎样可口的美食，又是怎样和美的家庭啊！12 个兄弟姐妹，男生 6 个，女生 6 个，最小的 2 岁，最大的 18 岁，虽然孩子们常为鸡毛蒜皮的小事吵吵嚷嚷，但在大事上能彼此谦让，融洽相处。

阿姆斯特丹，令人称羡的海蓝色天空曾给予大画家弗美尔①巨大的创作灵感，在这清澈明亮的天空映衬下，市中心富贵人家高耸的巴洛克式宅邸门面格外引人注目，正门的上方镶着三角楣，呈阶梯状向两侧延伸，房屋的窗子上既无遮板，也不用窗帘，为的是让每一位路过的行人能够欣赏到室内客厅或厨房里的各种小摆设和绿色植物。运河两岸红灯区的住房则低矮狭窄，门窗上嵌着小方格玻璃。几年后，勒维·雪铁龙经常从这里的门前走过，无论是他独自经过还是和同龄的少年结伴而行，总要偷偷地斜眼看看端坐在门内的懒洋洋的胖姑娘们。那些女孩穿着袒胸露肩的衣服，胸前的领口开得很低，每当她们往前微倾上身，就会显露

---

① 约翰尼斯·弗美尔，Johannes Vermeer，1632～1675，荷兰画家。——译者注

出天生浑圆的乳房，肌如白雪，肤若凝脂。她们神情安静地等待水手们的到来，手中有条不紊地织着永远织不完的披巾。

勒维·雪铁龙的思绪又来到了自己做工的珠宝工场，那是他父亲巴伦德·雪铁龙一手创办的，巴伦德·雪铁龙其实就是"雪铁龙"王朝的创始人，因为此前他们家族并不叫这个姓氏。

巴伦德的祖父雅各布·莫泽斯从第四次英荷战争的战场上幸存下来之后，就成为了一名水果商人，在阿姆斯特丹附近的村庄周围游走经营，很是辛苦。他的特长是销售国外的水果，卖的主要是柠檬，从荷属圭亚那运来的细皮小柠檬，黄黄的颜色，味道有点酸。因为他的职业，雅各布被当地人叫做"卖小柠檬的人"。1811 年，拿破仑一世命令他的荷兰总督、爵封皮亚琴察公爵、前第三执政夏尔 - 弗朗索瓦·勒布伦，进行一次大规模的人口普查，并规定建立姓氏制度。法国的统治对鲁洛夫而言，意味着跟他的父母莫泽斯夫妇和其他八位兄弟姐妹一样，根据法律被叫做"卖小柠檬的人"。其实，当初这个名字只不过是个外号，一个绰号，别人开玩笑取的，并无恶意，久而久之就顺理成章地叫开了。事情常常就是这样。善良的人们以为，莫泽斯家登记的姓氏不会比法国人的统治更长久，可能仅仅是权宜之计，法国人走后又会改回来，他们希望不会长久。

鲁洛夫英年早逝，死时才 33 岁。他的妻子罗丝洁含辛茹苦地将一双儿女——6 岁的巴伦德和 4 岁的萨娜抚养成人。巴伦德长大后当了珠宝工匠。20 岁时，他爱上了一个钟表批发商的女儿，名叫内捷·罗斯布姆。姑娘天性活泼，其父在阿姆斯特丹约登布里街的黄金地段开了一家颇有名气的钟表店。姑娘的父亲觉得自家的门户远高于一个普通工匠的家庭，因此，他要求巴伦德修改姓氏，否则就不同意这桩婚事。在他看来，姓"卖小柠檬的人"太不文雅。那时候，改名换姓很容易，只要当事人结婚登记时找到 7 个人，证明申请人是自己说的那个人即可。这样，在 1831 年娶了内捷之后，巴伦德·卖小柠檬的人就改名叫巴伦德·雪铁龙，荷兰语意为柠檬，当时的拼写没有上面分音符的两点①。

---

① 原为 Citroen，现为 Citroën。——译者注

巴伦德·雪铁龙夫妇婚后幸福，两口子生育了很多孩子，准确地说是14个，除幼子夭折外，全都抚养成人，并为女儿们张罗到好婆家，为儿子们谋得理想的职业。7个儿子中，5个从事的是和他们的父亲一样或近似的职业，分别做了金银珠宝商、首饰商和钻石商。两个女婿也从事同样的工作，他们分别是二女儿露丝的丈夫阿拉汉姆·斯潘佳，六女儿阿碧艾尔的丈夫雅克·梅兹。

经营宝石是犹太人的传统，这可上溯到公元12世纪，当时，著名的犹太医生、法学家和哲学家麦默尼德就在开罗从事宝石生意，他的弟弟大卫后来甚至将宝石贸易做到了印度和马来西亚。从那时起，大批希伯来数学家、医生、地图测绘家、手工艺者和商人纷纷落户欧洲。17世纪"30年战争"期间，犹太人遭到残酷迫害，很多人逃离了德国和波兰。有些跑到比利时的安特卫普，使之成为宝石的贸易中心。不久以后，这些人最终在荷兰的阿姆斯特丹定居，因为那里加尔文教派的当权者愿意接纳他们。

这是何等艰难的跋涉啊，犹太民族才能最终定居在世界各地，历经岁月的磨难，尝尽世态炎凉；不知需要克服怎样的困难，鼓起多大的勇气，一代人接着一代人努力，才终于能够走到今天。1878年2月5日这个天寒地冻的夜晚，雪铁龙家的一个生命即将在法国巴黎诞生！

这孩子将来会记得留在荷兰的爷爷和叔叔伯伯们吗？他们明察秋毫，好学不倦，戴上珠宝匠的黑色三倍放大镜，他们就变成"独眼巨人"[①]，只需观察钻石的净度和颜色便能说出它的产地，有时甚至知道产自哪个矿。勒维对其父亲巴伦德无限敬仰，佩服父亲发明的才能，佩服父亲善于将看上去不相容的事物整合在一起的本领。而且，父亲又是多么的勤奋！想起那天偶然看见父亲的一幕，勒维不禁为之动容。那天父亲连续十几个小时劳作后筋疲力尽，勒维看到他耷拉着脑袋，额头伏在工作台上睡着了。父亲满头的银发，一层层都是霜染的痕迹，盖在同样洁白的丝帕上。帕子上散落着他精心挑选出来的各类宝石，有血红的缅甸红宝石，幽绿的哥伦比亚祖母绿，还有洪都拉斯的虹色乳白石，西伯利亚的

---

① 希腊神话中主管锻铁和建筑的巨人，只有一只眼，长于额头中央。——译者注

紫水晶等。这些宝石在父亲的脑袋前反射出色彩斑斓的光点，仿佛给这位 60 多岁的老人戴上了一顶璀璨的皇冠。

巴伦德·雪铁龙曾经踌躇满志地想跟儿子们一起，创立世界级的珠宝和贵金属集团公司，就像罗斯柴尔德成功地组建国际财团那样。但他没能完全实现自己的梦想，因为他那地狱般的火暴脾气难以与任何孩子和睦相处。先是长子鲁洛夫，当时 27 岁的他已经是好几个孩子的爸爸，因为实在不能忍受其父始终把他当做孩子，而离开了老雪铁龙开在阿姆斯特丹最重要的商业区纽温杰克街的珠宝店，来到首都的另一条著名商业大街加尔文街 1 号，在此另起炉灶，开创自己的生意。接着，勒维·雪铁龙也离开了父亲，并且走得更远，但那完全出于另外的原因。

自 1750 年开始在巴西发现钻石矿到 1866 年，尽管这几年（1845～1848）经济不太景气，但钻石的行情依然翻了两番多。好一个钻石盛世！但是，1866 年南非开普敦首批钻石矿的发现和开发造成了钻石市场的饱和。因为严重供过于求，巴伦德·雪铁龙预感到钻石价格将有崩溃的风险。当务之急是分散风险，寻找新的客户，新的供货商，特别需要到东欧国家去扩展生意。巴伦德决定派他的儿子勒维·雪铁龙去波兰华沙，那里有他们的朋友，甚至还有几个远房亲戚。

这真是一次历尽风险的长途跋涉！从阿姆斯特丹到华沙全程直线距离 1 200 公里，勒维一路坐火车、乘轮船、搭邮车，甚至骑马，经汉诺威、柏林、波兹南到华沙。而当时法兰西与普鲁士间的战争一触即发。事实上，勒维·雪铁龙到波兰后仅几个月普法战争就爆发了。

华沙！又是一段刻骨铭心的记忆。它跟阿姆斯特丹有着巨大的反差：偌大的首都，巍峨的城堡，宽阔的维斯杜拉河，陡峭的河南岸。城北的商业和手工艺区人来人往，一派繁忙的景象。这里的人们能说会道，表情生动，神情自豪，而且表现得很有修养，因为男人们常常慢条斯理地对女士施吻手礼，而女士们也好像乐此不疲。这儿的居民丝毫不像荷兰人那样拘谨怯懦。他们唱歌，他们跳舞，他们开玩笑，他们打招呼，他们生气，他们发怒，他们互相走动，他们言归于好。勒维看得目眩神迷。还有这里的波兰姑娘们，她们的大眼睛清澈灵动，身段苗条婀娜，笑声清脆如同银铃！情窦初开的勒维发现其中一位姑娘的眼神尤其多情，笑声尤其动听，身材格外修长迷人，这个女孩的芳名听起来甜蜜而温暖，仿佛抚摸丝绸的感觉，她叫玛莎。她喜欢微微侧着头，长长的睫毛下面闪动着明亮而灵动的眼睛，说话时配合着手势，挥起手来好像放飞和平鸽。勒维不由自主地爱上了玛莎，于是鼓足勇气向姑娘的父母亲伊萨克－厄舍·克莱茵曼和玛丽娅·拉切尔提亲。起初他们非常震惊，这样的方式很不合适。因为在那个年代，他们那个阶层，儿女的终身大事从来都是父母之命，媒妁之言，如何容得自由恋爱，再说，玛莎还年轻得很呢！然而，勒维绝非等闲之辈，他知道如何说服他们，得到自己心爱的人。在一个春光比往日更加明媚的日子里，勒维从秘密的口袋中小心翼翼地拿出一只小盒子，一层层地解开包裹，取出了他那片刻不离身的珍藏。那是一颗重达 5 克拉的钻石，纯白光洁，晶莹剔透，没有一丝瑕疵。阳光下，钻石发出五颜六色的光芒。钻石代表恒久不变，爱情也是如此，当人们用钻石来担保爱情的时候，肯定有人会相信他。就这样，勒维得到了女方亲人的认可。正式订婚半年后，1870 年 10 月 31 日在华沙，玛莎－阿玛丽娅·克莱茵曼嫁给了勒维·巴伦德·雪铁龙。这一年，新娘 17 岁，新郎 28 岁。婚礼那天，人们跳了一天一夜的舞，24 小时歌声不断。

然而，无论波兰的生活如何热闹与欢乐，这个国家在历史上也曾经至少四次被瓜分、再瓜分，至今已在俄国人的统治下长达一个多世纪，波兰人不堪忍受，30 年中四次揭竿而起。1861 年的起义之后，俄国人宣布禁用波兰语，强行推行俄罗斯化。婚后的玛莎和勒维在考虑将小家安在何处：继续留住波兰，或是远走他乡？

"我们离开！离开这里！"玛莎原地跳起来，拍着手说道。

勒维当然愿意，但去哪儿呢？返回沉寂的荷兰，过那种舒适、宁静、不思进取、贪图安逸的小日子吗？夫妇俩都不甘于这样的生活。

"去美国吧！去美国吧！"玛莎说。

美利坚是自由的国度，经过南北战争后，人口减少，百废待兴，比以往任何时候都欢迎外国移民的到来。不过，说起自由的国度，法国也是，而且还是人权的发祥地，1870 年普法战争结束后，法国也在千方百计地重振国力。另外，法国没有美国那么遥远，无须跨越大西洋。

勒维·雪铁龙夫妇因此最终选择了法国，而且是巴黎。他们落脚在巴黎市中区，但不是皇宫周围，那是地理概念上的市中心。他们住在首都名副其实的中枢地段，这块神奇的长方形地区西至巴黎歌剧院（其正门刚刚竣工），东到黎塞留–德鲁奥十字街口（那是巴黎的商业区和娱乐区）。巴黎第九区被奥斯曼大道贯通其中，有如一顶绅士大礼帽。当时这条奢华的大道还没有完工，刚刚以其创建者的名字命名，他就是乔治·奥斯曼。这位男爵先生主持了巴黎的规划设计，在这边铺几条碎石路面的大道，在那边安排几片公园或是绿地，拆除不当的建筑，重修新的建筑，搬移、种植树木，设置供水工程，将巴黎向空气和阳光开放，如同穿紧身胸衣的女士因为喘不上气而要解开系绳一样。

谈到女人，那咱们就来说一说。巴黎的女人堪称世界上最风雅的女士，她们戴着各种各样优美的饰物：帽子、短面纱、手套、披肩、暖手的手笼、折扇、手袋等。从今往后，玛莎将成为她们中的一员。到巴黎没过几个星期她就决定穿带腰垫的褶裙，这种款式刚刚取代以往由衬架支撑的女裙，带腰垫的褶裙在裙底鼓起直到腰部，越发强调了身材的曲线。从今往后，她也像其他巴黎时髦女郎一样，天天迈着急促的碎步去马德莲娜花市，或者逛逛维维安街的女性服饰店，或者返回她们的家。雪铁龙夫妇的第一套房子位于夏多丹街 5 号，这条街道很宽，有如大道。1872 年夏天，长女让娜在此降生。他们没少替孩子担惊受怕，因为当时巴黎正闹恐怖的天花，已夺去无数条大小生命。

勒维和玛莎抵达巴黎时正赶上巴黎公社起义如火如荼，他们牵涉其中，为此惊骇不已。后来梯也尔先生恢复了秩序，8 月 31 日他不出意外地被宣布成为共和国总统，这一天比让娜的生日整整早了一年，所以勒维有时戏称她为"共和国小姐"。

一年之后长子于格出世。那时勒维已经谋得了一份好差事。在巴黎市场所有的钻石商、珠宝商和珍珠商里面，他被公认为是个稳重可靠的人。人们常常找他咨询，勒维的生意因此非常红火。所以在儿子出生的当年他们就搬入附近一套更大的房子，位于拉菲特街 44 号，拐角就是拉法叶街。这是一套很漂亮的房子，阳台还有铁艺装饰，楼房正面嵌着四个古色古香的徽章。生于 1874 年的费尔南德和一年以后出生的贝尔纳却都不是在这套住宅里来到人世的，他们分别出生在恩吉安－雷班和蒙墨朗锡，那里是他们父亲的夏季疗养地，勒维每年夏天去那里医治哮喘病。此时的勒维·雪铁龙已属殷实人家，外出度假可以租住别墅。

现在第五个孩子即将降生，对这个最小的孩子，大人们并没有多少期待。眼下的日子变得越发艰难：物价低迷，失业严重，购买力下降，银行利息下跌，企业利润减少……人们往何处去呢？勒维·雪铁龙看问题颇有些悲观，思虑越多，他越觉得前途黑影重重。勒维累了，他的呼吸不好，所有的事情在他脑子里乱成了一锅粥。各种影像互相混杂，重重叠叠，好像记忆的闸门里面跳起了波尔卡舞蹈……

窗外忽然响起波西米亚的小提琴旋律，几个面孔红红的年轻人在结冰的阿姆斯托河（Amstel）上滑冰，西风呼呼地吹来，推动着磨坊的风叶转动……几个瘦瘦的大胡子，戴着圆圆的帽子，穿着黑色的长皮袍，和几个东印度公司的水手擦肩而过。一个手摇风琴乐手被几个哥萨克人撞倒，他们手里拿着皮鞭，腰间的马刀没有护柄，也不用马刺，他们跨上几乎野性未脱的驽马扬长而去。可是这回轮到他们倒霉，班宁·柯克队长的火枪手，从世界上最美丽的油画《夜巡》（La Ronde de Nuit）中走出来，推开了这些哥萨克人。勒维曾经非常喜欢《夜巡》这幅画，他在特里普家宅①欣赏过，特里普家宅是皇家博物馆，他看画的时候还带着一个小女孩，穿着浅色的裙子，站在左边……这是玛莎，夏天的时候在一片晾晒着的白色衣物中间，她高高地举着自己的胳膊，在阳光的灼烤下，那些晾晒的衣物都摊得很开，绷得也紧，在风中抖动的声音好像战鼓……

"先生，先生！"勒维被一只手猛地摇醒了。应该马上忘记脑海中浮现的过去的身影，必须回到现实了。

"先生！生了，是个男孩！"女佣一脸兴奋地喊道。

"好！"孩子的父亲说，"咱们就叫他古斯塔夫吧。"

言毕，勒维走进卧房拥吻妻子，因为终于得到了许可。他像那些终于经历过妻子临盆待产的男人那样，神情呆滞，笑容有些得意，眼神有些自命不凡。

---

① Tripenhuis，位于荷兰首都阿姆斯特丹，17世纪富人的宅邸，现为荷兰皇家文理科学院住址。——译者注

在那所大宅子里，窗户玻璃仍然是湿漉漉的，穿孝服的孩子们注视着那些美妙的景象。

——阿尔蒂尔·兰波（Arthur Rimbaud）

第二章　失去父亲的日子

新生儿没叫古斯塔夫，而叫安德烈，这是孩子母亲的意愿。为了让所有人都满意，他的名字干脆变成了安德烈－古斯塔夫。

按户籍本上的详细记载，安德烈生于 1878 年 2 月 5 日晚上 12 点半（户籍记录并不准确，因为直到 1900 年 1 月 1 日以后，有关机构才开始采用 24 小时计时制）。据星相学推算，安德烈的生日属黄道十一宫，是水瓶座，一种带嘴的双耳尖底瓮。属水瓶座的人擅长交际，做生意，锐意进取，矢志建功立业，做普罗米修斯式的人物。

一年过去了，当小普罗米修斯庆祝他第一个生日的时候，同成千上万的巴黎人一样，遭遇了一场严寒。那年冬天巴黎气温低至零下 25℃，塞纳河面的冰层厚达 26 厘米。由于积雪深厚，往常喧闹的大街突然安静下来，敞篷四轮马车、出租马车和马蹄声都悄然消失了。在这样酷寒的环境里，虽然大人十分谨慎细致，但小安德烈还是落下了天气一冷嗓子就发炎的病根，这是后话。

且说安德烈渐渐成长，在哥哥姐姐们不断的教导和带领下，聪明早慧。安德烈跟他的小哥哥贝尔纳最亲近，有什么话总是跟他说，比如他们房间里地毯上的花纹会在电灯光的暗处产生一些奇怪的图案，这让他很害怕，还有当他在很近的地方看马时也很怕，等等。

　　哥哥姐姐们上学了，保姆便带他去散步。跟着保姆，安德烈渐渐熟悉了周围的大街小巷，前庭后院。街上常新的景致和人物令他目不暇接，犹如哥哥用神奇的投影机投在墙上的传奇故事——《布拉本特的热纳维耶芙》。那时候他印象最深的是皇宫花园里卖椰子汁的女商贩，系着长围裙，戴着红白色方格头巾，背着宝塔形的水壶，腰带上还挂着几个杯子。女商贩总喜欢边摇着铃铛边喊："快来买呀，新鲜的椰子汁！"安德烈有只小帆船，他常带到公园的水池里玩，池边挤满唧唧喳喳打水仗的小顽童，旁边是奶妈，她们头戴白色便帽，身穿浆洗过的连衣裙，走起路来发出沙沙沙的声音。有时候，遇到一些特殊日子，安德烈可跟妈妈一块出门，他高兴得像过节似的。他最喜欢陪妈妈逛"巴黎三区"（les trois quartiers）、"巴黎百货商场"（Le bon marche）、"好人理查德"（Le bonhomme Richard）等大商场，还有离家不远的"春天"名店。在小安德烈眼里，这是一个亟待发现的既奢华又神秘的宫殿，为了看清橱窗里的陈列品，他甚至不惜跳起来或爬上窗台。逛过商场，妈妈总要带孩子去著名的"戈洛普"糖果店，对 5 岁的小安德烈来说，那可真是美味的天堂。

　　小安德烈过着无忧无虑的生活，他的守护神爸爸却很发愁，每天晚上匆匆来吻一下孩子就走。最近勒维·雪铁龙的情绪很不稳定，高兴时，勒维神清气爽，谈笑风生，喜形于色，雄心勃勃，歌声不断。妻子玛莎为之愉悦，孩子们更是开怀大笑，拍手叫好。但令家人惊讶和不解的是，随后几星期，勒维又突然变得沉默寡言，心不在焉，眼睛茫然，手脚无措，或者呆坐在那里，纹丝不动，冥思苦想，令身边的氛围蒙上了灰色的阴影。

　　自春天以来，勒维·雪铁龙的抑郁状况更加严重，他感到身体愈发慵懒，心情尤其不安，难以入眠的夜晚越来越多，总是翻来覆去地想着这样或那样的事情。白天在媒体上读到的评论文章都在这个时候浮上心头，不管是《新闻报》（La Presse）、《晨报》（Le Matin）、《费加罗报》（Le Figaro）还是《时报》（Le Temps），对他来讲都是负面信息，他每天阅览这些报刊仿佛只是为了印证他对未来的悲观预测和恐惧。其实，勒维的环境很不错。他短短几年便在巴黎站稳了脚跟。不论是钻石界的同行，还是顾客都很敬重他，对他的专业才能和正直的人品钦佩不已。自在巴黎定居后，勒维生意兴隆，家庭富足，先后为两个女儿置办了嫁妆，又搬进夏多丹街53号的一套更宽敞的住房，同时将拉菲特44号的住房改作办公用途。不过，1873年开始的世界经济危机很快波及法国，物价不断下降，劳动者的工资水平倒是得以维持，因为工人们开始团结起来争取权利，但这又造成利润和银行利率的下降，进而引起股市暴跌，最终宣告繁荣时代的结束。自1878年后再度兴起的金融投机，以及突发的无工会组织的罢工运动进一步加剧了法国经济形势的恶化。社会需求减少导致工业生产和贸易总量的下降。即便是在组织有序、相对封闭的珠宝行业，竞争也日益激化，不少商家被迫关门歇业。法国商界把希望寄托在于勒·费里身上，希望他领导的政府能够恢复经济的稳定，可是结果成了泡影。更加糟糕的是，法国被一系列的社会政治问题搞得四分五裂，如教育去宗教化，反教会组织的法令生效，解散耶稣会，还有殖民地问题，以及炙手可热的对突尼斯、安南、越南北部湾和柬埔寨实行宗主保护问题等，这里还暂且不说关于派兵马达加斯加的争论。

在外交方面，法兰西面对柏林－维也纳－罗马代表的三个同盟国显得孤立无援。德国的俾斯麦政权随心所欲地主导着欧洲，而法国的民族主义者摩拳擦掌，对阿尔萨斯－洛林虎视眈眈。1882年，法国人保罗·德鲁莱德成立了"爱国者联盟"组织，口号是："万岁属于谁？万岁法兰西！"人们从仇恨普鲁士人很快扩大到仇视外国人，又从仇视外国人转向仇视外国移民。天主教会不分青红皂白地视无神论者、新教徒和犹太人为一丘之貉。老百姓则有意将资本家和以色列人混为一谈，因为1882年巴黎大联盟银行（Union Generale）的倒闭造成数家商业银行破产，让众多小储户血本无归，给人民的心理和钱包带来了沉重的打击，当时舆论普遍指责犹太人罗斯柴尔德家族是这起事件的罪魁祸首。

对于勒维·巴伦德·雪铁龙——现在很多亲朋更喜欢称呼他为路易·贝尔纳——来说，这些真是难以相信：经过13年艰苦不懈的奋斗，雪铁龙家族终于先实现温饱，接着达到小康，13年完全而忠诚地融入了一个新的国家，满以为自己已成为体面的法国中产阶级，是值得尊敬，也受人尊敬的家长，就像大小报刊上所说的那样，是享受全部公民权利的法国人。然而现实是，在这先进的、议会的、民主的法兰西第三共和国，反犹排犹的过激言论居然会再次出现，阴云笼罩着犹太社区。

不过，当恐惧游走在勒维·雪铁龙的内心，仿佛在鬼怪盘踞的空宅里灰鼠攀上了房梁，最让他寝食难安的不是他对政局的悲观分析，而是一种知道危机四伏，但不知它们在哪，也不知道它们样子的抑郁情绪，这样一种无助的等待让他筋疲力尽。他很压抑，他呼吸不好，怕声怕光。在一个夏末秋初的拂晓，勒维从住宅的顶楼坠亡，时年 42 岁。这是 1884 年 9 月 14 日，一个悲伤的星期天。

当时安德烈·雪铁龙 6 岁，姐姐 12 岁。跟往年一样，五个孩子此时正和他们的母亲在诺曼底海岸度假。几年前贝里公爵夫人在这里掀起了享受海水浴的潮流。雪铁龙家在特鲁维尔（Trouville）一家名叫"黑色岩石"的旅馆租住了房间，订了附近非常漂亮的"名流"度假村，这家度假村因为著名作家大仲马和莫尔尼公爵的发掘推荐而名声远扬。雪铁龙全家在这里呼吸着新鲜的空气，骑着毛驴散步，品尝大褐虾，吃葱汁贻贝。

就在这个命中注定的星期日，孩子们恰巧随保姆沿海岸徒步旅行去了，他们一直走到 15 公里外的翁弗勒（Honfleur）。孩子们回来后，母亲什么都没告诉他们，但他们发现妈妈哭过，于是意识到家里发生了重大变故，特别是看到妈妈急匆匆赶火车去了巴黎。

直到几天以后孩子们才又见到母亲。这时安德烈才知道爸爸"到很远很远的地方旅行去了"。其他孩子，尤其是安德烈的姐姐们向妈妈刨根问底，还时不时悄声议论两句，大祸临头的样子，而安德烈却没问妈妈一句话。他已经猜到爸爸的离开是一去不复返，但出于一种保护的本能，他不想捅破这层窗户纸。他走近妈妈，再也不愿离开她。

玛莎请她在荷兰的侄子鲁勒夫来巴黎帮她照看孩子，本来依照先前的安排，安德烈当年要上学的，可妈妈决定推迟送这个小家伙去学校。母亲和两个哥哥辅导他的阅读与写作。等到第二年，即 1885 年 10 月 1 日，安德烈才初次进入高马丁街（Caumartin）上的学校大门，踏入孔多塞中学（lycée Condorcet）的门厅，高马丁街的校门正对一所嘉布遣会（capuchin）修道院老内堂的庭院，庭院四周是高大的柱子，由亚历山大·布隆尼亚尔（Alexandre Brongniart）于法国大革命前夕建造。安德烈直接插班到九年级，很快显示出是个聪敏、用功的好学生。在安德烈注册报名的时候，老师建议他将姓氏中字母 e 上增加两点，这是法文的分音符，在语言学中表示两个相邻的元音发两个单独的音节而不是作为一个双元音。老师的建议使得发音听起来更流畅，全家人欣然同意。从此雪铁龙品牌标志中出现了字母 ë。

对安德烈来说，这是一个探索成果非常丰富的阶段，他从中见识了许多内在的和外在的新天地，使他逐步走向自主和独立的青春期。

自开始认字起，安德烈的眼前就展开了广阔的书香世界以及书中无限虚构的事物。他最早接触的读物是《新童话》（Les nouveaux contes de fées），作者是塞居尔伯爵夫人，出生时娘家的姓氏叫罗丝托齐娜，本书由阿歇特书社出版，有古斯塔夫·多雷创作的插图，读来令安德烈很着迷，很欣喜。但是，他的浓厚兴趣很快就从半大小孩喜欢的假期啊、打屁股啊等甜蜜的童话世界转向传奇小说类。他尤其喜欢埃克多·马洛（Hector Malot）的《苦儿流浪记》（sans famille），主人公小雷米由品德高尚的流浪艺人维泰利斯陪同，带着一群机灵的小狗和一只懂事的猴子若利格，历经千难万险，闯荡法国。这本书是当时出版业最轰动的成功之一，受到法兰西学院的褒奖。

当时名气不差于《苦儿流浪记》的还有一部《两个孩子环游法国》（Tour de France de deux enfants），作者阿尔弗雷德·傅叶夫人以笔名 G·布鲁诺发表，巧妙地将伦理道德与科学知识编排到连贯的动作情节中去。小说的主人公是安德烈和朱利安，来自矿产资源丰富的洛林地区的两个孤儿。就这样，安德烈·雪铁龙懂得了"孤儿"一词的含义。他明白，不应该再幻想他的父亲会回来，尽管直到今天，他嘴上不说，可心里一直期盼着奇迹的发生。他开始怨恨父亲这种遗弃的行为。这个离开尘世的父亲已不再是原来他心目中那位幽默高贵的探险家，而是一个没有给予自己孩子足够父爱的人，一个使他的孩子被其他小朋友孤立的人，一个迫使妈妈总穿黑色衣服、永远不再发出银铃般笑声的人。

这之后，安德烈又读了许多讲述苦难的孩子漂泊流浪的故事和查理·狄更斯的反映少年儿童悲惨生活的长篇巨著。不过，所有这些都难以平复安德烈心灵深处的创痛。终于有一天，这个小孩子不安地问他妈妈："咱家到底是富人，还是穷人？"

玛莎愣了一下，停下手中的活，无限怜爱地看着儿子，眉头稍蹙，抬起下颌，回答说："孩子，咱家还是有地位的！"

安德烈虽不完全明白妈妈的话，但还是得到了几分宽慰。

然而，让安德烈认识现代社会及其进步，并使他受到深深吸引的是法国科幻作家儒勒·凡尔纳带来的前瞻性作品。他永远也不会忘记阅读《海底两万里》时获得的感动。跟着喜形不露于色的尼摩船长①，安德烈发现，没有任何事物能够比用科学技术揭示未知世界更富有诗意，科学技术的进步应该能够促进这个世界的发展并能改变人们的生活。他还读了凡尔纳的许多其他作品，如《神秘岛》、《征服者罗比尔》、《黑印度》、《培根的五亿法郎》等。安德烈怀着极大的热情收藏了艾泽尔书社出版的儒勒·凡尔纳的《奇异的旅行》全集。在儒勒·凡尔纳身上，他找到了一个新的父亲。

---

① 小说《海底两万里》中的主人公。——译者注

在那段时间，我正处于青春期。

——布莱斯·桑德拉尔（Blaise Cendrars）

第三章　青葱岁月

除了儒勒·凡尔纳以外，少年时代的安德烈·雪铁龙很快有了第二个崇拜的偶像，这就是古斯塔夫·埃菲尔。

古斯塔夫·埃菲尔1832年生于法国第戎，从中央大学毕业之后，他在法国西部铁路公司设计室工作过十多年，之后在勒瓦卢瓦-佩雷创办了自己的设计事务所，主要承接各类金属工程设计，如桥梁、高架桥、工厂、大商店、火车站、娱乐场、天文台、教堂等。1886年，法国人巴托尔迪设计建造的"自由女神"青铜塑像在美国的纽约湾入海口处落成，而提出用钢筋骨架从内部支撑塑像外部青铜面板创意的却是埃菲尔。几乎在同时，为了在即将于1889年开幕的巴黎世界博览会入口处建立标志性建筑，同时也纪念法国大革命100周年，埃菲尔提议建造一座完全由金属构成的300米高塔，以此颂扬"现代科技的伟大和法兰西工业的辉煌"。随后，他与几个同事莫里斯·葛克林和爱弥尔·努吉耶合作，制订了建筑方案。在18个候选方案中（参加项目初选的方案有700个），埃菲尔的铁塔方案力拔头筹，最终于1887年初获得正式批准，建设工作随即展开，建筑地点定在战神广场（Champs - de - Mars）旁边，依纳桥（Pont d'Iena）的轴线上。开工伊始，民众反对的呼声不绝于耳。好几位举世闻名的艺术界人士以"被漠视的法兰西审美观的名义，以艺术和历史的名义"签署了语气强烈的请愿书，各类媒体热烈响应，推波助澜。

一些"巴黎原生态美景"的爱好者自发充当"全民合法总动员"的舆论代言人，指责铁塔是个"野蛮的庞然怪物"，"来自一个机器制造商奇形怪状的、唯利是图的胡思乱想"。一个名叫唐克雷德·博尼法斯的退役龙骑兵队长甚至状告巴黎市政府，他担心铁塔倒下来砸了他的房子！

安德烈·雪铁龙当时年纪尚幼，不可能了解辩论的内容。他只知道有这样的意见，用他奶声奶气的话说，就是有人"反对铁塔"，有人"拥护铁塔"。雪铁龙家可是坚定的"拥护铁塔"派。以他10岁孩子特有的自信，安德烈说服全家人相信铁塔是好东西，铁塔有好处，铁塔很漂亮。就连母亲也被他说服了，本来玛莎看不出这些钢管脚手架样的东西有什么用场，后来还是相信了儿子的解释，不止一次地在周日散步时绕道去参观施工现场。安德烈喜欢星期四去，因为可以看到那些装配工在钢架上面爬上爬下，人们称之为"松鼠"。

安德烈伴随着铁塔一起成长。铁塔奠基时，他还不到9岁，铁塔建完第一层平台时，安德烈刚好过10岁生日，他11岁时，铁塔建到了第三层。安德烈怀着极大的兴趣观察铁塔建设的全过程。他得知铁塔的重量轻得惊人：地面承重小于4克/平方厘米，还不如一个坐在椅子上的人。他还了解到铁塔的阶梯共有1710级；抗风强度经过精心计算，能够抵御每小时500公里的狂风；铁塔上共有超过250万个铆钉，700万个预成形孔。而最让安德烈激动的是，所有这些部件竟都是事先设计好、计算好和加工好的，误差仅以毫米计！少年雪铁龙虽然还不会用准确的言语表达自己的心声，但透过铁塔钢铁骨架的间隙望向天空，就像看到古斯塔夫·埃菲尔将科技的胜利之花绣在了蓝天上，这是儒勒·凡尔纳的梦想，这是对科技的赞歌，对进步的赞歌，对未来的赞歌。上升吧，上升吧，轻盈的火炬！

1889年5月7日晚，巴黎世界博览会隆重开幕，身披万盏灯火的埃菲尔铁塔晶莹剔透，流光溢彩。少年雪铁龙被眼前壮丽的景色惊呆了，这个夜晚永远铭刻在他的记忆里。

世界博览会本身也很不错，在六个月的展期内吸引了2500万观众。这些观众中当然也有雪铁龙一家人，他们听着博学的大哥于格滔滔不绝地介绍。什么殖民地展区可以发现好玩的物件，中国和越南人有趣的表演，爪哇岛女舞者可以慢慢地扭动自己的身体，开罗街上摆出了复制的埃及建筑，还有阿拉伯集市和咖啡。旁边，在国防部大厦不远处，矗立着一座复制的城堡，还有护城河及卫墙堞眼。森林馆有上百棵树，展示的是人类居住的历史，从石器时代一直到现今的社会！在工业馆和机械展厅内，空间非常宽敞，长 420 米高 45 米的钢梁占据了战神广场的整个侧面，在里面人们可以看到标致兄弟生产的塞波莱（serpollet）三轮蒸汽汽车，迪恩－布通（Dion Bouton）和特雷帕尔杜（Trepardoux）公司生产的另一种行走的机器，其锅炉和烟囱被置于前部，这些"不用马匹牵引的车辆"已经被越来越多的人议论。

安德烈两眼注视着世界，不放过任何在他看来新鲜的事物。一位细心的老师发现，为了看清黑板上的内容，安德烈经常坐到第一排，即便如此，仍然很吃力。老师将这一情况告诉了校医布奇隆医生和雪铁龙太太。经医生检查，安德烈患了深度近视，即便是将印有《方法论》[1] 部分文字的卡片竖在很近的地方，他读起来依然很吃力。雪铁龙不得不戴上了眼镜，他的人生也由此而改变。戴了眼镜的他才终于发现，从拉菲特街口一眼望去的那个神秘的微白色雾团原来就是正在兴建的巴黎又一名胜——圣心教堂。教堂的穹隆顶好似凡尔纳笔下的热气球，挂在蓝天白云下，煞是美丽。

通常戴上眼镜会很不舒服，可安德烈戴上眼镜丝毫没有不方便的感觉。反正是必需的，他很乐意戴起来，除了眼镜腿架着耳朵有些讨厌，几年后，一旦条件允许，他就换了一副带弹簧的夹鼻眼镜，并且使用了一辈子。

人生的道路不是一条直线，更不是一成不变的，11 岁的雪铁龙不断地从生活的一个圈子转到另一个圈子，他正从家庭成员的圈子过渡到学校同学的圈子，从街上的圈子过渡到中学的圈子……

雪铁龙家又搬迁了一次，但仍在同一个区——老佛爷街 62 号，只是房子稍微换小了一些。长着一头金发的大姐让娜是个持重的姑娘，喜欢唱歌，还弹得一手好钢琴。这时她已经出嫁了，丈夫叫波罗尼斯瓦夫·

---

① Discours de la Methode，法国著名哲学家笛卡尔在 1637 年出版的著名哲学论著，书中提出"我思故我在"的哲学思辨，对西方近代科学的飞速发展，起了相当大的促进作用。——译者注

戈德费德，是位波兰银行家，他父亲是安德烈祖父克莱茵曼的朋友。小伙子高挑的个子，棕色的头发，成天乐呵呵的。小两口婚后去华沙定居，时不时回巴黎探亲访友，那自不必多说！

随后，安德烈又遭遇了汤药、膏药、火罐的圈子，那年冬天感冒肆虐，他也没有能够幸免。因为生病，他不得不缺课，离开了学校的圈子。这个圈子现在是多么重要啊，进入六年级，生活习惯、思维方式都发生了很大的变化。以前只有一个教师，现在有八个教师，每人负责一个科目。这些科目都是崭新的、有趣的，包括拉丁文，真正的数学课，而非算术，还有物理、化学和德语等。

还有新朋友。安德烈性格开朗，总是主动与他人沟通。他希望成为所有同学都喜欢的人，但是有一位同学对他的热情缺少回应，这使他失望。

那一天，学校里流传着一件轰动的新闻：五年级有一个学生没有上课，他跑到附近的圣·拉扎尔火车站去玩，并且溜进了一列即将出发的运煤车，踏上了冒险的道路！火车司机和机械师直到开车后才发现这个不请自来的乘客，一脸黢黑，满身煤灰。他们只好等到下一站，140公里外的鲁昂车站让他下了车。这是怎样的经历啊！课间休息时，全校都在议论这件事。有人说，那个逃学的是被两个警察抓回来的，有人说，还戴着手铐呢，一直押到校长办公室，校长朱利安·吉哈和教导主任古斯都在场。

那个热爱火车的同学这会儿就站在院子里。大家指着他，小声议论着。雪铁龙却朝他走去，这个人的故事让他非常感兴趣，简直就是菲利亚·福克①的情节！

"你好！"雪铁龙边说边伸出了手，"你真的爬上了火车头？"

对方是个褐色头发、个头比雪铁龙略高的男孩。他没有跟雪铁龙握手，摆出一副拒人千里的样子。他盯着雪铁龙看了好一阵，然后点点头算作回答。

"简直是酷毙了！"雪铁龙继续着话题，"你没觉得害怕吗？"

那家伙没有再说话，转身跑掉了。雪铁龙失望地回到班上同学们

---

① 儒勒·凡尔纳的小说《八十天环游地球》的主人公。——译者注

中间。

"那家伙不愿意回答，他不讲话。"他对好朋友安德烈·博阿斯说道。

"他叫啥?"博阿斯问。

"路易·雷诺。我就不信这辈子不能跟他做好朋友!"

雪铁龙的母亲玛莎为五个孩子的教育忧心忡忡。为了排遣烦恼，她平日里喜欢读读书。家里的生意也不轻松，珍珠钻石买卖是她管着，一个年轻的表亲时不时来帮帮忙，她期望大儿子于格早日接手家族的事业。玛莎冰雪聪明，敏感多情，而且极有修养，除了法文以外，她至少还能说三门外语：波兰语、俄语和德语。她在卡尔迪纳尔夫人的图书馆办了借书证，这个图书馆规模很大，藏书达 16 万余册，会员月费是 5 法郎，如果额外添上 20 个生丁，会员便可以将中意的图书带回家阅读。对于借回来的好书，雪铁龙家的几个人往往轮流阅读。或者妈妈监督着孩子们做完功课或学完课文后，大家一起欣赏《插画画刊》（Illustration）上那些漂亮精美的图片，或是《小日报》（Petit journal）周末副刊上画面细腻、情节动人的插画。小雪铁龙对报刊上那些为布朗热将军拉选票当总统的五花八门的文章一窍不通，却对满街可见的 10 个生丁①一本的布朗热传的封面爱不释手。封面的画上，将军金黄头发，碧蓝眼睛，红色胡须，身穿制服，骑着黑马，英俊潇洒至极，通过将军的画像安德烈仿佛看到了他不曾谋面的父亲。可是三年后，当他得知这位"勇敢的将军"没有倒在拯救法兰西的疆场，而是自杀于比利时伊科塞尔他的情人玛格丽特·邦内曼的墓旁时，心中大为震惊。对他而言，这是苦苦等待很久之后，第二次错过的父亲的形象。"自杀"这个黑色的字眼到底是什么意思？安德烈向母亲提起这个问题，她却热泪滚滚，哭而不答。奇怪！雪铁龙在学校查到了"自杀"的含义，但仍百思不得其解母亲那异乎寻常的反应。雪铁龙模糊地感到，妈妈心中一定有难言之隐。他穷追不舍地问着哥哥于格，直到他说："你现在已经长大了，该明白了……"

原来，他们的爸爸也是自杀！这个事实再一次揭开了他心里的伤疤。从上学读书起，雪铁龙就承受着社会对孤儿的歧视。每当别人问："你爸

---

① 法国货币名，1 法郎等于 100 生丁。——译者注

是干什么工作的?"

"什么都不干,他死了!"

父亲死了,他的儿子却因此被人另眼相看。如今比这更糟糕的是,这个父亲是"自杀的"。14岁的安德烈实在难以接受这样的事实。

于是,安德烈·雪铁龙将不幸化作动力,全身心地扑在学习上。数学、拉丁文、希腊文、德文、历史、地理等功课门门优秀。他拿到了一堆奖状。他要向懦弱的父亲,让他们缺少父爱的父亲证明自己的勇气和力量。不论是为了纪念父亲,或是向他挑战,雪铁龙都要证明自己将是征服者和胜利者。如何才能做到呢?雪铁龙的回答是:创造未来,为科技进步服务并充分利用科技的进步,以广博的知识来展开想象的翅膀。一句话,雪铁龙矢志要做工程师。他或许不能绝对主宰自己的命运,但至少可以绝对支配自己的才能。

世纪初以来,政府前后制定了75条法规,把中学的教育纲领修订了15次以上。曾经占据一半教学课时的拉丁语和希腊语开始失去了地位,但是,大学对于牺牲传统"人文"教育来强化科学教育的方针十分不满。学生与教师之间观点的分歧日益明显,直到积累爆发真正的危机。1882~1883年,图卢兹、里昂、南特等城市的部分中学开始反抗,学生们罢课游行。他们要求组建学生委员会,以跟教育当局对话,并且制订更加适应现代社会生活的教学计划,比如取消希腊语和拉丁语这些必修课,以两门鲜活的外语代替。在孔多塞中学,学生们提交了请愿书,要求校长们今后由选举产生。1890年一些新的制度得以施行,但这些没有改变大局,中学教育的传统观念仍是以文学为主的通才教育,并不为国家高校招生考试做特别准备,或者说应试教育比例并不高。安德烈·雪铁龙继续学习他的希腊语和拉丁语直到毕业,而且成绩优秀。此外,他选修了基础数学,并以同样的热情和同样的努力学习着文学教师特里埃先生的课,特里埃先生的学生给他起了个外号叫"狐狸";还有历史和地理,老师是萨隆先生,外号"达尔马提亚人(Dalmate)";还有代数和画法几何,老师是阿朗先生,外号"腌鱼";还有物理和化学,老师是拉威埃先生,外号"老家伙"。

雪铁龙也非常喜欢上哲学老师的课,老师库梯埃先生,外号"非非"，秃头，胡子短，身材矮小，他操着浓重的波尔多口音，讲述着奥古斯特·孔德①实证主义的价值，这位老师授课时总喜欢引用一些名言，然后铿锵有力地强调每个音节，比如下面孔德的名言："工程师课程可能是学者与工业家之间联系的直接及必要的因素，唯有通过它才能直接开创一种新的社会制度。"听到这里，咱们的那位儒勒·凡尔纳及古斯塔夫·埃菲尔的思想传人怎么能够不同意？

1896 年，雪铁龙家再次搬迁，仍然没有离开那个街区，新地址是泰布街 60 号。6 月 22 日，雪铁龙家的二女儿费尔南德出嫁了，她丈夫叫阿尔弗雷德·林登鲍姆，是雪铁龙大哥于格的同学，现在跟于格一样是钻石和高级珍珠经纪人。雪铁龙这年 18 岁，正在巴黎的路易勒格朗中学读强化班，准备报考全国重点大学。在此之前的 3 月 27 日，为了给他办理法国公民资格，他母亲向巴黎第九区的治安法官递交了一份申请。1896 年 4 月 30 日，安德烈·雪铁龙的入籍声明被司法部记录在案，根据法国 1889 年 6 月 26 日法令第 9 条之规定，他获得了法国国籍。

那一年，应法国总统费利克斯·富尔的邀请，俄国沙皇尼古拉二世正式访问巴黎；梅里埃斯②在拍摄他的第一部影片《牌局》（La Partie de cartes）；克雷芒·阿岱尔③成功地使他的飞机飞行高度超过了 300 米；皮埃尔·顾拜旦④在雅典组织了第一届现代奥林匹克运动会。

一年前，即 1895 年，法国举办了历史上首次汽车比赛，路线是巴黎—波尔多—巴黎。埃米尔·勒瓦索和机械师奥斯丹格驾驶他们的庞阿尔－勒瓦索⑤汽车跑完了全程 1 200 公里，平均速度为每小时 25 公里。

---

① Auguste Comte, 1798~1857, 法国著名的哲学家, 社会学、实证主义的创始人。——译者注

② 乔治·梅里埃斯, Georges Méliès, 1861~1938, 默片时代法国著名导演, 电影技术发明家, 尤其是电影特技, 被称为"电影特技之父", 也是世界上最早的制片厂创建人。——译者注

③ Clément Ader, 法国著名发明家, 部分人认为他发明了历史上第一架飞机。——译者注

④ Pierre de Coubertin, 1863~1937, 法国著名教育家、国际体育活动家、教育学家和历史学家、现代奥林匹克运动的发起人, 被誉为"奥林匹克之父"。——译者注

⑤ Panhard－Levassor, 法国汽车业先驱, 该公司上世纪 60 年代被雪铁龙公司收购。——译者注

第二部 | 卓越年代

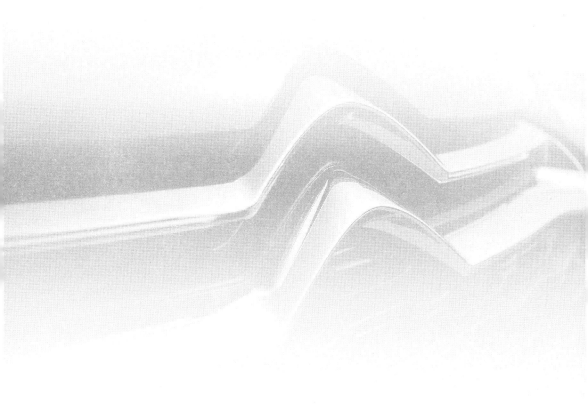

一位理工大学的学生就是一名亟待历练的炮手，就是茁
壮成长的专家。

——欧内斯特·莫卡迪埃（Ernest Mercadier）

第四章　求学在巴黎综合理工学院[①]

　　1898 年 7 月，安德烈·雪铁龙考入巴黎综合理工学院，在 201 个录取生中，他名列第 62，但凡经历过艰辛备考的人都知道这算是相当荣耀的名次了。那年，法国上下正为德雷福斯案件吵得天翻地覆，大学里各种议论更是沸沸扬扬。

　　德雷福斯案件起初并没有引起人们的特别关注，大家以为这只是一个普通的间谍案。事情的经过是这样的：1894 年 9 月 24 日，法国陆军部情报处从德国驻法国使馆武官施瓦滋科篷办公室的字纸篓里获得一张纸条，告知他有机密文件将从法国国防部寄出。法国陆军上尉德雷福斯被怀疑是这张纸条的作者，于同年 10 月 15 日被捕。德雷福斯于 1859 年生于法国北方米卢斯城一个富有的阿尔萨斯犹太人实业家的家里，毕业于巴黎综合理工学院（78 级的学生，比雪铁龙早 20 年），他先后就读于枫丹白露工程应用学校（Ecole d'application de Fontainebleau）和法国军事学院（Ecole de Guerre），毕业后被分配到法国总参谋部工作。一个月后，他在巴黎军事学院的广场上被当众褫夺军衔，开除军籍，并于 7 天后被押往圭亚那的魔鬼岛服刑。德雷福斯案至此了结，当时几乎所有的人都认为被告罪有应得。极端民族主义者德吕蒙（Drumont）还乘机在其主办

---

① 巴黎综合理工学院是当时法国最著名的重点大学之一。——译者注

的《自由言论报》（La libre parole）上掀起一场猛烈的"排斥犹太人"运动。当时，仅仅有马蒂厄·德雷福斯，号称"叛变上尉的哥哥"，和其他几位记者对此结果表示异议，包括《震旦报》（L'Aurore）的克莱蒙梭（Clemenceau）和《世纪报》（Le Siecle）的约瑟夫·莱纳（Joseph Reinach），他们表示非常震惊：疑犯几乎没有犯罪动机，而且审判卷宗秘而不宣，并拒绝向辩方提供证据。

可是，1896年3月，新任反间谍负责人乔治·皮卡尔上校发现一份气压传送急件——"小蓝件"——文件将泄密的矛头直指沃辛上校，另称艾什泰哈齐，这是个挥霍无度、债台高筑的军官，而且其笔迹与第一张纸条上的笔迹一致。但是，皮卡尔的副手亨利上校制造了一份假的证据，以此证明德雷福斯有罪。当年11月，马蒂厄·德雷福斯公开致信陆军部长比约将军，正式控告艾什泰哈齐。马蒂厄的举动得到了阿尔萨斯工业家、参议院院长舍雷－凯斯特耐尔的支持。艾什泰哈齐对此予以反击，要求军事法庭为他洗刷冤屈。在议会举行的听证会上，陆军部长重申德雷福斯有罪，此举招致右派报刊的猛烈抨击。大学生们闻讯后纷纷走上街头，游行抗议。该事件引发举国震动，舆论分为赞成与反对两大阵营。1898年1月11日，军事法庭一致宣判艾什泰哈齐无罪，皮卡尔则被逮捕入狱。

两天后，乔治·克莱蒙梭在其主办的《震旦》报上发表了爱弥尔·左拉①题为《我控诉》的公开信，三个大字占据了整个头条，作者因此名传青史。这位著名作家谴责总参谋部、军事法庭，疾呼"事实真相被窒息"，指出开释艾什泰哈齐是受人指使，痛斥"邪恶的法庭调查"。公开信最后以大无畏的挑战性口吻写道："我知道当局将以新闻法第30和第31条指控我诽谤罪，本人是有意为之！本人悉听尊便！"

他还没有等待多久，2月23日，左拉即被重罪法庭从重判处一年监禁，并被剥夺荣誉勋位。然而，左拉是胜利者，正是由于他的抗议，德雷福斯案才得以重审，并改军事法庭秘密审判为普通法庭公开审理。为了支持他，以查理·佩吉、让·若莱士和乔治·克莱蒙梭为首的"知识

---

① Emile Zola, 1840～1902, 19世纪后半期法国重要的批判现实主义作家，自然主义文学流派的领袖。——译者注

分子"成立了捍卫人权联盟。人们热切地拥护他们的观点。民族主义者频繁游行集会。

1898 年 8 月，军方情报处的技术人员终于证实，当年给德雷福斯定罪的佐证系时任陆军中校的亨利伪造。亨利对此供认不讳，他旋即被捕，但在狱中自杀身亡。艾什泰哈齐则潜逃在外。9 月，针对民众要求当局复议德雷福斯案件的呼声，政府责成法国最高法院研究落实。右派马上发动了一次威吓行动，罗什福尔（Rochefort）咒骂法官是"啤酒厂养的娘儿们"。真相，总是制造一种秩序来打破另一种秩序。

以后的故事大家都知道了：最高法院将案件发回雷恩的军事法庭重审，后者于 1899 年 9 月依然认定德雷福斯有罪，但同时又称"有可资轻判的情节"。这真可谓是愚蠢碰上了下流，当然这个结果任何人都不能满意。几天后，德雷福斯由总统特赦，可是也中断了案件的进展。最后直到 1906 年，最高法院举行所有法庭的合议，撤销雷恩军事法庭的判决，宣告德雷福斯无罪。德雷福斯才得以重返军界，晋升为少校并获荣誉勋位勋章。

1898 年，带着成功考取巴黎综合理工学院的喜悦，安德烈·雪铁龙同全家一道去特鲁维尔度假，随行的有母亲、两个哥哥、二姐费尔南德、她的丈夫以及他们刚满 1 岁的孩子。在他们旁边，人人都只议论那个德雷福斯事件，所有的人都在慷慨陈词。

安德烈感到很震惊。起初，他根本没有留意这起上尉被指控为间谍的案件。像其他人一样，他认为德雷福斯就是有罪。随后他发现大家都戴着同样的有色眼镜！后来，随着真相逐渐大白于天下，他打定主意，要像那些 20 岁的人一样为人处事，带着激情，不被习惯和妥协麻木自己的判断。他无法忍受人们颠倒黑白，不能苟同旁人将正义与爱国势不两立。目睹社会上观点和行为分歧的加剧，他目瞪口呆，平生第一次见识愚昧的顽固和仇恨的利爪。刚开始，他看不出《自由言论报》、《绝不妥协者》（L'intransigeant）、《朝圣者》（Pelerin）、《十字架报》（La Croix）等报刊连篇累牍地发表反犹文章跟他有什么联系。当德吕蒙那篇别有用心、煽风点火的文章《犹太法国》出笼时，安德烈还不满 8 岁。那时，他在学校从没觉得自己和其他同学有什么不同。大人星期六照常上班，也不吃按教规处理的肉，家里也没有两套炊具。家里人也不清楚《摩西五经》[①] 里面的613条教诲，他甚至不知道《摩西五经》是什么。可是现在竟有人控诉他们，和右翼媒体说的那些“教友”一起，说他们策划阴暗诡秘的阴谋来对付法兰西共和国。

恰恰就是蒙泰涅、伏尔泰、奥古斯特·孔德的孝子贤孙，把他完全看成外人，并把他赶出自己的圈子！法兰西，这个孕育了启蒙时代、发表了人权宣言的国度，这片以理性主义和批判分析著称的土地，现在居然被最愚昧无知的偏见所左右。这个艳阳高照的夏季突然增加了多少忧郁的、灰色的阴影啊！所以安德烈问自己，为了看清这样的世界，自己是否配备了合适的眼镜？为了得到这个社会的承认和接纳，应该做些什么？应该赢得尊重，让人们仰慕，甚至爱戴。而对于他，需要付出比别人更多的努力。所以他发誓要赢，要得到社会的尊重。

一天晚上在海边漫步时，安德烈问哥哥贝尔纳：“那么，犹太人到底是什么呢？”

“就是别人对你说你是犹太人的时候。”哥哥答道。

哥哥的话一语中的。这个与众不同的青年是大家公认的雪铁龙家三个儿子中最聪明、最出色，也是看问题最透彻的一个。除了身体不太好，耽误了很多学业，其他的优点他都具备。他是一位艺术家，天生具有诱人的魅力。可是他不喜欢抛头露面，所以心甘情愿地让弟弟担起家中知识分子的角色。

就这样，1898年10月13日星期四，安德烈·雪铁龙跨进了巴黎综合理工学院的大门，对于未知的未来，他的心忐忑不安，因为他将要在这里度过两年的军事化生活，一切都是新的，新的规章制度，新的老师和同学。他不知道前面等待着他的是什么。

学校有一个宽大的庭院，院里栽着各种稀有树种，叶面上落满灰尘；四周是高高的围墙和长方形的建筑，显得单调乏味。他的新同学们跟他一样，神情显得很不安。大家早就听说“新生受虐”一词，进校头六周新生都要经受老生的百般戏弄。最简单的有水弹大战、混拌靴子（把所

① “摩西五经”（Torah）是犹太教的核心经典，即《圣经》的前五个章节：《创世记》、《出埃及记》、《利未记》、《民数记》及《申命记》。——译者注

有新生的皮靴混起来丢到院里）、炒鸡蛋（将新生的寝室搞得乱七八糟）、夜间点名（新生必须手拎尿罐回答点名）等类似的搞笑故事。

日常生活的考验倒是没有他们之前想象的那么困难，操着校园里特有的"切口"，他们很快就融入学生生活。学校的"切口"是很有意思的，比如 Berze 指的是院子里的大钟；Crotale 指的是教室长，根据考试的排名来指定；basoffs 指的是监学的低级军官；"当老鼠"就是上课迟到；"脱水了"指的是回答不出问题出糗；"挂眼科"指的是不用花钱；等等。而这些表达方式却在不知不觉中失去了它们原来的含义。

此外还需要学会数不清的歌曲，用以庆祝大大小小的活动，从原始、急促的节奏，比如《消防员之歌》，其歌词非常好记，只是反复不断的"梆梆"，一直到著名的《梅兹炮兵》：

> 梅兹的炮兵齐步，
> 踏上防区的道路；
> 所有梅兹的女人，
> 拥上阳台欢呼……

还有《英俊的阿信铎》、《中士的女人》、《报考综合理工学院的法国学生》，或者《女工之歌》，里面有趣的副歌反复唱道："那时那个吱吱，那个唔唔，那个主人。"

"新生受虐"期过后将为新生举行隆重的评分仪式。12 个老生穿着红色的风帽斗篷，组成审议庭，后面还站着几个"打手"。他们逐一提问新生，根据每个新生的性格、习惯和特长评出相应的等级分。在这次评审中，雪铁龙获得了优等，表明他已在短短的几个星期里完全融入了新环境，并赢得了大家的好感。

雪铁龙个头不高（1.64 米），体质柔弱，胸总是挺着，好像《加芒贝尔大兵》（Sapeur camembert）里面的中尉们的形象。《加芒贝尔大兵》是《小法国人画报》（le petit Francais illustre）刊出的绘画故事，作者叫做乔治·哥伦布，人们都叫他"克里斯多夫"，几年前应该是在孔多塞中学担任自然科学教师。眼睛近视的人为了看得清楚，常常习惯于眯起眼睛。久而久之，鱼尾纹便会悄悄爬上眼角。雪铁龙正是这样，不过，这反倒凸现了他那富有感染力的快乐神情。夹鼻眼镜上做工精良的椭圆形镜片使雪铁龙显得温文尔雅，一双浅褐色的眼睛充满睿智。

雪铁龙性格幽默，为人随和，很受同学们拥戴。他很快就结识了很多朋友：阿尔萨斯籍的运动健将维克多·艾弗特勒；欧内斯特·德莱斯勒是个很招人喜欢的人，别的同学都只有在上唇留胡须，这家伙在下巴上还留了莫泊桑式的胡须；矮个子维维叶，总是顶着中分头，显得很滑稽；高个子博拉尔，大家都叫他"星星"（他的名字就是北极星的意思）；乔治·齐力，被称为"海军炮兵"（他们如此称呼那些选择了服役海军炮艇的同学）；马迪尔·丰塔纳也是被这样称呼，尤其还有胖胖的查理·曼埃莫，他是一个证券经纪人的儿子；约瑟夫·乐朗德尔，讲笑话的高手并且可以忍住自己不笑，他被叫做"小帽子"，是确定要提早离开学校的人，因为"小帽子们"完成一年学业后，会应他们的要求被送去炮兵工程应用学校（他们会保存着综合理工学院的帽子和制服直到他们晋升为少尉）。他们都属于红色年级，各个年级由一种颜色区分，偶数年入校的学生统称红色年级，奇数年进校的学生叫黄色年级，这种标识印在学生的制服领子上。

学校的校长是准将旅长杜扎。他的副手教学总监是著名的物理学家欧内斯特·莫卡迪埃（Ernest Mercadier），是他发明了多路电报，并在巴黎被围期间组建了军队的电报处。作为电力专家，莫卡迪埃让人在学校的食堂和图画教室安装了白炽灯。他还在1889年创立了中午的午休时段，从11点到12点，并且在这个时间段给学生分发面包和一杯红酒。莫卡迪埃因此深得学生的拥戴，同学们甚至编出歌来唱颂他，比如以下就是唱得最多的那首歌《人们都说像小牛》：

> 莫卡家有两个小妞，
> 外号叫做沙漠之舟；
> 女子性格很善良，
> 人们都说像小牛！①

---

① 两句诗同义叠用，在学生的"切口"里，骆驼就是女人。为什么呢？因为这种动物有两丘山峰，没错吧！另外，莫卡是莫卡迪埃的简称。——作者注

每学年的前六个月主要是恩贝尔教授的分析课占主导，这位先生致力于条分缕析地给大家讲解高等数学的精妙之处，比如微分方程，一个或多个变量的导数和积分。雪铁龙欣喜若狂地发现，他钟爱的埃菲尔铁塔出现在雅克·伯努利①于 1691 年确立的悬链线方程中②。在这里，一根稳定且质量均匀的铁链在两端固定时自然垂下而形成弧线的第一段及最后一段正好描画了铁塔的半侧面。

下半年的课程主要是埃米尔·萨罗老师的机械学，萨罗是炸药专家（曾经做过炸药和硝石总巡视长），他说话带着有趣的加泰罗尼亚口音。他常常说："2π 放在上面，萨罗公式出现。"

雪铁龙各门功课成绩优良，尤以画法几何最出色。几何老师是曼海姆上校，他可是著名数学大师蓬斯勒③的学生。物理老师是大名鼎鼎的科学家亨利·贝克雷尔④，曾在 4 年后因对于 X 光和放射性现象的研究而荣膺诺贝尔物理学奖。天文学老师是奥克塔夫·卡朗德罗，研究木星周期性彗星的专家；化学老师是 A·柯森；建筑老师是德达坦；乔治·杜鲁伊讲授文学及历史。雪铁龙交给乔治·杜鲁伊的第一篇自由命题作文叫《"铁人"——弗朗索瓦·德拉努》，德拉努是法国 16 世纪胡格诺教派⑤伟大的军事家，号称"铁臂将军"。雪铁龙之所以写他，不是因为此人骁勇善战、忠贞不渝，而是因为他那篇尽显宽容与稳重的《政治军事演说》，尤其是德拉努表现出的那个时代罕见的开放意识。

在巴黎综合理工学院，学生们每天早晨 6 点被起床的鼓声和号声唤

---

① Jacques Bernoulli, 1654~1705，世界著名数学家，做出的重大贡献涉及微积分、微分方程、无穷级数求和、解析几何、概率论以及变分法等领域。——译者注

② 对于数学爱好者，该方程在今日已经被废弃，即 y = a［e^（x/a）+ e^（-x/a）］/2 或者简化为 y = a * cosh（x/a）。——作者注

③ 让-维克多·蓬斯勒（Jean Victor Poncelet），1788~1867，法国力学家、数学家、工程师，法国科学院院士，在力学中第一个采用力做功的概念，是射影几何学这一数学学科的创始人。——译者注

④ Antoine Henri Becquerel, 1852~1908，法国物理学家。因发现天然放射性现象，获得1903 年诺贝尔物理学奖。放射性活度的国际单位以其名字来命名，简称贝可，符号 Bq 。——译者注

⑤ huguenot，16 世纪至 17 世纪法国新教归正宗的一种，受到加尔文思想的影响，在政治上反对君主专制。短暂影响法国政治之后，17 世纪末期被法王路易十四宣布为非法，20 余万教徒离开法国，迁居异乡。——译者注

醒。6：30 在教室点名，然后自习至 8：30 早餐。接着是理论课，一直到 14 点，中间休息一个小时（就是莫卡迪埃先生的创意），接着是 30 分钟的午餐。14：30 至 17 点是各种运动课：击剑、马术、体操等，接着又是上课、测验、学习直到 19 点，接着是绘图、写作，或者军事讲座，直到 21 点的晚餐。半小时之后寝室点名，20 分钟以后熄灯睡觉。

星期天 10：00 至 22：00，学生可以自由外出。按学校规定，学生外出必须穿制服。可是很多学生都不愿意穿制服，比如那些跟"女朋友"约会的同学。学校大门的前面有一家小饭馆，饭馆一楼有一处低矮的房间专门留给巴黎综合理工学院的学生做更衣室，他们称之为"换行头"。可以"换行头"的地方还有一处，是一个叫做"风箱"的咖啡馆，坐落在学校的街道和圣米歇尔大道交会的拐角处，其中有一个房间和一个衣帽间专门为综合理工学院的学生预留为更衣室。

然而，1899 年 5 月 24 日，星期三，安德烈·雪铁龙却身着制服回了家，这是因为母亲病重，急召儿子回去。为了让妈妈高兴，雪铁龙特意穿上崭新的制服：双排扣黑色上装，绣着榴弹花纹的军官领章，裤子上镶着红边，腰侧佩挂着铜质护柄的宝剑，头戴嵌着斜纹徽章的两角帽，帽檐雅致地向右侧微微倾斜。这种戴法是博普雷在 1824 年规定下来的，他是巴黎歌剧院首席舞蹈家，当时在巴黎综合理工学院担任舞蹈及礼仪教师。

最近几天，母亲感觉十分疲乏，不得不卧床休息。看到身穿漂亮制服的小儿子这么英俊，她幸福地笑了。

第二天晌午，安德烈被叫到校长办公室，看见哥哥贝尔纳也在那里。

"妈妈昨天夜里走了。"哥哥说。

安德烈脸色煞白。他在杜扎将军面前竭力克制住自己，但一离开办公室来到走廊，他就再也忍不住了，扑到哥哥怀里放声痛哭。母亲昨晚上那样神情恬静，笑容开心，安德烈压根儿就没想到她的病情如此沉重。她才 46 岁啊！妈妈是个非常聪颖、敏感、细腻的人，她对子女充满舐犊之情，对她的小儿子安德烈·雪铁龙更是疼爱有加。雪铁龙和母亲很亲近，对她的死悲痛欲绝。随着妈妈的离去，他的童年也永远地消失了。安德烈的成人时代就此开始。

"波兰万岁，先生！"

——查理·弗洛盖（Charles Floquet）①

第五章 波兰之旅

1900 年 7 月，安德烈·雪铁龙以毕业考试 162 名的成绩从巴黎综合理工学院毕业。这个成绩算不上特别优异。自从母亲去世后，雪铁龙虽然求知欲犹在，但学习的劲头不如从前了。第一学年末升学考试时，他的母亲去世还未满一个月，尚未从悲伤之中解脱出来的他就不得不参加考试，结果只得了第 159 名。

第二年年初，安德烈的姐姐让娜邀他去家里做客，她在波兰安家，和她的银行家丈夫育有三个女儿。她还说，这次旅行也许会让他"换换脑筋"。安德烈答应了。但根据学校规定，在校生出国必须通过校长向国防部长提交申请，获得批准后方可成行。

1900 年 4 月 14 日周六，复活节假期伊始，适逢巴黎世界博览会的开幕和为纪念法俄联盟而命名的亚历山大三世桥的落成典礼。安德烈登上了东去华沙的卧铺火车，途经莫伯日、列日、柏林和波兹南。路途遥远，在波兰却只待 6 天，因为他必须在 4 月 23 日星期一上午 7 点半，也就是学校复课之时回到巴黎。依照惯例，那天也是综合理工学院学生们接待南锡林业学院学生的日子。

安德烈的父亲曾到过波兰，然而，大约 30 年过去了，那儿的境况几

---

① 查理·弗洛盖，律师，1867 年 6 月 3 日沙皇亚历山大二世造访巴黎司法宫时喊出了"波兰万岁"。——译者注

乎没有改观，反而更糟了。俄国的奴役统治比以往任何时候都残暴。先前的亚历山大三世建立了恐怖的政治警察"阿克拉"（Okrana），而1894年继位的沙皇尼古拉二世与其父如出一辙，延续了专制主义的高压政策。不过，复活节是波兰最重要的节日。按照传统，孩子们在大街上朝行人泼水，并向他们出售煮熟的彩蛋。整个华沙城在四月金色的阳光下姹紫嫣红，在这里度过的一周给雪铁龙留下了最美好的记忆。他兴高采烈地与姐姐重逢，尤其是见到了他尚未谋面的三个外甥女：7岁的苏珊娜、5岁的阿丽斯和3岁的阿梅丽娅，雪铁龙很快就喜欢上了小阿梅丽娅。三个小女孩欢快地叫着，打开她们舅舅带来的礼物——阿尔萨斯和洛林的洋娃娃。她们的母亲则收获了一瓶法国著名调香师弗朗索瓦·科蒂（Francois Coty）刚刚推出的薄荷香水。比起慕尼丽斯或是霍比格恩特打造的香水，雪铁龙更喜欢这款新香水，因为它的设计师懂得在香水的质量之外增加美丽的包装——而科蒂本人正凭借着这个创意走上了致富之路。

第二天，让娜带着雪铁龙探访其他亲戚，他们去了戈德费德家、阿尔佩恩家，还有克莱茵曼家。每到之处大家都热情地款待这位来自巴黎名校的表亲。每天早晨，他都得在各家一遍遍品尝包裹着"奶皮"的清咖，还有从一个高达半米的阿尔萨斯奶油圆蛋糕上切下的几片蛋糕；下午茶通常是果酱馅的波兰传统烤饼，搭配杯装的茶；而晚餐则是伏特加做开胃酒，加上必不可少的俄式冷盘和一些腌制小黄瓜。如此丰盛的三餐不禁让人疑惑：安德烈制服的扣子还扣得上吗？

在走亲访友和游览风景的间隙，让娜不忘自己作为姐姐的角色，和安德烈有过多次长时间的倾心交谈。

"你毕业后打算做什么？"让娜问他。

"我还不知道，但可以肯定的是，我要尽快地创立起自己的事业。制造一些东西，然后管理，再创新，这就是我要走的路。"

"可你得有资金啊？"

"我会找到的，只要想找，总会找到的。有全新的思路就成。"

雪铁龙说干就干。翌日，星期三，一个雪铁龙终生难忘的日子。他姐夫提议带他去华沙西南面100多公里远的工业城市格洛夫诺，他正要去那儿办一件贷款业务。他们一下火车就参观了两家小企业。其中一家专门生产齿轮。雪铁龙对此再熟悉不过了，因为就在不到一年前，为完成机械老师萨罗布置的绘图作业，他曾伏在绘图板上用 6 个小时画出了圆形齿轮的传动原理结构图。他因此深谙其中的奥秘，坚信总有一个主要的机械装置，多多少少能够通过减速的齿轮来传递一种运动。他也熟知这个系统的缺陷：齿与齿的摩擦会损耗动能，齿间啮合并不能永远同步，齿间碰撞的噪声很大。他熟悉横向齿，这是当时最常见的，还有加工已经比较精致的对角齿，以及形似下士臂章的人字形条纹齿。人字形条纹齿的优点颇多：由它组成的齿轮机构承重能力极强，因此适用于大型机械；此外，由于人字形条纹齿轮的啮合连续不断，所以齿间撞击减少，甚至完全消失，机器运转自然平稳无声。但不足的是人字形齿轮的生产工艺特别复杂。

可是雪铁龙在波兰这个不起眼的作坊里有了新的发现——人们用一种新颖实用的铣削工艺来生产铸铁材料的人字形条纹齿轮。这种方法给了他极大的启迪，他想，既然可以用铸铁为何不能用钢材呢？这样可以很快形成自己的专利。雪铁龙说服了自己的联络人，推动事情的进展。第二天相关的合同就签订完毕，他拿到了俄国的专利证书。姐夫布波罗尼斯瓦夫·戈德费德虽然对雪铁龙的神速行动大为吃惊，但还是自愿替他出了交易所需的定金。

这段插曲充分显示了雪铁龙毕生的个性，那就是能够极其敏锐地捕捉到稍纵即逝的智慧的火花，清楚地预见它的一切潜在效益，并雷厉风行地将其付诸实施。不仅如此，他还有一种善于将自己的意图传达给每个员工的卓越能力。

回到巴黎，雪铁龙迫不及待地将自己的想法付诸实行，并检验其价值。他不满足于研究前人做过的东西，而是身体力行地创造自己的道路。综合理工学院的毕业考试已被他放在了次要的位置。所以他对自己没能进入"靴子"的行列丝毫不感到懊悔，这个词是学生们的行话，意思是前 50 名，或者矿业学校的前 10 名，或者路桥学校的前 20 名，"靴子们"可以进入国家大型机关。他和许多同学一样，成绩一公布就选择了"拖鞋"，也就是说他正式放弃了仕途。但是，他仍需按规定服兵役。他在格雷让（Guéléran）上校指挥的驻勒芒第 31 炮兵团担任少尉，隶属于索努瓦（Sonnois）将军的第 4 军第 8 师第 4 旅。

此前的 8 月 22 日，他参加了哥哥于格和美丽的苏珊娜·阿尔布雷舍的婚礼，于格仅仅 27 岁就已经是宝石与珍珠交易商职业协会的会长，新娘来自一个显赫的金融家家庭。雪铁龙好几次欣然造访这对新婚夫妇，在他们安置在克雷贝尔大街，靠近星形广场的漂亮公寓里共进晚餐。

在勒芒，安德烈开始了一段宁静平和的军营生活。枯燥的训练和单调的日子常被省里的年度舞会或者联谊晚会打破。人们在年度舞会上可以跳起华尔兹，却尚未敢尝试探戈；而联谊晚会是由当地富贵人家的太太举办，目的是在年轻军官面前展示她们待字闺中的女儿的内在魅力和含蓄的才华。安德烈不失礼数和风度地婉拒了这些名目繁多的社交活动，轻松地避免了"露水姻缘"和在雅各宾梅花公园过于浪漫的散步。尽管他没有回应任何人的殷勤示好，但他的幽默和睿智仍然赢得了许多母亲和她们女儿的青睐。他当时还很腼腆，可不矫揉造作的男人反倒比那些刻意显摆魅力的男人更具有吸引力。

尽管如此，安德烈的心也不是没有过蠢蠢欲动。他曾和一个名叫露易丝的洗衣女有过一段恋情。年轻的露易丝留着一头亚麻色的长发，清纯可人，肤如凝脂，吹弹得破！他们之间萌生了朦胧的情愫。

不久，他又投入了一段更认真的恋情，对方是有夫之妇欧罗拉·B，这段地下恋情是从小阿梅德·伯雷（Amédée Bollée fils）家开始的，他在这个赫赫有名的汽车制造商家里认识了医生的妻子欧罗拉。当时小阿梅德的名声就已传出了勒芒，而他的父亲早在 1872 年就创造出了蒸汽公共汽车，随后是 1873 年的"温顺"（l'Obéissante）和 1878 年的"链条"（la Mancelle）。欧罗拉比安德烈年长 10 岁，活泼的气质衬托着她温婉的柔美，她有着圆润的胸部和颀长丰满的身材。她厌倦了待在一个成天围着病人和汽车转，却把妻子和两个孩子放在次要地位的男人身边。她用梳妆打扮作为消遣，尽管保留着一丝外省人的朴实，但浑身散发着未经雕琢的优雅。于是这位眼里闪着孩子般纯真的光芒，还常把她逗乐的年轻巴黎军官轻而易举地俘获了她的心。她心甘情愿地把身体交给他，在最美的季节和他一起私奔到萨尔特的边境，沿着松林，或是犬蔷薇和忍冬的篱笆一路徜徉。他给女方贵妇的人生中注入了一段温情欢愉的插曲，而她为他带来了爱的滋润和情感的催化，令他自信倍增。

被提拔为中尉之后，雪铁龙退役回到了巴黎，他士气高昂，身体健康，带着甜蜜的记忆，绝无一丝感伤。勒芒的熟肉酱并没有让他发胖，他反而比先前更苗条了。他立刻投入到开发专利的工作之中，在世纪之初获得专利的他，希望在这个新的世纪有所作为。

雪铁龙对图纸设计师柯克林（Koechlin）的工作十分信任，他敬业、能干。一开始，他的名字就给雪铁龙留下了深刻印象：它正好和建造埃菲尔铁塔的古斯塔夫·埃菲尔最亲密的合作伙伴的名字同音。

雪铁龙的第二位合作者叫雅克·安斯丹（Jacques Hinstin），他是雪铁龙兄弟高中时代的朋友，当时在科尔贝附近从事机车头的零件制造工作。这是个讨人喜欢的小伙子，长相可以用"大"字来概括：大鼻子上滑稽地架着一副和雪铁龙相似的夹鼻眼镜，肥圆的脑袋，鼓起的腮帮子，宽大的肩膀，还有四四方方的臀部恰似外省公证员身上背着的保险箱。他借给雪铁龙位于埃松的一处小厂房，让他在那里试验装配第一批车削齿轮的机器。

到了1904年，雪铁龙在巴黎北火车站附近的圣德尼202号建立了自己的工厂，厂子坐落在一个庭院的深处，得通过一条狭长的羊肠小道方能到达。最早厂里只有10名工人，后来增加到了20名、30名！研发室主任、生产主任、采购主任、人事主任，还有销售经理、行政主管和财务经理统统都是同一个人——安德烈·雪铁龙。

他亲自登门拜访用户，推销，游说，签订单。工厂第一年的营业额为15 000法郎，三年内翻了六番。圣德尼的厂房很快显得拥挤不堪，必须精确安排生产和交货，以免造成货物囤积。为了方便搬运大型配件，工人们甚至掀掉了房顶。雪铁龙的事业正勃然兴起，成功在向他招手！

工厂的经营范围很广，不仅制造汽车后桥齿轮、飞机发动机齿轮和涡轮机减速器齿轮，而且还开始生产机床仪表设备和轧钢机设备。冶金、船舶和造纸等重工业行业纷纷前来订货。

1905年由哥哥于格资助创办的"雪铁龙－安斯丹两合公司"在1912年变成"雪铁龙齿轮股份有限公司"，注册资金达300万法郎。股东有雅克·安斯丹和他的朋友乔治·施沃勃·德里古尔（Georges Schwob d'Héricourt），一个十足的绅士，向来衣冠楚楚，彬彬有礼，纹丝不动的领结后面是按毫米调节位置的高领。与其说他身材匀称，不如说他是被衣服严严实实地裹紧了。他有着一副讨人喜欢的长相，乌黑浓密的眉毛下藏着一双无精打采的眼睛。出身上索恩省一户纱厂主家庭的他，而今正与他优雅的妻子和出生不久的儿子住在帕西拉斐尔街的一家私人豪宅，毗邻他兄弟安德烈、詹姆斯及几个堂表兄弟的宅邸。乔治·施沃勃·德里古尔任齿轮公司的董事长，安德烈·雪铁龙和他少年时代的好友安德烈·博阿斯则是公司的总经理和行政主管。他们从德斯玛莱（Desmarais）手里买下了一块地皮，在格勒奈尔码头（quai de Grenelle）31号建立了非常现代化的齿轮生产车间，这个街区在1897年米拉波桥竣工和国家印刷厂建成之后日趋繁荣。

当时，企业的劳保和工资负担轻，市场兴旺，心满意足的公司股东们又赞成少分红利，这些有利条件使得企业完全能够将赚到的钱用于再投资、扩大再生产，而不再仰赖银行的高息贷款。雪铁龙的事业蒸蒸日上。这期间，他提交了好几项发明专利：减速器（1910年和1913年），军舰尤其是潜水艇舵轮改良操控装置（1912年和1914年），以及汽车变速箱和后桥的各种改进等。他编写了这样的广告词："宁静的步伐，98%的产出，大比率的减速，全方位接近零磨损！"为此赢得了无数客户的青睐。他先后在伦敦、布鲁塞尔开设了分公司，在莫斯科建立了工厂。具有讽刺意味的是，十年前，俄国人知道如何生产齿轮，却没有投入生产；十年后，注册俄国专利的雪铁龙却造出了齿轮，并返销到俄国。在奥匈帝国，他为斯柯达公司组建了齿轮生产车间。

此时的安德烈·雪铁龙刚过而立之年，留着骄傲的小胡须，却已过早地谢顶。

一天，哥哥于格的三个孩子中最小的女儿、调皮的热纳维也芙指着雪铁龙越来越光的脑门儿问道："叔叔，为什么你的头发会往后退呀？"

雪铁龙喜欢和他的侄儿侄女外甥外甥女们在一起，共享家庭的天伦之乐。孩子们还不少呢：大哥家3个，其中大女儿伊沃娜极具弹奏钢琴的天赋；还有二姐费尔南家的5个儿子。而雪铁龙自己依然是个快乐的单身汉，过着无忧无虑的生活。他跟最亲的小哥哥贝尔纳合住在巴黎奥玛乐路 21 号顶层的一套舒适的公寓房里，那是一条僻静的、微微倾斜的小路，在他们儿时居住过的第九区。

在巴黎社交圈赫赫有名的贝尔纳曾于 1906 年在高马丁街开了一家名为"无忧"的茶舞厅。那是全巴黎的第一家茶舞厅，开张那天，几乎全巴黎的达官贵人和俊男靓女都到了场。安德烈时常光顾那里，他完全沉浸在法国 20 世纪初的那段"美好时代"中，他几乎每晚出去，要么看戏听歌剧，要么泡音乐咖啡吧，或者干脆去音乐厅；之后再去时髦的饭店消夜，如"银塔酒楼"、"斜阳居"、"美丽晨光"、"富人咖啡店"和"马克西姆餐厅"等。他常在这些大雅之堂宴请亲朋好友，其中有一位花容月貌的英国女郎，叫玛丽·班热，是雪铁龙的堂兄媳妇，来巴黎做时装模特。他们常结伴出入于巴黎的高级茶馆和著名的跑马场，所到之处，人们无不为玛丽的天姿国色咂舌称羡。

雪铁龙对时尚和时装机构很感兴趣。他常常观察它们是如何预期一个客户群的需求，又是如何在女人们自己还未意识到的情况下恰到时机地揣摩出她们的欲望从而获得成功的。沃斯在上个世纪将女人们从有衬架支撑的大裙子里解放了出来，他本人则成为了皇后的御用服装设计师。玛德莱娜·维欧奈（Madeleine Vionnet）使女人们摆脱了紧身胸衣的束缚，在她的建议下，维尔吉尼亚·德·卡斯提格留娜（Virginia de Castiglione）成了第一个敢于不穿紧身胸衣出门的女人，而她也因此经历了一段传奇的职业生涯。保罗·布瓦雷（Paul Poiret）摘去了她们的假发，为德国人哈特（Hardt）1899 年在德累斯顿发明胸罩做了铺垫，他后来成为了时尚界的国王。他设计的色彩亮丽的连衣裙不仅解放了身体，也凸显了身材的柔美线条。他推出了紫色或粉色花边的长筒袜，几何图形图案的亮闪闪的布料，还有被称作"女骑士"的鸵鸟或白鹭羽毛宽边帽。他设计的短上衣不再隐藏脖子和胸脯，以至于教皇皮耶十世不得不要求人们在正式晚宴上少穿袒胸露肩的衣服。他担心他的加长款露背套裙妨碍到女性走路，就把长度提高到脚踝以上。这一改在日后成为了必须，哪怕仅仅是为了方便上车。

说到汽车，它也是一种流行的时尚，雪铁龙对此绝没有无动于衷。

大约在美好的 1910 年代，当世界发现了汽车……

——查理·特雷内（Charles Trenet）

第六章 莫尔的复兴

如果说 19 世纪是铁路的世纪，那么 20 世纪就是汽车的世纪。多亏特里维希克（Trevithick）、格尼（Gurney）和汉考克（Hancock）等人的贡献，汽车首先在英国雏形初现，这一无轨火车头几乎引发了又一场英国工业革命。如果真是那样，大不列颠的实力早已远远超过世界各国。可惜伦敦当局的一纸法令断送了英国充当世界领头羊的光辉前程，因为那部《红旗法规》（Locomotive Act）明文规定，所有无轨车辆行驶时必须有人在前面手舞旗子带路，并且限速每小时 6 公里。实现公路运输革命的使命从此落在了欧洲大陆的肩上。

早在 1796 年，煤气灯的发明者法国人菲利普·勒帮（Philippe Lebon）就曾设想通过爆燃空气和燃料的混合气体来推动活塞做功。后来他陷入家庭感情纷争，在 1804 年 12 月 2 日拿破仑一世加冕的那天被人神秘地暗杀了。1860 年，卢森堡人①让－约瑟夫－艾蒂安娜·勒努瓦（Jean－Joseph－Etienne Lenoir）（后在 1871 年加入法国籍）按照勒帮的思路造出了第一台内燃发动机，他把它安装在一辆带齿条方向操纵杆的小车上，以每小时 4 公里的时速走完了巴黎桥连城②的路程。勒努瓦还设想了能随时随地得到火花的火花塞。

---

① 出生地是原大公国的一部分，1931 年并入比利时。——作者注
② Joinville－le－Pont，法国巴黎东南近郊城市。——译者注

1862 年，英吉利海峡海底隧道工程的设计者法国人阿尔封斯－欧仁·波德罗查（Alphonse－Eugène Beau de Rochas）在理论上定义了内燃机运转的四个冲程（将混合气吸入燃烧室；压缩；燃烧做功；排气：活塞下行上升两次）。波德罗查于同年 1 月 17 日就此理论定义申请了专利。

1876 年，汽车发展史上刮起了德国风。德国人奥古斯特·奥托（August Otto）自学成才，与欧根·兰根（Eugen Langen）合作造出了一台四冲程的发动机。参与这项工作的还有工程师高特列勃·戴姆勒（Gottlieb Daimler）和威莱姆·迈巴赫（Wilhelm Maybach）。

1884 年，五卷本梵语语法书的作者、法国鲁昂人爱德华·德拉马尔－德布特维尔（Edouard Delamare－Deboutteville）在机械师皮埃尔·马朗丹（Pierre Malandin）的帮助下得到了装备内燃机的汽车专利，该内燃机与现代汽车的发动机类似：一次循环四个冲程，高压缩比，电子点火，机械控制开闭的气门等。他们把这样的发动机先装在一辆三轮汽车上，然后是一辆四轮汽车。他们放弃了城市煤气而采用汽油作燃料，样车可以"轰隆隆"行驶但是没有任何前景。而 1885 年，坚忍不拔的德国人戴姆勒和奔驰正用他们自己的发动机装备第一辆三轮车。1886 年和 1887 年，他们分别又造出了第二辆三轮汽车和第一辆四轮汽车。不过，这些都还是样车。但是，戴姆勒已在法国有了他的总代理：中央理工大学毕业生爱德华·萨拉赞（Edouard Sarazin），一个沉稳的中央理工大学的毕业生，他是废止南特救令期间塞文移民的后代，埃米尔·勒瓦索（Emile Levassor）的同窗。沉稳的勒瓦索和开朗的校友热内·庞阿尔（René Panhard）合作，在伊夫里（Ivry）生产木工机器及用于驱动这些机器的发动机。萨拉赞向他们极力推荐戴姆勒的发动机，后因故过世。其妻露易丝是个精力充沛的女人，她毫无准备地接替了丈夫的工作，带着聪明的勒瓦索去了德国。回来的时候勒瓦索满载而归：一手拿着戴姆勒发动机的许可合同，一手拿着结婚证书，他娶了露易丝。正如雅克·伊克斯（Jacques Ickx）在书中写到的那样：爱德华与露易丝在戴姆勒和勒瓦索之间建立了"不太可能产生的联系，而正是这种联系推动了汽车的诞生"[1]。

---

[1] 《汽车就是这样诞生的》，艾迪塔出版社（Edita），瑞士洛桑，1971 年。——译者注

自 1890 年起，勒瓦索与庞阿尔在他们生产的商品化汽车上装备两缸的戴姆勒发动机，1892 年以后就有了标上价格的汽车产品目录。与此同时，他们也向阿尔芒·标致出售发动机。充满活力的标致也是中央理工大学的毕业生，他当时在法国东南部的杜省乡下瓦伦蒂涅（Valentigney）经营家庭作坊，生产成套工具、女式紧身衣的骨架、伞骨、咖啡磨和脚踏车等。有了戴姆勒发动机，标致开始生产起了四轮车。

"您是现代汽车之父。"高特列·戴姆勒在给勒瓦索的一封信中写道。实际上，庞阿尔和标致，一个将发动机装在前部，一个将发动机后置，他们共同促使汽车由极少数人的奢侈品变成民众每天不可或缺的代步工具。

当然，并非所有人都赞成他们的选择。有些人选择的是蒸汽，当然也为蒸汽所累。在法国勒芒，一个叫阿梅德·伯雷的铸钟人在 1872 年也介入机械运输业，他造了自己的第一部车——"温顺"，是由两台蒸汽机驱动的 12 座汽车。接着是"链条"，发动机（仍然是蒸汽机）前置，后轮驱动，带差速器。这部车平均时速可达 42 公里。后来"快速"的速度甚至达到了每小时 60 公里。其他的型号陆续问世，并且伯雷的几个儿子后来也加入进来。

必须减轻重量。为了解决这个问题，一位具有运动家气质的贵族阿尔贝·德·迪恩（Albert de Dion）联合两位机械工匠乔治·布通（Georges Bouton）和查理 – 阿尔曼·特雷帕尔杜（Charles – Armand Trépardoux），于 1883 年成功地将一台小型蒸汽发动机安装在四轮车上。

但是，蒸汽发动机每次启动都要等锅炉的水烧开才行。不过这个难题也很快得到解决，1887 年，雷昂·塞波莱（Léon Serpollet）发明了快速加热锅炉。

石油和蒸汽孰优孰劣？唯有比赛能分出高下。汽车诞生之日便是赛车兴起之时。

1895 年 6 月 11 日，人类历史上第一场汽车拉力赛——巴黎—波尔多汽车往返拉力赛在法国拉开序幕，全程 1 175 公里需一次性不停顿地完成。25 辆汽车排在出发点。由埃米尔·勒瓦索及其机械师奥斯丹格（d'Hostingue）驾驶的"庞阿尔 – 勒瓦索 5 号"双座车超过了所有的对手，一路领先直至终点。他们领先太多了，以至于接应的团队没来得及赶到预定地点——昂古莱姆附近的吕费克！勒瓦索他们没有等，而是马不停蹄地继续前进，仅用了 24 小时就赶到了波尔多，随即返回巴黎。在回程的路上，他们还遇到了"南下"去波尔多的其他对手。埃米尔·勒瓦索当年已经 53 岁，可是仍然不愿离开驾驶座，他紧紧地把持着方向盘，坚持了两天两夜。为了不打瞌睡，他声嘶力竭地唱歌，还让身边的奥斯丹格掐他。1895 年 6 月 13 日，中午 12 时 57 分，勒瓦索回到巴黎，抵达马约门（Porte Maillot）。全程仅用了 48 小时 42 分钟，平均车速 25 公里/小时！5 个小时以后，柯克林驾驶的"标致 8 号"车驶达终点，根据比赛的规则这辆车荣获冠军，因为有四个座位。比赛结果一锤定音：蒸汽汽车不能跑长途，未来的汽车必将是燃油汽车，而且还要用充气轮胎！

由米琪林兄弟：爱德华和安德烈驾驶的"闪电"号最后才到达。他们虽然名落孙山，但毕竟还是坚持到了终点。事实证明轮胎气很足，能够轻易克服障碍。

巴黎－波尔多汽车拉力赛的不俗战绩引起了一大批汽车爱好者的浓厚兴趣，为了满足他们的需求，汽车制造商如雨后春笋般涌现：德拉海、达拉克、舍纳赫和沃克、罗歇·施奈德、雷诺兄弟、贝利耶和乔治·理查德等等。

1898 年，全法国已有 59 家汽车制造厂，汽车保有量为 1 200 辆。一年后，汽车保有量猛增到 5 000 辆，而品牌数达到了 600 多个！

1898 年，首次汽车展览在法国巴黎的杜乐丽花园举行。尽管那天天气不好，法国总统费利克斯·富尔还是出席了开幕式，并为车展剪彩，还说这些汽车"闻起来很臭"。交通运输从业者马上想到，应该趁总统在爱丽舍宫的银色大厅"失去对汽车的印象"之前，摸清共和国总统的喜好。1901 年 1 月，第二届汽车展览在巴黎的大皇宫举办，吸引了 16 万观众，次年的参展人数则接近 20 万。

在新问世的汽车品牌当中，有一个品牌名声越来越大，并开始强有力地冲击庞阿尔－勒瓦索汽车的霸主地位，它就是莫尔（Mors）汽车。

莫尔汽车是 20 世纪初最著名的汽车品牌之一，它发端于 1851 年，当时一个叫米朗（Mirand）的人在巴黎圣马丁街开了一间作坊，专门做人造花卉。他后来改进了电线卷筒，开始生产电门铃。这家小作坊后来被普鲁东买下，1874年，又转到路易·莫尔名下，随后被他的两个儿子路易和爱弥尔继承。他们扩大了经营范围：从铁路用的信号装置、信号和安全设备，到直流发电机，电气设备（电话、门铃、避雷针），无所不包，他们还把作坊迁到了格雷奈尔区剧院路44号。1885年，爱弥尔·莫尔在年轻工程师亨利·布拉歇（Henri Brasier）的协助下开始制造蒸汽三轮车。从1895年起，他转向了石油内燃机。他利用自己掌握的电气知识为他的汽车装配了世界上第一个断电器点火系统。他还是90度排列V型四缸发动机的最先倡导者之一，他用这种新型发动机装备了"小公爵"号汽车，获得极大成功。汽缸容积从4.2升发展到7.3升，产生的功率足以比肩当时世界上最快的赛车。

汽车比赛方兴未艾。各城市比赛的规则又各有不同，人们对这些赛事乐此不疲，对于获胜的汽车品牌来说，这无疑是最有效的广告宣传，因此汽车的速度纪录也不断刷新。

1898年，沙瑟卢-洛巴伯爵（Chasseloup－Laubat）驾驶电动汽车"让托"（Jeantaud），在巴黎西郊的阿谢尔公园创下63公里/小时的纪录。一年以后，1899年5月1日，仍然在同一地点，比利时人卡米耶·热那席（Camille Jenatzy）驾驶着一辆真正的电动鱼雷"永不满足"号，跑完1公里仅用了34秒，也就是平均时速达到了105.897公里/小时，打破了时速100公里的极限！在见证这一历史纪录的官方计时员中间，有一个人叫路易·莫尔，他很好地学习了造车的经验。1902年塞波莱制造了一款崭新的蒸汽汽车，名叫"复活节彩蛋"，外形考究，车速高达120公里/小时。莫尔兄弟前后也造出了三款新车，其中美国人范德比尔特（Vanderbilt）驾驶的莫尔车达到122公里/小时，接着富立业（Fournier）123公里/小时，奥吉尔（Augières）124公里/小时。后来塞波莱带着132公里/小时的"鲸鱼"重返赛场时，莫尔兄弟把他们的60马力、9.2升的车投入赛道，费尔南·加布里埃（Fernand Gabriel）驾驶着它达到了136公里/小时。

赛车给莫尔兄弟带来了一系列的辉煌，1899年起，在巴黎—圣马洛和巴黎—图维尔赛事上，他们的车手安托尼（Antony）和勒维（Levegh）

分获冠亚军①。在这两次比赛中还两次击败庞阿尔－勒瓦索车队。在巴黎—奥斯滕德比赛中，勒维和庞阿尔的吉拉多（Girardot）并列第一。但在巴黎—波尔多赛事上，莫尔车队再一次囊括冠亚军：勒维在前，安托尼随后。

1900 年，当法兰西学院决定把"汽车"定为阳性名词时，勒维驾驶一辆 24 马力、7.3 升的莫尔汽车正好赢得波尔多—佩里格—波尔多比赛，尤其是在 1350 公里的巴黎—图卢兹—巴黎汽车比赛中获取桂冠。

1901 年也是凯旋之年。前自行车赛冠军，1892 年布法罗自行车赛车馆的纪录保持者亨利·富立业（Henri Fournier）驾驶着 60 马力的莫尔汽车在第二届巴黎—波尔多的比赛中夺魁，在第二届戈登·伯奈杯（Gordon Benett）的比赛中他的表现也同样出色，超越了七辆庞阿尔车，平均速度大于 85 公里/小时。

一个月后，刚刚来得及喘口气，他就参加了巴黎—柏林的国际汽车比赛，全程 1 200 公里由 4 个赛段组成，109 辆赛车报名参赛，代表 5 个国家。富立业和他的莫尔汽车率先到达了柏林的赛车场。于是订单像雪片一样飘来，交货周期不得不拉长。

在 1903 年举行的巴黎—马德里汽车拉力赛上，莫尔的 11.5 升 70 马力的汽车给人们留下了深刻印象。流线型的发动机罩好似反扣的船舰，盖在汽车的卧式散热器上，因此得到"海豚"的雅号。比赛发车那天，10 多万人涌向凡尔赛，一睹 314 辆赛车整装待发的壮观场面。

不幸的是，由于政府方面没有采取有效的安全措施，汽车制造商无休止地减轻参赛车辆的重量，结果导致这场比赛以悲剧告终：包括马塞尔·雷诺（Marcel Renault）在内的 4 名车手和 6 名观众死亡。法国内阁总理爱弥儿·孔布（Emile Combes）下令中止比赛，赛程在波尔多结束。胜利者费尔南·加布里埃驾驶的莫尔 168 号车排在最后一拨出发，但途中奋力追赶，接连超过 78 辆车，每一次超车都扬起尘烟滚滚，尽管如此，

---

① 勒维的真名是维勒（Velghe），是车手皮埃尔·布兰（Pierre Boulin）的叔公。布兰在 50 年后选用了相同的艺名，在 1955 年勒芒 24 小时赛事中驾驶一辆奔驰 300 SLR 遭遇惨烈车祸丧生，这场惨祸还造成了 80 名观众的死亡。——作者注

全程车速高于 85 公里／小时！

对莫尔兄弟来说，巴黎—马德里汽车拉力赛的辉煌胜利同时也是一首天鹅悲歌：他们的总工程师、深孚众望的亨利·布拉歇改换门庭，加盟乔治·理查（Georges Richard）的车行。1904 年，在德国举行的戈登·伯奈杯比赛中，由特里（Théry）驾驶的一辆理查－布拉歇赢得了冠军；而第一部抵达终点的莫尔车（车手为萨勒荣）其成绩仅为第 7 名。

莫尔车价格昂贵。客户们失望地看到莫尔车不能再次赢得桂冠。莫尔车还宣传舒适性，公司管理人员乔治·吕里耶（Georges Lhuillier）发明了驾驶室风挡，尽管这样，仍难使莫尔公司起死回生。紧接着一位得力的工程师远走高飞：查理·施密特（Charles Schmidt）去了美国的帕卡德公司。泰拉斯（Terrasse）来了，带来了冲压车架的发明，随后他也走了，去了霍奇基斯。从庞阿尔公司来的叙博拉（Subra）没待满一年又走了！工程师们如走马灯般来来去去，不能自由发挥创造力的环境让他们很失望。

公司只剩下富有的莫尔兄弟苦撑危局，1906 年的年产量仅 120 辆汽车，和 1898 年持平。莫尔兄弟希望在负债尚未恶化之前尽早卖掉公司。他们的总经理贝朗（Bellan）则说服他们清算了结。

莫尔公司的大股东之一保罗·阿尔布雷舍（Paul Haarbleicher）眼看着莫尔汽车这一法国汽车的领先品牌即将在如此大好的局面下销声匿迹，实在不甘心。他的女儿苏珊娜此前嫁给了于格·雪铁龙，他曾在几次家庭聚会中见过安德烈·雪铁龙，这个青年人思想活跃、思路清晰，给他留下了深刻印象。他知道女婿的弟弟经营齿轮生意，对汽车行业一定很了解。因此，他决定听听雪铁龙的意见。安德烈·雪铁龙到剧院路亲自察看了莫尔公司，思量了需要进行的改进措施。他发现，公司的生产设备十分精良，但必须重组生产和流程，重振全体员工的干劲。雪铁龙自信能够实现上述目标。1907 年 12 月，应阿尔布雷舍的要求，雪铁龙向股东大会阐述了自己的设想，而总经理贝朗和莫尔兄弟建议申请清算了结。雪铁龙被排挤成了少数派，但他发现莫尔的随身男仆投票时多记了表决权，他要求延期开会，并且获得同意。

1908 年 2 月雪铁龙在新的大会上介绍了更为详尽的振兴计划，在一番雄辩而且令人信服的发言之后，他扭转了股东们的观点，他们一致请他出任公司总经理，阿尔布雷舍被选为董事长。不过，莫尔兄弟依然留在董事会里，他们给准备大干一场的雪铁龙制造了很多阻力。雪铁龙后来终身汲取了这一教训：一山不容二虎，一个企业只能有一个老板。尽管如此，雪铁龙走马上任后，公司形势有了好转。汽车年产量由1907年的120辆增至1908年的280辆，1909年达到了319辆，1910年猛增到647辆。

雪铁龙脑海里的远期发展战略主要涉及三个方面：人才、资金和技术。

他在自己周围团结了一批卓有才干的优秀人物。这支队伍当中，应首推路易·吉约（Louis Guillot），他是法国萨瓦省人，从英国回国的工艺美术工程师，在那里成婚。雪铁龙是在飞机制造商莫拉内（Morane）兄弟家结识他的。吉约对机械情有独钟，工作特别吃苦耐劳，他不但能力超群，而且十分投入，勇于负责。他为人正直，坦率得近乎直白，但从没有让老板失望过。但遗憾的是，他那高大的身躯常常因为粗沉的干咳而咳弯了腰，他骨瘦如柴，眼圈发黑，脸颊潮红，这说明他的健康严重透支：他已经得了肺结核，这病当时正一点点侵蚀着他的身体。

乔治·马利·阿尔德（Georges – Marie Haardt）是巴黎 – 柏林汽车比赛的冠军得主亨利·富立业介绍给雪铁龙的，富立业雇他在当茹街自己的车行做销售员，小伙子气质沉稳，神态高贵，给客户留下深刻的印象。安德烈·雪铁龙和他初次见面就觉得他们之间有一种天然的默契。

除了显而易见的优雅以外，这个大男孩的目光中还透着一丝幽默，厚厚的眼睑下还藏着一份温柔和腼腆。他1884年7月12日出生在那不勒斯，祖籍在比利时，家族拥有一家大型服装商店。年仅26岁的他却老成持重，已然懂得要尽可能全面地看人看事，但又不失青年人的豪气和冲劲。他崇尚高效，从那时候起他就立下座右铭"Res, non verba"，这句拉丁语格言的意思是"少说话，多做事"！

前巴黎商学院学生费利克斯·施瓦布（Félix Schwab）出身于裘皮商家庭，有很强的判断能力，能够流利地使用好几门语言，尤其是德语、英语和意大利语。他进入了莫尔的董事会，和他一起进入的还有马迪尔·丰塔纳（Mathieu Fontana）和查理·曼埃莫（Charles Manheimer），他们俩都是安德烈·雪铁龙在综合理工学院同年级的校友。

保罗·瓦文（Paul Vavon）生就一副薄嘴唇、弓形眉，还有因过早谢顶而越发宽阔的脑门。他做事细致，办事严谨，是称职的技术人员，还有相当专业的美学鉴赏力，尤其对汽车车身与线条设计感兴趣。他颇有几分外交家的才能，尤其擅长棘手的谈判。

埃内斯特·乔德利（Ernest Jodry）负责物流供应，早先在蒙贝利亚尔的一家铆钉厂工作，出身警察家庭，性格细致，处事严谨。

从这时候起，雪铁龙挑选了年轻的热诺小姐（Jeunot）做秘书，一位动作比她的影子更快的速记员，她常常俯下脑袋，像一只警觉的小鸟，机械地用铅笔啄着按键，一缕环状鬈发凌乱地垂在耳朵前面。

至于资金问题，安德烈·雪铁龙想首先解决莫尔公司拖欠银行的大量债务。他心想事成，于1912年同亚美尼亚籍钻石商、百万富翁阿塔尼克·埃克奈扬（Atanik Eknayan）实现了合作，他是雪铁龙大哥于格和阿尔布雷舍的朋友，其巨大的乐趣就是带着他的三个半大小子（其中有一对双胞胎）和小鸟依人的妻子阿鲁希娅，开着他超级强大的莫尔汽车，以令人眩晕的速度兜风。埃克奈扬同意承担三分之二的银行债务。这使雪铁龙能够腾出手来，集中精力抓他认为至关重要的事情——销售。他派阿尔德去英国和西班牙，这个掌握多门外语如同自己母语的销售代表创造了奇迹。雪铁龙相继在伦敦、马德里、布宜诺斯艾利斯等地开设了分公司。与此同时，他开始了大规模的广告宣传活动，派人在道路的十字路口竖起指路牌，注明"莫尔"，并且路牌被设计成汽车散热器隔栅的形状。为了给产品宣传单配图，他还专门邀请连环画家本杰明·哈比尔（Benjamin Rabier）亲自操刀，本杰明·哈比尔以说人话的动物为主角的连环画《鸭子吉迪恩》自1903年发表在《小法国人画刊》上起，就一直受到小读者们的追捧。

雪铁龙还想彻底重组企业的生产。所以，当1912年他去美国进行商务考察，准备筹建雪铁龙齿轮美国分公司的时候，他执意参观位于红河的福特汽车制造厂。在那边的所见所闻让雪铁龙沉思良久。可是当回到巴黎，等待他的却是莫尔公司数千工人的罢工，要求选举职工代表，实行英国式劳动制度①，这一事件迫使雪铁龙推迟实施考虑已久的产品改型及生产工艺规划。

至于技术方面，他聘用了重要的福希耶（Fauchier），他曾在蓬塔利耶为两个瑞士人祖谢尔（Zürcher）和吕缇（Lüthi）制造了一辆四缸的轻型汽车。雪铁龙请他在这款"泽代"（Zedel）的基础上，为莫尔公司开发一款非常结实的改进版。这款车的缺点是动力不足，但雪铁龙手中已握有一件秘密武器。在一次去英国旅行的途中，他遇到了乔瑟夫叔叔的长子、比他年长 18 岁的堂兄大卫·雪铁龙。这个大卫后来改名为多鲁斯（Dorus），其实他才是雪铁龙家族中第一个在汽车业工作的人。他早先是密涅瓦（Minerva）的经理，该车行属于荣格（Jong）兄弟（工厂设在贝尔赫姆，邻近安维尔），曾在 1908 年的布鲁塞尔车展上引起了巨大的轰动。

当时他们展示了一款轻型汽车，装备一台采用美国人查理·奈特（Charles Y. Knight）发明的技术，由机械师吉尔布那（Kilbourne）制作的 38 马力无气门发动机。在这个机器内部，进气和排气的开启控制均通过在活塞和固定的汽缸之间一个滑动的轴套来回运动来实现。

安德烈·雪铁龙在听完多鲁斯的介绍后，立刻对这种技术的优越性心领神会：运转灵活、安静，发动机低转速下输出的扭矩提高。他决定将莫尔汽车全系列新车型（2.1 升、3.7 升、4 升和 7.2 升）都装备无气门的密涅瓦引擎，此举成了公司成功不容忽视的因素，随后庞阿尔和戴姆勒，包括战后的沃新恩（Voisin）和标致都相继应用了这个革命性的配气机构。

为了推广这种被他称为"SSS"的车型②，雪铁龙向他的朋友特里斯坦·贝尔纳（Tristan Bernard）征求广告口号，结果这位留着四方络腮胡、主持布法罗自行车赛车馆的幽默先生不动声色地说道："莫尔汽车，风驰电掣！"

---

① 每周五天半工作制。——译者注
② 法语原文为 Sans soupape sport，这里取三个单词首字母组合成缩写，中文意思是"无气门"运动车，按照现代汽车技术的分类，或可称为"套筒式气门"运动车。——译者注

雪铁龙唯一不愿参与的广告形式却是赛车。巴黎—马德里汽车拉力赛的事故让他的内心受到了深深的创伤，那场惊心动魄的悲剧还掩盖了莫尔胜利的光芒。雪铁龙不想再看到死亡。于是世界历史的进程选择了另外一个不同的方向。

第三部 | 战争来临

"娶妻不是件寻常事，必须经过深思熟虑。"

——弗朗索瓦·德·莫克瓦（François de Maucroix）

第七章　步入婚姻殿堂

十多年中，安德烈·雪铁龙每天工作繁忙、心力交瘁。面对奢侈汽车生产过剩、危机四伏的莫尔汽车公司，他力挽狂澜，使公司摆脱了困境。1910 年，巴黎遭受特大洪灾，塞纳河水暴涨，水位一直涨到了阿尔玛桥上佐阿夫雕像鼻子的高度。巴黎大部分汽车厂及其配套工厂多半建在塞纳河畔，因而受灾严重，被迫停产，造成两万工人失业。位于格雷奈尔码头的雪铁龙齿轮公司也未能幸免。但雪铁龙率领公司全体员工奋力抗灾自救，仅用一个月时间就使全厂恢复了生产。1912 年，莫尔公司发生工人大罢工，雪铁龙亲自前往位于巴黎 15 区的工会之家在讲台上向工人们阐述他的看法。1913 年，他在巴黎塞纳河边的雅维尔码头 13 号的新建厂房，准备跟乔治·马利·阿尔德合作，共同开发专利产品汽化器。

雪铁龙闲暇时也从不感到无聊。他常去哥哥姐姐家，跟他众多的侄儿外甥们欢聚一堂，或者和一帮像他一样快乐富有的单身汉外出听音乐、上剧场、进影院，当然还有看芭蕾，反正巴黎从不缺少消遣娱乐的好去处。

雪铁龙还时常光顾巴黎协和广场上的法国汽车俱乐部。俱乐部于 1895 年由德迪恩伯爵、德祖依朗男爵和记者保罗·梅安共同建立。雪铁龙自 1908 年加入后就时常在聚会室玩埃卡泰牌，每每都下巨额赌注。他在其他社交圈里，或是假期在图凯（Touquet）的赌场里同样会一掷千金地玩巴卡拉纸牌。他和他哥哥贝尔纳合住了几年后，独自搬到了 17 区维耶大街旁的一条小路——爱德华－德戴耶路 6 号。搬走后他还经常约哥哥到"无忧"茶舞厅见面，享受被一群嬉笑着、有杂技演员细腰的漂亮姑娘簇拥的感觉。

娱乐和消遣根本无法填满生活和灵魂。在法兰西这个尚且稚嫩的共和国国度里，政治矛盾重重，宗教问题成堆。还有些价值有待捍卫，还有些思想有待建构，或许还有些事业有待完成。雪铁龙三兄弟中的大哥于格首开先河，在 1902 年加入了共济会，两个弟弟贝尔纳和安德烈也跟随哥哥相继入会。1904 年 6 月 20 日，安德烈·雪铁龙被共济会分会"法国大东方"的"实证哲学"会所收为学徒①，签字宣誓履行共济会"蓝色等级"第一级的义务："我保证服从组织、遵守《宪章》的章程。"他之后被选举为代表，以他的才能和一贯的活力履行着职责。

"法国大东方"是拥有最多信徒的共济会分会，直到今天一直都坚持着宽容和思想自由的原则，并主张建立一个"更加公正、更加光明"的社会。自 1773 年起，在被百科全书派的影响下，"大东方"开始宣扬纯理性的精神并对此奉若神明，直至 1877 年，它摒弃了上帝是"宇宙的伟大建筑师"的信条，即上帝高于一切的理念，给予它的 3 万成员以信仰自由权。这一做法直接导致世俗化和共和的思想成为当时法国社会的主流，甚至成了一些当选者的政治纲领。

安德烈·雪铁龙拥护捍卫人权的思想，这一思想曾激励了共济会信徒们早早地站在了德雷福斯这边为他蒙冤打抱不平。他相信人类的进步，他选择进入"实证哲学"会所就证明了这一点，魏尔伦的朋友、无政府主义记者、诗人洛朗·塔亚德（Laurent Tailhade）就曾是该会所的成员。尽管对一些会员不坚定的政治信仰持保留态度，但他仍然赞同奥古斯特·孔德的思想，因为高中时代他就对孔德产生了兴趣，直到入会四个月后爆发的泄密丑闻。

法国综合理工学院前任校长路易·安德烈（Louis André）将军接替嘉利费（Galliffet）将军担任瓦尔德克－卢梭（Waldeck–Rousseau）内阁

---

① 共济会的第一个等级。——译者注

的国防部长，并连任到孔布内阁。其间他一直计划着建设去政治化和现代化的军队。他借助由"大东方"总秘书传达给他的关于军官政治观点和宗教信仰的公文来劝服信仰天主教和拥护君主制的军官。这一大胆的做法被费加罗报和众议员让·古约·德维勒内夫（Jean Guyot de Villeneuve）揭露，迫使他在1904年10月28日召开的议会上引咎辞职，还被另一个右翼议员加布里埃·西弗顿（Gabriel Syveton）当众扇了耳光。在"大东方"，许多兄弟认为一些会所对共和制过度的虔诚让他们冒着违反《宪章》条例的风险和一个国家机构合作。共济会大师傅安东尼·布拉丹（Antoine Blatin）博士为此对这些忠实的信徒进行了长时间的劝慰。

1906年5月29日，安德烈·雪铁龙被收为师兄弟[①]，次年4月29日，他当上了师傅。尽管工作繁多，他却依然把共济会的会议放在心上。这项活动以及它所承载的思考不断开阔着雪铁龙的思想，丰富着他为人处事的经验。

欧洲乃至全世界在那个时代本需要铭记人类的一些基本观念，比如人权。但是，即便不提那些自然灾害（4万人在1902年的马提尼克培雷火山爆发中罹难，10万人死于1908年的意大利墨西拿大地震，还有旧金山火灾、瓦尔帕莱索和阿卡普尔科的大地震），那个"美好时代"也迈着沉重的步子走向悲剧：义和团运动在中国打响；布尔的妇女儿童饿死在南非的英国集中营里；犹太人遭到俄国沙皇的血腥屠杀；马其顿爆发了反对土耳其人的运动；波兰进入了紧急状态；日本占领了中国满洲里和朝鲜半岛；巴尔干半岛的战争打了两次；克里特岛陷入了危机；德国炮艇制造了阿加迪尔事件；意大利占领的黎波里；墨西哥爆发革命；欧洲皇室发生连环谋杀案，塞尔维亚国王亚历山大一世及其皇后德拉嘉、西班牙国王阿尔冯斯十三世（他逃脱了）、葡萄牙国王卡尔罗一世和王储路易斯·菲利普、希腊国王乔治一世等皇室首脑无一幸免；匈牙利和德国的全国大罢工被粗暴镇压；法国北部的纺织工人，西班牙毕尔巴鄂和比利时的矿工，南法的葡萄种植者、建筑工人，争取妇女参政的英国妇女、邮政职员，巴黎出租车司机、码头工人，起义的俄国水兵同样因举行罢

---

① 师兄弟是共济会的第二个等级，师傅是共济会的第三个等级。——译者注

工而受到镇压。各国民众与政府当局的对立情绪不断升温。各国不断重申着国际盟约以防止盟国背叛。每个国家都声称在保护着另一国，而另一国却极有可能被拖入或许根本不愿去的地方——战争。

此时的雪铁龙忧喜参半：忧的是与日俱增、充斥世界的战争威胁，喜的是个人的终身大事终于有了眉目——这个单身汉终于坠入了爱河，想成家了。

姑娘叫乔吉娜·宾根（Giorgina Bingen），芳龄21岁。两条柳叶弯眉下，一双美丽的浅褐色大眼睛闪烁着金色的光芒，好似高山峡谷间镶嵌的一片深邃的湖水，在阳光下碧水荡漾，波光粼粼。鹅蛋形的脸庞上突起鲜明的颧骨和下巴，高高的前额，修长的鼻子，宽宽的嘴上时常笑意盈盈，细薄的上唇连接着丰满的下唇，尤其是微微鼓起的下唇中央性感十足。略带赤色的浅褐色长发绾成了一个双发髻盘在脑后，露出了一段温婉而高贵的后颈。

您相信吗？雪铁龙起初并没有注意到乔吉娜，他注意到她母亲的名字，她母亲的名字在当时真是如雷贯耳：劳拉 – 姗希迪塔（Laura – Gingiditta），是个标致的美人。傲人的美丽，女王的气质，纤细的身材，唯有这些陈词滥调才能形容这类女人，她们完全有理由对自己和自己的吸引力满怀自信：从她们青春永驻的模样上可以想象到若干年前她们骑着马穿过整个热内亚城，引得年轻帅气的绅士们连连俯身致意的壮观场面。

直到第二次相遇，安德烈才注意到了她的女儿。那是一个晚秋的周末，他在图凯参加她的家庭派对。乔吉娜不像母亲那样傲气逼人，却形神兼具地继承了母亲的特质。这一回，安德烈被深深地吸引了。那天，乔吉娜一袭白装，头戴当下最时髦的钟形贝雷帽——那是加布里埃尔·香奈儿（Gabrielle Chanel）小姐刚刚推出的新款。加布里埃尔·香奈儿当时还是个初出茅庐的年轻女帽商，亚瑟·卡佩尔（Arthur Capel）（人们都叫他鲍伊）送了她一间位于多维尔镇贡多 – 吉荣路上挂着白色窗帘的小商铺，香奈儿当即把它摇身变成了专卖帽子的饰品店。于是，那些用边饰装点的头巾、菜园的瓜果蔬菜，或是热带的鸟类纷纷变成了她制作帽子的素材，戴在了女人们的头上。戴着贝雷帽，她双目流盼、温柔似水，纤纤玉手在举手投足间无不透着轻盈和优雅，她的身体正等待着被热情点燃。

乔吉娜有着看似瘦削、实则结实的身材（奇怪的是，多数男性欣赏这种身材，而当下更甚），外表腼腆的她其实早已心有所属：非安德烈不嫁！

第一次相遇，乔吉娜就迷上了雪铁龙炯炯有神、狡黠机智的眼神，在他面前，她的声音、眼睛、举止都不自觉地温柔起来。乔吉娜立刻明白了自己的心意，在之后的会面中也更加确定了自己的第一感觉。她还揣测到了他的敏感和藏而不露的性感。雪铁龙活跃的思维、独特的想象力、对自由的热爱和创新的精神，还有他自然随和的性情、与生俱来的权威和强烈的责任感完全征服了她。乔吉娜还欣赏雪铁龙逗人开怀的本领，因为她信奉莫扎特的一句名言："对那些不苟言笑的人我心存怀疑，他们并非可靠。"总而言之，乔吉娜确信自己爱上了一个出类拔萃、不同凡俗的人。她毫不介意雪铁龙比她年长 14 岁，正像很多年轻姑娘那样，她反倒觉得雪铁龙是她梦寐以求的守护神。

安德烈·雪铁龙春风得意。尚且年轻的他已经事业有成，不但自己的齿轮公司蓬勃发展，还成功地使濒临倒闭的莫尔汽车厂起死回生，正要成为法国，也将是世界的头牌企业。它的汽车年产量从当初的 120 辆跃至 1914 年的 1200 辆。雪铁龙希望依靠新办法使生产再上一层楼。在滔滔商海的搏击中，雪铁龙一次又一次地证明了他超群的资质和卓越的智慧。他闻一知十，明察秋毫，拥有快速的接受能力、理解能力和一针见血的批判性判断力，让他能在看似无关的要素之间发现新的联系。他拥有创造性的想象力、创新能力甚至是前瞻能力，拥有说服他人、鼓舞士气以及天才的领导能力。他的天才正是由这些相辅相成的才能构成的。雪铁龙的这些禀赋很大一部分是继承了他的先辈，特别是他祖父巴伦德（Barend）的血脉。自那时起，雪铁龙的工作方式也像四冲程的汽车发动机一样分为四步：1. 倾听（进气）；2. 思考（压缩）；3. 决断 - 行动（膨胀 - 做功）；4. 开发（排气）。

安德烈和乔吉娜的相爱属于那种迟来的一见钟情，所以两人都有相见恨晚的感觉。在这之前，安德烈身边不乏年轻异性，他跟她们有过花前月下、卿卿我我，甚至如醉如痴的短暂激情，但她们都似过眼烟云，没有在安德烈心里留下痕迹。这绝不是说他逢场作戏、喜新厌旧。他曾长期与母亲和姐姐们生活，深深地爱着她们敬佩着她们，所以他对女性始终怀着深切而真诚的敬重之意，绝非是那种始乱终弃的花花公子。这一次，乔吉娜攫住了他的心。她渐渐让他相信甚至深信：她就是他孜孜以求的感情归宿，她与他完全心灵相通。他感到她能够，也一定会成为他最理想的人生伴侣，她将既是一个热情的家庭主妇，一个形影不离的温情伴侣，又是一个善解人意的知心朋友和一个慈爱的母亲。从那以后，彼此倾心的两人便经常会面。早上他们在河边花团锦簇的平台上散步，下午去砌着粉砖的豪华酒店威斯敏斯特的茶馆静静地品茶。或者，他们躲进安德烈气派的莫尔汽车，带上乔吉娜的爸爸妈妈一块儿兜风。他们去巴黎西郊的布洛涅森林踏青，在高城的老房子落下的阴影里、在教堂和钟楼间、在被叫卖声淹没的渔船码头的堤岸上徜徉。抑或是举家远行，去到蛋白石海岸的边境，与碧绿的草原和安宁的奶牛做伴，累了就在农庄小憩片刻，喝上一碗温热的牛奶。晚上，他们在"隐居酒店"和着"情人"圆舞曲跳一支时髦的慢步华尔兹。

回到巴黎，他们继续见面。那年冬天，法国天寒地冻。圣诞夜，一场厚厚的大雪让巴黎银装素裹。乔吉娜戴上了窄边软帽，把手缩在海狸毛皮的手笼里取暖。她和安德烈订婚了。他们在一起憧憬未来，一个讲得津津有味，一个听得心花怒放。她喜欢听他讲他的事业，而他喜欢被她聆听。

冬去春来，1914 年 5 月 26 日，乔吉娜和安德烈在巴黎订立了婚约。两位公证员杜福尔（Dufour）和皮埃尔·德拉帕勒姆（Pierre Delapalme）为他们做了财产公证，规定夫妻共有财产的范围缩小到婚后财产，其部分赠予和使用限制的条款，不适用于共同财产中的不动产，这个条款并不损害夫妻共有财产制，而这项制度正是婚姻合约的基础。

在乔吉娜的父亲古斯塔夫·宾根（Gustave Bingen）的要求下，这个附加条款被加入了协议。他欣赏甚至打心眼里喜欢他未来的女婿，但他发现安德烈是个不重利益、宽厚慷慨的小伙子，有时甚至过于无私了。在他看来，安德烈对承担事务的热情有时大大超过了对实际收益的考虑。岳父的担忧不无道理：雪铁龙对财富的占有不感兴趣。他把人生看做一场冒险，他投身商业的首要驱动力来自对风险的兴趣和对不惜代价把自己设想实现的渴求。让平淡无奇的现实见鬼去吧！对他来说，重要的是

"存在"、"行动"，而不是"占有"。他最怕长而烦琐的账目和厨娘的账单。古斯塔夫·宾根有理由担心女婿这副大老爷的态度难免会在不经意间暴露自己对房产和金钱的漠不关心。作为一个谨慎的父亲和一个缜密的银行家，古斯塔夫希望把女儿的嫁资独立于夫妻共同财产，并且不纳入共同使用的范围。雪铁龙毫不犹豫地答应了。

1914 年 5 月 27 日，他们在市政厅登记结婚，次日举行了教堂婚礼。这对新人把漂亮的新家安在了帕西市拉缪尔特路 5 号，离莫尔兄弟的豪宅和施沃勃·德利古尔的私家宅邸很近，离安德烈的岳父母家也不远。安德烈过上了幸福的二人生活，可是好景不长。

1914 年 6 月 28 日星期日，塞尔维亚中学生加夫里洛·普林齐普刺杀了正在波斯尼亚首府萨拉热窝访问的奥地利皇储弗朗索瓦·斐迪南大公及其妻子索菲·冯·霍恩贝格公爵夫人。六年前，奥匈帝国用武力吞并了波斯尼亚，使之成为它的一个省，而塞尔维亚人从来就没承认过。

这起谋杀事件犹如一粒火花飞溅在已成火药库的欧洲大陆上，欧洲各国随即展开了长达数月的疯狂军备竞赛。奥地利不甘心放弃波斯尼亚，决心和塞尔维亚一决雌雄，而俄国却站在塞尔维亚一边。德国支持奥地利，担心俄国和法国结盟。而一直想收回被德国人夺去的阿尔萨斯－洛林的法国已和英国结盟。

7 月 28 日，尽管塞尔维亚已经接受 7 月 23 日从维也纳发出的最后通牒，奥匈帝国还是向它宣战了。这在盘根错节的欧洲各结盟国家中引起了强烈的连锁反应，在民族仇恨和国家利益的驱动下，国与国兵戎相见，最终导致人类历史上空前惨烈的第一次世界大战。

还在 7 月 4 日星期天的时候，雪铁龙夫妇在他们的朋友、里昂市长兼议员爱德华·厄里欧（Edouard Herriot）的陪同下，出席了在里昂附近日沃尔赛道举行的法国汽车俱乐部大奖赛的开幕式。观礼台上，身着香奈儿简约款休闲套衫的乔吉娜显得格外迷人。赛场周围人山人海，人们都想目睹法国车（标致、德拉奇）跟德国车（奔驰）之间的较量。结果，由乔治·布瓦洛（Georges Boillot）驾驶的标致车在全程一路领先即将到达终点时，被洛坦施拉格（Lautenschlager）领衔的三辆奔驰车赶超。当时人们不会知道，这之后的 5 年里欧洲再也没有举办过汽车拉力赛。

8月1日星期日，法国宣布全国总动员。就在同一天早晨，德国军队入侵了卢森堡。

安德烈·雪铁龙应征入伍，在第二重炮团任中尉①。第二重炮团其实是个辎重车队，同时负责炮车及其他车辆的维修和驾驶。雪铁龙发现，长官们的用车几乎全是他心爱的莫尔汽车。他的大哥于格跟他在同一个部队，三哥贝尔纳据说因呼吸系统疾病被要求退役，但他不予理会，转而申请以志愿兵的身份参加前线的战斗部队。上级同意了他的请求，将他编入了驻扎在蒙梅迪的第51步兵团。就这样，雪铁龙三兄弟全都上了前线。

---

① 这个团是1914年7月1日由包括安德烈·雪铁龙所在的勒芒第31炮兵团在内的不同分支组建的，1915年10月被解散后，和第四重炮团组成了第82牵引式重炮团。——作者注

现在只剩下战争了。

——保尔·德夏耐尔（Paul Deschanel）

第八章　前线缺乏弹药

　　1914 年 8 月 4 日，德国士兵入侵比利时，8 月 15 日进犯法国，德国人想以闪电战术击败对手，早日结束战争。交战双方的军事将领们对运动战笃信不疑。8 月 19 日，法德军队在边界开始交火。由赫尔穆特·冯·莫尔克特指挥的德国兵团向法国边防军发动了猛烈进攻，一举突破其防线。9 月 2 日，德国的先头部队已经到达离巴黎 25 公里的桑利斯城。偏偏就在这时，冯·克卢克麾下的德国第一军不是继续向法国首都挺进，而是掉头改朝东南方向出击。克卢克忽略了巴黎尚有重兵集结的事实，只保留他的第四后备队掩护其右翼。巴黎卫戍区司令员加利耶尼将军发现了德军的这一弱势，遂向法军总司令霞飞将军报告。后者于 9 月 6 日命令莫努里将军率第六军向德国的后备部队发起攻击。加利耶尼将军在巴黎征调了包括出租汽车在内的所有能够行驶的车辆，每车配备 5 至 6 人，向瓦兹省的南特伊－勒奥杜安前线地区紧急增援了 6 000 名士兵。冯·克卢克败退而去，致使冯·布劳率领的第二军腹背受敌。法国的弗朗谢·德斯佩雷将军率其第五军联合英国弗伦奇元帅的部队直扑布劳的第二军。在东线，福熙的第九军、朗格尔的第四军和萨哈依的第三军死死地牵制着德军。9 月 10 日，冯·莫尔克特命令德军撤退至埃纳河边。至此，马恩河战役以德军的失败而告终。

　　但是，法国因为缺少足够的重型火炮，虽曾试图将德国人"赶入大海"，但最终没有能够乘胜追击，只是将德军驱赶至法比边境的伊塞尔河。于是，西起英吉利海峡，东至瑞士边境，法德双方在长达750公里的战线上呈胶着状态。运动战变成了阵地战，这完全出乎所有战略家的预料。

当时，雪铁龙兄弟分别参加的第 2 重炮兵团和第 51 步兵团由费尔南·德·朗格尔·德加里将军指挥。后者此前已退伍，又被紧急召回重新披挂上阵。开战之初，他们从驻扎地默兹省开拔，行进至比利时迎击德军，随后因不敌沃腾伯格公爵率领的第四军而开始撤退，又于马恩河战役期间在维特里－勒－弗朗索瓦和巴尔－勒－杜克地区的奥尔南河与德军狭路相逢，展开激战。此后，他们北上阿尔戈纳河，安营休整，壕堑战开始了。

安德烈·雪铁龙当时驻扎在阿尔戈纳河畔特里奥库尔，距离圣·梅纳伍德有 20 多公里。他在夏尔·费诺建造的一所房屋中暂住，此人是埃贝尔耐的地方法官，娶了德尼斯·莫波尔小姐为妻，后者的父兄在当地拥有一家小型的农资工厂。

安德烈·雪铁龙作为汽车制造商和运兵车队的负责人，在跟随部队转战南北的同时，怀着极大的热情密切注意并高度评价马恩河战役中出租汽车所起的决定性作用。然而，他同样注意到，法国没有将反攻进行到底，就是因为弹药不足。对此，他在部队有切身体验。在这一点上，法国军方领导层的认识显然严重脱离实际。

应当指出的是，在一向推崇运动战的法国军界，理论家们从来认为陆军才是克敌制胜的法宝。格朗麦松上校和福熙将军等都在不遗余力地大赞特赞冷兵器的优越性和白刃战的种种好处。装备的优劣、火力的强弱对基于闪电运动战的战争策略来说显得微不足道。因而官方普遍认为，炮兵至多不过是一种补充武器，一件附属品而已。英国的赫尔将军甚至斗胆写道，现代化的军队应该是"兵员占先的军队，而非设备占优的军队"。他特别告诫人们尤其不要将精力无谓地消耗在已经严重过剩的炮兵上！法国圣西尔军校毕业生、步兵和职业军人大多持这一观点，但作为法国综合理工学校毕业的工程师，同时是炮兵、企业家的安德烈·雪铁龙却不能苟同。人们清楚地看到，自法德双方形成阵地拉锯状态以来，各自修筑了道道堑壕，拉上了带刺的铁丝网。在这种情形下，猛烈的炮击比骑兵冲锋和白刃格斗有效百倍。常常落后于战争的将军们的抉择失误在今天的战场上会带来灾难性的后果。不过，也有些军人，如在法国步兵学校任教的菲力普·贝当上校等就敢于向传统理论挑战，提出用密集的炮火构筑防御体系。可惜这些真知灼见都如秋风过耳，听而不闻。结果面对德军550门重炮的威胁，法国人最多能拉出300门炮应付。1911年下半年任法国陆军部长的阿道夫·梅西米虽然粗暴，不讨人喜欢，但有先见之明，曾试图建立现代化的法国炮兵。然而，他也只被允许研制105榴弹炮。

再者，没有炮弹，有炮又有什么用？这也是法国最高军事指挥机关从未想过的。克莱孟梭曾在其主办的《自由人》报（后于新闻审查期间更名为《被缚的人》）上撰文，披露法国军队弹药严重不足的问题，这种状况在德国人占领法国10个矿产和冶金大省之后更加严峻。连法军总司令霞飞将军本人都发出警告，疾呼军队弹药补给十分短缺。1914年9月24日，法军统帅部给各大军区司令发了一封告急电报，称："如果炮弹的消耗速度依旧不变，15天后，我们将因为弹尽粮绝而不得不停止战斗。"

在特里奥库尔，此时已升任炮兵上尉的安德烈·雪铁龙也经常跟他的房东或者同为军官的拉维和弗朗西斯·德里翁[1]，或者当地的村长、公证人于瓦郁在一起议论武器弹药的问题。他们喜欢在夏尔·费诺的台球室碰面，点上一支雪茄或香烟，偶尔也尝尝女主人端上的李子塔饼。

安德烈·雪铁龙说道："没有武器的军队等于零。战争的胜负也是弹药的较量，或许首先是在弹药厂里见分晓。所以必须从这里抓起。"接着他以习惯的姿势靠在台球桌上，叹了口气，补充道："不可一误再误了！"

这场战争变成了旷日持久的马拉松，法国军事当局的应变能力却不及德国的总参谋部，因为法军开始运用一种既可怕又可笑的战术——蚕食战，具体地说，就是为获得几寸战地，不停顿地攻击敌人的战壕。在严重缺少弹药，难以组织有效的炮火支援，更不可能发起大规模进攻的条件下，法国的蚕食战术换来的是战士的大量牺牲。伤亡最为惨重的莫

----

① 他在战争结束后与雪铁龙一道共事。——作者注

过于雪铁龙三哥贝尔纳所在的第 51 步兵团。1914 年 8 月 22 日，贝尔纳首赴比利时参加了那场艰苦卓绝的威尔顿战役，此后接到了撤退的命令。超过 300 公里的长途跋涉，加上 8 月的酷暑天气，连日缺乏睡眠和食物供给，时不时又要应付德军的围追堵截，使得这场撤退简直变成了地狱之行。最后，9 月 6 日，在维特里－勒－弗朗索瓦附近的布雷默，部队再次接到命令：坚守阵地，不得退让一寸土地。于是，马恩河战役打响了。一刻不停的轰炸持续了整整五天。11 日，德军放弃了阵地。12 日，法军趁势大举掩杀。15 日，法军在圣·梅纳伍德以北的阿尔戈纳河边茂密的荆棘丛里歼灭了大批德军。这是一战时期法国前线歼灭敌军数量最多的几次战事之一。残酷的战争之初，这些高大橡树、榉树掩映下的茂密灌木丛，幽深曲折的小路，溪水潺潺流淌的小山头，都成了腥风血雨的战场。这个地区地形极其复杂，在维耶纳－夏朵纺织业中心附近，阿拉泽的格吕利树林里与塞尔冯森林里都布满了无穷无尽的壕堑，它们不断地被攻击、摧毁、重建、占领、夺回。在漫长的四个月里，在拉封丹－马丹、巴加代尔、圣·于贝尔、176 高地的巴黎之炉这些地方，旷日持久的嗜血战事一直在上演。塞尔冯－梅兹库尔地区 10 月初的战斗尤为惨烈。

　　10 月 15 日，安德烈·雪铁龙收到一份正式通知：1914 年 10 月 9 日，星期五，下士贝尔纳·雪铁龙在一次战斗中因抢救负伤的战友不幸牺牲。他死后被追授棕榈叶十字战争勋章，在军队名录中是这样记述他的："退伍后又于 39 岁自愿投军参战，并主动要求上前线作战。其间表现出极大的热情、忠诚和英勇。因冲出战壕，抢救一位负伤战友而不幸牺牲。"

　　这对安德烈来说是个可怕的打击。贝尔纳不仅是他的哥哥，还是他最知心的朋友。他们俩在一起度过了没有父亲的童年、少年和自由自在的青年时代。安德烈不会忘记他同三哥四手联弹，欢乐度过的那些个不眠之夜。贝尔纳很有音乐天赋，他从来没有正规学过音乐，却能过目不忘，听后能唱。除此之外，贝尔纳还做得一手好菜，波兰牛肉饺子，法式洋葱汤，样样在行。对于安德烈和贝尔纳来说，美味在口中融化，就像普鲁斯特的小玛德莱娜蛋糕一样，能让他们回味起童年的点点滴滴。他们也少不了促膝长谈，谈论人生和爱情，世界和未来……安德烈常对贝尔纳说："来吧，跟我一块儿干吧！咱俩在一起会干出一番大事业的！"

1904 年，他们曾一起发明了一项"皮草衣服拼装和拉链改善技术"专利，并一致同意将其交给叔父，柏林的皮货商亚伯拉罕·雪铁龙去投入生产。

如今这一切都已成为过去，留给安德烈·雪铁龙永恒记忆的是三哥那会意的目光和灿烂的微笑。[①]

贝尔纳的死激起安德烈对敌人的百倍仇恨，他决心尽最大努力彻底解决困扰法国军队弹药短缺的问题。必须用暴风骤雨般的炮火摧毁敌人。法兰西进攻越猛烈，毒瘤般的战争就会越早结束。

持上述观点的不止雪铁龙一个人。早在战争开始时，许多有识之士就认定，仅靠 5 万工人在条件简陋、组织混乱的国家兵工厂生产弹药无论如何都满足不了法国 170 个师的需求。德拉埃汽车厂的老板查理·维芬巴赫与其他三位汽车制造商，庞阿尔和勒瓦索、勒穆瓦纳和布拉歇共同商定，他们将每天生产 12 000 枚炮弹。

当年 8 月，法国前陆军部长阿道夫·梅西米重返政界（才仅仅两个月！），隶属于维维亚尼第一内阁，他曾向路易·雷诺询问过炮弹的生产问题。比扬库尔的老板主张运行传统机器的工厂，例如切削机床，但军需供应负责人蒙甘将军只希望生产冲压好的炮弹，而不是如雷诺所说的"用螺丝固定的几块东西"。这不过是意见有分歧的一个例子，工业家的注重实用和军事工程师及公务人员的崇尚传统之间的对垒，可见一斑。

1914 年 9 月 20 日，法国维维亚尼第二内阁（史称"国家联合会"）陆军部长亚历山大·密勒朗在法国政府临时所在地波尔多召集工业界数位巨头开会，其中包括已于前一年 7 月接替阿尔芒·标致出任法国汽车制造商工会主席的路易·雷诺。会议决定将生产不可或缺的炮弹的任务交给 18 个按地区组建的集团公司负责，其中最重要的巴黎地区由雷诺牵头。随后的两个月内，上述民转军的企业以每天一万枚炮弹的速度供应前线，仅雷诺汽车厂一天就生产 6 000 枚炮弹。雪铁龙齿轮公司只剩 20 名工人没有应征入伍，他们从 1915 年 1 月起的六个月内造出了 7 500 枚 75 毫米空心炸弹。

---

① 安德烈·雪铁龙后来在塞尔汶森林，靠近贝尔纳牺牲的地方立了一块纪念碑。此碑至今还在那里。——作者注

在东部，罗伯特·标致的奥丹古尔工厂也在生产炮弹。工厂的技术总监埃内斯特·马特恩采用了美式生产方法，在六个月内实现产量翻了一番。这一点我们以后还会介绍。

可是，这些努力对弹药消耗量巨大的前线，特别是阵地战来说依然如杯水车薪，远远不能满足需要。1915 年 1 月 14 日，安德烈·雪铁龙请求会见陆军部炮兵局局长巴凯将军，二人对军需不足的情况取得了共识。巴凯将军本人即是军备物资方面的专家，1892 年时任陆军上尉的他曾研发 120 和 155 毫米榴弹炮，使法国炮兵发生了革命性的飞跃[①]。1915 年 5 月，巴凯时任陆军部的炮兵司令，在社会党众议员、历史教师出身的记者阿尔贝·托马斯领导的副国务秘书办公厅任职。托马斯同样也深切认识到弹药生产的重要性，故往往习惯地站在一堆炮弹上来发表演说。

然而，当雪铁龙会见巴凯将军时胸有成竹地表示，四个月后他将新建一个工厂，保证每天出产一万枚榴霰弹，并在此基础上很快翻一番，巴凯将军闻言简直不敢相信自己的耳朵！要知道，英国人亨利·施拉普纳尔在 19 世纪初发明的这种杀伤力很大的榴霰弹制造工艺比常规炮弹复杂得多！让巴凯将军更吃惊的还有一位叫费尔南多·雅各布奇的意大利电工专家，此人堪称佛罗伦萨的又一个英才[②]。他提议在离巴黎数公里远的地方用灯泡营造一个假的火车编组站，诱使夜间轰炸的德国飞机误入圈套。

雪铁龙的计划虽然有点令人难以置信，但谁又能怀疑雪铁龙的坚定信心呢？巴凯将军接受了雪铁龙的想法，并呈交报告给陆军部长密勒朗，此人粗犷如"牙医诊所里的野猪"（雷翁·都德语）一般的外表下，隐藏了无比细腻的心思。部长发现这篇报告中的观点和此前另一名炮兵军官，同为综合理工学校毕业生的路易·鲁歇尔提出的想法十分相似。鲁歇尔是北方从事公共工程的工业家，预计到弹药不足的现实，曾向他建议建造新的军备工厂。部长甚为惊诧，最终签字同意了，但只给有限的经费

---

① 由陆军上校德波尔和上尉圣·克莱尔－德维尔于 1984 年发明的这两种榴弹炮以及 75 毫米炮，曾列在著名的"清单"上泄露给驻巴黎的德国军事专员。这便是"德雷福斯案"的起因。——译者注

② 喻指同样出生于佛罗伦萨的伟人、意大利文艺复兴时期的三杰拉菲尔、米开朗基罗和达芬奇。——译者注

资助。法国政府内阁总理勒内·维维亚尼当年同雪铁龙一样，曾是法国共济会会员，所以很了解雪铁龙的能力，他欣然批准了巴凯将军的报告。于是，雪铁龙立即暂缓服兵役，受命组建未来的兵工厂。

1915年2月10日，雪铁龙和冶金部、炮兵局签署了合同，规定雪铁龙将为军方"生产100万枚75毫米的榴霰弹，每枚单价24法郎"。政府只同意预付5%的订货款和购买部分生产设备所需的投资，两项相加不超过400万法郎，仅为第一批订货款的四分之一。这笔资金缺口相当大，雪铁龙要买地皮，建厂房，购设备，进原料。他没有向银行伸手借贷，而是自己想办法筹措。除了动用本厂有限的预留资金外，雪铁龙首先想到求助于家人。他找了已是钻石商的大哥于格，大哥的岳父、内弟等（阿尔布雷舍家族），他还找了自己的岳父母（宾根家族）。他甚至变卖了妻子的部分嫁妆，用作买地皮建厂房。雪铁龙在莫尔汽车公司的亲密合作者乔治·马利·阿尔德也向他伸出了援助之手。最重要的慷慨解囊者要数阿塔尼克·埃克奈扬，他与雪铁龙曾联手挽救莫尔汽车公司，故对其为人甚为欣赏。因为这位亿万钻石富翁已有两个儿子牺牲在抗德前线，出钱赞助法国兵工厂正合他的心愿！

1915年3月4日，所需的各项资金筹措到位，雪铁龙成立了以战争结束为期限的资金管理三人委员会，成员有他、埃克奈扬和阿尔德。

3月17日，雪铁龙在巴黎西郊，塞纳河左岸的雅维尔区买了约12公顷的厂房用地，并立即开始基建工程。新厂址离雪铁龙的齿轮公司不远，位于二十九年前修建的米拉波大桥的上游。

在围墙围着的佃农田地外边，除了一个叫圣-热娜维耶芙修道院和一座风力磨坊外，雅维尔这个小村庄（雅维）只有寥寥几幢建筑，但是，在17世纪末，那座磨坊却是浪荡公子和决斗者的理想场所。磨坊附近的小酒馆和绿草地上上演了一幕幕爱与恨、生与死的悲喜剧。一场厮杀往往夹杂在两盏烈酒、三个热吻之间。法国红衣主教马扎然的侄女、寡廉鲜耻的奥兰普·芒契妮常在此苟且偷欢。据说她总戴着一副缎子面料的狼面具，干着五花八门的丑恶勾当。这个女人曾经做过法国国王路易十四的情妇，后来嫁给斯瓦松伯爵欧仁·德·萨瓦尔-卡利尼昂，最后又毒杀了丈夫而成为寡妇。她和弗瓦公爵夫人、丹格里公主分享这个税区的收入。一个世纪后，阿尔托瓦伯爵开办化工厂买下了这块地，才彻底平息了这里的种种风流韵事。阿尔托瓦伯爵的化工厂此后出产一种专用卫生洗洁剂——雅维尔水，成为法国人家喻户晓的老字号名牌产品。1889年，化工厂被法国国家钢铁厂和巴黎商场库房所取代，但是四周仍有30多座砖石建筑以及多个种植菜豆和甜瓜的菜园。小农业和大工业在一处并存，是当时20世纪的法国正向工业化社会过渡的真实写照。

雪铁龙正以极快的速度推进工业化。这年1月底，乔吉娜告诉丈夫他们将要有孩子了。雪铁龙喜不自胜，急不可耐。虽然雪铁龙对十月怀胎、一朝分娩这样的自然规律束手无策，但他有能力让他在雅维尔的工厂早日问世。而他真的做到了。

原钢铁厂的厂房能保留的保留，反之则全部推平。为了节省打地基的时间和费用，整个厂区几乎不盖楼房，楼房只覆盖7%的面积，即8万平方米。地面用水泥铺砌，承重柱已竖起，屋架为金属结构，车间封顶与地面安装机床同时进行。然后一边调试设备，一边砌围墙竖隔板，分配办公室。雪铁龙运用早先在综合理工学校学过的建筑知识，亲自上阵，直接掌握施工进度。由于组织严密，指挥得当，基建工程与设备安装调试几乎同步完成。两个月内，第一个1.8万平方米的车间正式启用，开始生产榴霰弹的零配件。

1915年6月15日，新厂全面竣工投产。8月16日，炮弹产量已达到每天2 000枚。9月11日，安德烈·雪铁龙欣喜地迎来女儿雅克琳娜的降生。同一天，雅维尔工厂的炮弹日产量突破5 000枚大关。1916年日产量达到10 000枚，1917年则是50 000枚。

到战争结束，雪铁龙的工厂共生产了2 400万枚炮弹。

想要做大事就必须关注细节。

——保罗·瓦雷里（Paul Valery）

第九章　雅维尔工厂的女工

雪铁龙用几个月的时间实现了其他人需要几年才能实现的目标，其中的诀窍有两个，一是启用出类拔萃的人才，二是采用新办法。

话说人才，雪铁龙主要依靠当初拯救了莫尔汽车公司的那班最优秀的人马，这当中自然少不了没有应征入伍的阿尔德，他其实是雪铁龙创办雅维尔工厂的三个合伙人之一，还有应雪铁龙的要求专门调到雅维尔工作的瓦文和若德利，以及因健康原因当不了兵的吉约等。

在此基础上，雪铁龙又招募了他在巴黎综合理工学院时的同年级同窗好友查理·曼埃莫，他曾在奥地利斯皮泽银行担任高管，雪铁龙任命他为生产部主任。雪铁龙的大哥于格当兵时跟雪铁龙在同一个团，1915年获战争十字勋章，同年出任人事部主任。

1916年初，雪铁龙邀请当时在凡尔登前线任辎重队长的阿尔弗雷德·波米耶加盟雅维尔工厂。他认识波米耶是因为此人早先在莫尔公司做营销，他们还有一个共同的朋友卢查，他对波米耶的评价也很高。1907年，雪铁龙接手莫尔公司时，波米耶曾指望能当上销售经理，但雪铁龙让阿尔德担任了这一职务，波米耶因此辞职。波米耶中等个头，身材魁梧，国字形脸，络腮胡子，宽大的脑门下长着一副浓眉大眼和高鼻子，恰似倒写的 Y 字。他目光炯炯有神，动作干净利索，看问题入木三分，待人满腔热忱，对工作充满激情。波米耶在雅维尔很快显示出杰出的组织才能，成为雪铁龙的左膀右臂。

34 岁的吕西安·罗森加尔则完全是另外一种类型的人。小伙子的眼睛像美洲的猕猴一样机灵，性格也像猕猴，充满好奇，好动，计谋多端。他出身于巴黎的一个实业家家庭，但从小就不肯受父母的严厉管束，20 岁时便自立门户，开始经营他自己的生意。他在美丽城（Belleville）开了一个小作坊，由两个工人生产他发明的所谓"永不生锈的螺丝钉"。这在当时让人忍俊不禁。但不久，巴黎地铁公司却决定用"永不生锈的螺丝钉"固定轨道的枕木，这回轮到罗森加尔笑了。战争伊始，罗森加尔发明了一种不到弹着点就爆炸的炸弹。雪铁龙见微知著，立刻意识到这一技术完全可以用到榴霰弹上。于是，他马上将发明人及其技术引进工厂。

雪铁龙如今拥有自己崭新的工厂，因而可以按照三年前他怀着浓厚兴趣参观美国福特公司时学来的方式管理企业，这将是全欧洲独一无二的。雪铁龙那次去美国考察主要是为了筹建他的齿轮厂，但还有另外两个原因。首先，雪铁龙像他喜爱的作家儒勒·凡尔纳那样，十分欣赏美国人民务实和朝气蓬勃的精神；另外，作为汽车制造商，他想直接接触亨利·福特。就是这个福特，在 1904 年 1 月，开着没有变速器、底盘和发动机完全裸露在外、外观极为原始的"999"试验样车在冰冻三尺的圣克莱尔（Saint - Clair）湖面上，竟以每小时 147 公里以上的速度击败了法国人恩格尔驾驶的大马力"莫尔"汽车。福特在法国庞阿尔（Panhard）公司的帮助下，战胜了狡猾的乔治·B. 赛尔登（George B Selden），此人凭借登记于 1895 年实则要追溯到 1879 年的专利证，声称自己发明了"汽车"，并与乔治·戴（George Day）一起要对世界上所有制造出的汽车或者至少在美国领土上销售的汽车收取专利费用。[①] 福特从 1908 年起就批量生产福特 T 型车，他称之为"通用汽车"——俗称"锡丽兹"——四个轮子上的车身全黑，样子就像一个蜘蛛。

1863 年，亨利·福特出生于美国密歇根州的一个农民家里，父亲是爱尔兰移民，母亲祖籍荷兰。福特还在青少年时就梦想着成批成批地制造手表，他对表的机械原理痴迷了一辈子。16 岁那年，他到靠近加拿大

---

① 这一疯狂的要求最后在 1912 年 11 月 12 日的判决之下化为乌有。——作者注

的边境小城底特律做机械学徒，之后当过农机装配工和轮船发动机装配工，还做过爱迪生公司的技术员。他将所有的业余时间都用来研制汽车，并于 1903 年成立了"福特汽车制造公司"，接连推出 2 缸、4 缸、6 缸汽车，型号按字母 A、B、C、K、N 等排列，一直到最抢手的福特 T 型车。这种被福特本人称之为"通用轿车"的新型车辆全部用金属制作，座位宽敞，结实，轻盈，底盘高，适合当时还没有公路的美国城乡，而且不论在何地，只需要一把钳子一个榔头就可以进行维修。

整个福特公司就生产 T 型一种车，仅 1912 年一年便出产 75 万辆，售价低得令人不可思议。这怎么可能呢？

可事实的确如此，这要归功于另一个同样是爱尔兰血统的美国人，他叫弗雷德里克·温斯洛·泰勒（Frederick Winslow Taylor）。泰勒起初也是机械学徒，后来在贝特尔海姆钢铁公司任冶金工程师。1895 年，他向美国机械工程师协会提出了一种科学的生产组织和管理模式，这便是日后以他的名字命名的"泰勒工作制"①。泰勒通过观察发现，工人在操作中总有一些多余的动作和无谓的走动，浪费不少时间，他称这一现象为"习惯性闲荡"。他提出了改进办法：把某一操作程序分解成一定量的规范动作，并以秒表逐项记录，由此算出每道工序所需的标准工时。泰勒将这种能够节省大量时间的方式与激励性很强的计件工资相结合，极大地调动了工人超产增收的积极性。

另外，生产规范和标准工时的确定促使普通工人在产品的粗加工阶段趋向熟练化②。

安德烈·雪铁龙以泥瓦工为例对泰勒制作了如下解释："在现代化工业大生产中，人们可以做到更有效地使用劳动力以进一步提高生产效益，而又不必让劳动者付出更多的体力。比如，瓦匠开始干活前先把自己的常用工具和必需的材料备好，放在跟前，就比开工后再去拿工具、材料等节省时间得多。灰浆桶应挂在最合理、最方便的高度，还应该考虑如何充分利用两只手。一件需要 10 个瓦匠干的活儿，其实可以只派 7 个人，

---

① 1903 年，泰勒将他首创的这一生产和管理模式整理成书，题为《企业管理》。1911 年，他又写了《科学管理的原理》。——作者注

② 这便是"普通熟练工"（O. S.）一词的由来。——作者注

但要外派两个人负责供应他们施工所需的材料，如沙石、砖块、灰浆等，这为瓦匠赢得了时间。这种优化配置劳力的方法尤其适合工厂和车间等劳动密集型场所。预先明确细致的分工自然使普通工人的操作技能走向专业化、熟练化、机械化，从而最大限度地减少不必要的多余动作。"

毫无疑问，要使既定的操作工序和整个车间的工作安排保持相对稳定，制造的产品必须是单一的和相同的。换句话说，泰勒工作制就是为了适应单一型号产品的长期批量生产。福特按照这一模式在其底特律的工厂里生产出了 T 型车，可是，同样的方法用于基础设施陈旧的莫尔汽车厂收效甚微。但雪铁龙很快明白泰勒工作制一定适合生产炮弹。于是，他果断地决定雅维尔工厂今后只生产 75 毫米的榴霰弹，而不像路易·雷诺那样生产各色各样的军工品。雪铁龙选择的主攻方向自然是他认为最紧缺的物资："炮弹，除了炮弹还是炮弹，以及炮弹所需要的管筒和锋钢。"这种锋钢也使雪铁龙日后生产的机器产量增长了 2 倍，这种机器也是由泰勒在 1898 年发明的。

雪铁龙喜欢的正是这些新产品、新方法和新技术，他立刻满腔热情地干起来。不出两个月，8 公顷的厂区第一期工程竣工，那是一个 1.8 万平方米的特大型生产车间。与此同时，阿尔德和其他几个技术员被派往美国购买生产必需的设备。雪铁龙土建工程和设备安装两头抓，两不误，结果很快使工厂投入合理有序的生产。

几个月后，工厂职工人数达到 3 500 名（1918 年上升到 11 700 人），其中 21% 为女性，当时叫"装配女工"，她们日后占全厂职工人数一半以上，因为男子大多应征上了前线。实践表明，女工非常适应泰勒制，她们干得相当出色。

用于制造弹壳的棒钢长达 4 米。工人们先用自动液压下料机（这个机器本身有 5 道工序组成，构成了我们之后称为"自动化"的首次实践）将它们切割分段，然后送往冲压车间冲压。冲压车间特别宽大，90 米长，25 米宽，有 8 组双排 1 100℃的高温炉，24 台冲床，14 个 200 马力的液压泵，整套设备只有一个女工操作。冲压成型的弹壳将置于硫酸池进行酸洗，然后用清水大量冲洗，接着通过传送带运进宽敞的粗加工车间。车间里有专门的环行道供卡车和灵巧的、悄无声息的小电瓶车穿梭往来，将加工零件输送到各个车床跟前。

泰勒工作制在这里得到完美体现：各项工作按先后顺序排列组合，形成连贯的整体，同时根据加工性质成比例地配置机床设备，使各车间的工作节奏大体相当。炮弹在加工生产的全过程中，自动从一道工序转到下道工序，中间没有任何停顿。比如，每个弹壳在粗加工车间经五道工序，平均耗时4分钟，经同样长的时间系统检测后进入加温淬火阶段，然后送往成品车间，在那里完成车削、攻丝、镶嵌铜丝等工序。炮弹的其他配件，如弹头、膜片、螺丝、陀螺和弹丸等则在另外的车间同时加工生产。所有这些最后集中到总装车间，完成炮弹的填药和封装工作。每道工序都有质检，成品下流水线后还要经炮兵专家仔细检查，合格的涂上红色和蓝色，随即装车直接运往前线。雅维尔工厂出产的75毫米榴霰弹在阿尔贡、香槟、孚日山、索姆河和凡尔登战场上尽显神威。

制造一颗炮弹需经过39道工序，仅弹体部分就需要18道工序，其余7个部分要21道工序。但所有这些工序都经过仔细研究，精心组织，科学安排，使每个普通女工都能操作自如。各车间配备了送料传送带、搬运电瓶车、电动升降车和单轨电动航车。为了能随时与各车间的主要负责人保持联络，雪铁龙在1915年发明，并于1917年改进了一种专门的灯光信号系统。

雪铁龙清楚地认识到，这一套生产管理模式再科学、再先进也离不开全厂员工的配合。所以，他非常重视职工的福利待遇和工作条件，尤其因为厂里的大多数职工是女性。1918年，工厂有11 700人，妇女有6 000人。在总装车间，女工比例高达90%，大部分的检测岗位更是妇女一统天下。

战争期间，雅维尔工厂的工作时间是每天两班倒，每班11小时，一周7天连轴转，由于战争的关系，每周的休息日取消了。"我们工人倒是不希望他们加强国防力量的努力受到限制"，1916年7月的《战时工厂简报》这样写道：

> 白班早晨7点开始，下午6：30结束，中午12：00～13：30休息。夜班晚7：00开始，次日晨6：00结束。真可谓漫漫长夜，悠悠白昼！要知道，法国劳工部规定的工作时间还要长：每天12小时。战争末期，雅维尔工厂的工作时间缩短为每天10小时，每两周休息

一次。

雪铁龙特别重视在厂区建立良好的卫生设施和完善的社会服务机构，这在当时是非常了不起的举措。整个工厂洁净无比，堪称模范单位，所有车间光线充足，空气流通。4 000 个由专人看管的单人更衣间遍布全厂各车间。女工穿白色劳保服，帽子的颜色则根据所在车间的不同而不同。男工装色彩各异，普通工人着黑色工装，熟练工人穿蓝色工装，男女车间主任穿咔叽服。全厂还有 1 300 个盥洗室和更衣间相连，250 个厕所紧挨车间。另外，锻工车间、铸造车间和其他一些特别脏的车间都配有淋浴冲澡的地方。饮水机到处可见，车间随时供应热饮。

职工午餐安排得井井有条。3 000 平方米的食堂饭厅里放着 10 排每排35 张的 10 人餐桌，可接待 3 500 名男女工人同时用餐。每排餐桌有 5 个女服务员推着 3 台餐车来回给职工添饭加菜，这些服务员戴着与她们服务的餐桌颜色相同的臂章。就餐职工在饭厅的入口打票入内，他们很快能找到自己的座位，因为餐桌醒目的颜色和女服务员臂章的颜色相一致。每排餐桌的指示灯一亮表示开饭，工人、职员和干部的膳食相同，都有面包、冷盘、肉、蔬菜和甜点等；酒和咖啡则要另外收费。菜由电动小推车送，需要时可放在保温台上，清凉饮料都冰镇着，菜不够可按指示灯叫服务员再上。2 700 名就餐者可在三四十分钟内吃完一顿丰盛的午餐。饭后，职工们可以去娱乐室打台球、玩扑克或别的游戏，女工则可以去缝纫室做针线活。

厂里有名副其实的医务所，里面粉刷一新，墙面砌着白瓷砖，内设候诊室、诊疗室、X 光室、妇科和外科等。有全日制医生 1 名，护士 12人，每天的门诊量为 50～80 名病人。重病号和重伤员则由厂救护车及时送往医院。

雅维尔工厂还拥有一个相当现代化的牙科室，6 名优秀的牙医每天能治疗近百人。雪铁龙早就发现，由于饮食不当和缺乏保健，工人们常犯牙疼，有时直接影响工作效率，甚至波及周围的人。为此，雪铁龙采取了一些在他看来势在必行的措施，如看牙和补牙百分之百地免费，赠送万余本口腔保健常识小册子，里面写着："口腔卫生是身体健康的秘诀，请爱护您的牙齿"、"口腔是身体的第一道防线，请每天刷牙"等。厂里还计划建立每月一次的口腔全面检查制度。

在雅维尔工厂，增强职工体质，防患于未然的措施不仅仅局限于牙病的治疗和保健上。午饭后的休息时间，厂里常组织女工参加体育活动。人们可以看到戴着五颜六色帽子的女工们在工厂的空地上优雅地做着乔治·赫伯特编排的 10 节"自然放松法"体操。新闻媒体还派人来记录了她们做操的实况。为了奖励体育活动积极分子，厂方规定，凡坚持做操并带动两人参加者可免费到海边度假 15 天。

雅维尔工厂对怀孕的女工给予特别照顾。除每月的奖金外，她们还有分娩补贴、一个月的带薪产假和哺乳补贴。只要看一眼厂里的哺乳室和托儿所就不难看出雪铁龙是多么关注女工的特殊福利！1917 年 8 月 5 日，法国政府颁布法令，规定女工人数超过 100 名的企业必须有供喂奶的哺乳室，雪铁龙早就做到并且远远超过了标准。雅维尔工厂的哺乳室和托儿所建在一个花园的中心，上下四层楼，原先是一所小学，内有医务室、洗澡房、厨房和婴儿室。年轻的母亲每天可来这里喂奶 5 次，其余时间，从周一上午到周六晚，都可交给哺乳室的阿姨管。孩子们可在此长到 3 岁直到上幼儿园。雪铁龙甚至在查维利市修建了专供女工产后休假的康复楼。难怪当时流行的一首歌谣要人们去雪铁龙厂生孩子。

厂区附近建有各种各样的商店、肉铺、奶油坊、小百货等，职工们可在这些地方买到任何想买的东西，小到鞋帽玩具，大到时装，且价廉物美。老主顾们可以随着箭头指示的路径，将他们要买的东西放进篮子里，最后一起统计需付的总额。

雅维尔工厂每星期六晚在饭厅免费放电影，4 000 名工人以及他们的家属开心地聚集在一起观赏各种影片。他们端坐在银幕前，时而凝神屏气，为影片中主人公的险恶处境担惊受怕；时而开怀大笑，为演员幽默滑稽的表演鼓掌叫好；时而长吁短叹，为故事中英雄人物的不幸遭遇感慨万端。

工人们不仅在银幕前为他人鼓掌，还能够在影片中找到自己的身影。雪铁龙请了摄影师来厂里拍纪录片，影片第一次全面真实地报道了工人们的工作和生活情况。雪铁龙比任何人都知道，泰勒制将工作分解成一个个简单、高度专业化的机械动作，使传统意义上的工作含义发生了根本性的改变。人们只看见眼前的零部件，不关心最后的成品，久而久之，自然要失去对工作的兴趣。而通过观看纪录片，工人们得以目睹生产的全过程，从中看到自己所扮演的角色和发挥的作用，极大地增强了工人们的主人翁自豪感和成就感。雪铁龙的这一举措在那全民抗战的年代显得尤为重要。

第四部 | 辉煌年代

事物在变化中显现出意义。

——赫拉克利特（Heraclite）

第十章　所罗门的审判

安德烈·雪铁龙从雅维尔工厂竣工投产起就表现出了强烈的广告宣传意识，他一方面请摄影师来厂里拍摄新闻纪录片，另一方面组织世界各国知名人士，特别是军政首脑参观工厂，让他们现场观摩生产流程。雪铁龙先后接待了法国将军福熙、贝当和古罗，美国远征军司令潘兴将军、供给部长胡佛先生，俄国联军司令吉林斯基将军，以及英国、意大利、罗马尼亚、塞尔维亚、加拿大等国的代表团。参观访问中，宾主双方用多种语言交流的信息使雪铁龙获益匪浅。为了加强对外宣传，扩大影响，雪铁龙和马克·德博蒙伯爵、著名的《小巴黎人》报纸老板保罗·迪皮伊、比尔亚斯侯爵以及让·德西雅克参赞等共 11 人共同发起成立了"协约国家间联合会"，其宗旨是"捍卫和平，发展文明，加强协约国间人民的友谊和联系"。该协会的活动地点位于巴黎福布尔圣奥诺雷大街 33 号的酒店内，三分之一的会员是女性，是当时唯一的男女平等的俱乐部组织，首任会长是海军少将富尼耶，1920 年由福熙元帅接替。

法国朝野上下，尤其是各界社会名流都公认雪铁龙及其工厂为法国夺得战争的胜利作出了巨大的贡献。但是，人们对他采用的某些革新方法却褒贬不一。反对的呼声首先来自部分工人，他们尤其不满雪铁龙创造的整数工资发放法。从前，每月发薪时，出纳员下车间分毫不差地将钱一一送到职工手里，但费时费力；现在是工人先到车间主任那儿领工资单，而后凭工资单上的金额在厂财务处相应的窗口取钱。这种方法大大减轻了出纳的工作量，支付 2 000 职工的薪水只需 7 分钟，但前提是只发整数，如 40 法郎、50 法郎，零头积攒到下次整数再发。职工可以要求按整数预领零头部分。然而，1917 年 5 月，莫尔工厂的工人们进行了罢工，反对新的工资发放法。这次罢工又恰逢早几天开始的巴黎时装店女工罢工。很快，罢工的风潮就席卷了比昂古的雷诺工厂。而在雅维尔，6 月 1 日，有 650 位工人罢工，第二天增加到 2 000 人，他们抗议说整数的计算方法应是最少 5 法郎，而不是 10 法郎。他们同时还要求 10 小时工作制、最低时薪和生活津贴等。雪铁龙亲自接见工人代表，倾听他们的意见，这是他在战前莫尔公司时就养成的习惯，也是他的性格使然，因为他爱与人直接交流，喜欢坦率对话。雪铁龙对自己的说服能力深信不疑，他也确实常让人心悦诚服。果不其然，在雪铁龙的耐心解释下，工人们最后同意按新办法领取工资，而雪铁龙也满足了他们其他方面的要求。他甚至都不用借助于军工部长阿尔贝·托马 1 月 17 日发布的调解程序，就成功平息了这场罢工潮。

法国罢工潮接连不断，最主要的原因是血腥的、旷日持久的战争使人们产生了极度的厌战情绪。1915 年法军的 4 次进攻失利造成数千官兵阵亡，1916 年的索姆河会战和凡尔登战役更是空前惨烈，法方 70 万人裹尸疆场。法军总司令霞飞将军被尼维尔将军取而代之，结果更糟。在 1917 年 4 月 16 日至 21 日的"王后路"战役中，法军竟毫无理由地损失了 35 000 人。前线的一些部队成团制地发起反战运动，他们高唱《国际歌》，呼喊"打倒战争"；后方的工人与之遥相呼应，巴黎 10 万人罢工，外省有 30 万人。法国总统雷蒙·普安卡雷在南锡向全国发表讲话，稳定人心，他说："我们需要和平，但我们不要敌人送给我们的和平，我们要敌人向我们乞求和平。"总统同时任命贝当元帅统领军队，乔治·克莱蒙梭任政府总理。外号叫"老虎"的克莱蒙梭发表讲话，称"法兰西将知道有人在保卫她"。他说："在内政上我要打仗，外交上我也要打仗……坚持到最后一刻钟的必定是我们。"

1918 年 5 月，雷诺金属工会又发起了新一轮反战罢工。1918 年 7 月 18 日，法军在自 4 月 14 日任职的西线联军总司令福熙元帅的指挥下，向已成强弩之末的德军发起战略反攻，9 月 3 日发起总攻。11 月 4 日，德军统帅兴登堡下令全线撤退。11 月 11 日，在法国贡比涅森林的雷通德火车站，福熙元帅的专用车厢里，德国人签订了停战协定。战争的结果是：法国死亡 140 万人，德国 180 万人，全欧洲共计 1 300 万人丧命。事实上，谁都不是真正的赢家。是到和平发展的时候了。

对雪铁龙来说，战争的结束意味着雅维尔厂将面临军转民的问题，这可不是件轻而易举的事情，因为道理虽然简单，却非人人心服口服。尽管雪铁龙实行的一整套新的生产管理模式取得了令人瞩目的成就，反对者却依然在那里说三道四。国防部的一些军人和官员难改陈规陋习，始终不能适应新方法、新节奏和新效率。果然，派驻雅维尔厂的首席军代表维洛热炮兵上校向雪铁龙提议，辞退那些没有专业技能的普通工人、青年和妇女，由年纪大点儿的、有经验的冶金工人取而代之。他想借企业转轨之际恢复传统的生产方式，他无法接受雪铁龙的那一套主张。双方各执己见，矛盾一直闹到杜梅泽里将军那里，最后以雪铁龙的胜利而告终。维洛热上校愤怒之下提前退休。事后，雪铁龙对其亲密合作伙伴阿尔德说："一个名副其实的领导，他的真正权力在于说'同意'；没有实权的官儿才爱否决别人，而且为了报复，常常会滥用否决权。"

"不过有的时候也要善于说'不'。"乔治·马利·阿尔德小心翼翼地旁敲侧击道。

雪铁龙默默地点点头，目不转睛地看着阿尔德，眼里闪着心领神会的笑意。

战争期间，雅维尔工厂承担了全法国三分之一的炮弹生产任务，底气十足的安德烈·雪铁龙因此决定加速发展。1916 年 8 月，他向国防部长递交了再建一个更现代化的炮弹制造厂的报告。新厂将位于雅维尔西南面的一块空地上①，含 15 条完全一样的自动生产流水线，从原料切割到成品出厂一气呵成。雪铁龙已经预见，新建厂将比雅维尔厂更能有效地推行泰勒制，因为雅维尔厂还部分保留了原钢铁厂的建筑设施。建厂报告提供了详细的厂区规划图和所需的生产设备的说明，还有一座能容

---

① 该地块原由一个饼干厂占据。——作者注

纳 4 500 人，包含招待所和各类商店的职工村。新厂预计招工 7 570 名，炮弹日产量预计每天 5 万枚。新厂的竣工投产期为两个月。值得一提的是，雪铁龙已经表示，还有四座与新建厂规模相当的厂将在同一时间、同一期限内完工，它们的生产能力可望达到每天 20 万颗炮弹。雪铁龙的雄心壮志由此可见一斑！

军事装备部长阿尔贝尔·托马没有批准雪铁龙的报告。但是，托马的继任者路易·卢舍尔于 1918 年 6 月 16 日交给雪铁龙一项使命，让他在罗阿纳兵工厂组建几个炮弹生产车间，7 月 3 日，又让他采取一切有效措施，迅速恢复整个兵工厂的生产秩序。

罗阿纳兵工厂属国营企业，管理混乱，生产无序，人心涣散。厂里竟没有一间职工宿舍，甚至连饮用水管都没有！酗酒、打架斗殴、卖淫成了司空见惯的事情，数百万国有资产被消耗殆尽。雪铁龙发现兵工厂已经"病入膏肓"，非采取"猛药"救治不可。因此，他一到任就向工人宣布，只要日产炮弹 2 万枚，他就将他们的工资翻一番；他对厂里的各级干部规定了严格的纪律，要求他们必须不折不扣地执行命令；他建立了特别秘书处，掌管进货原料，实行公开招标制。10 月 4 日起，雪铁龙着手兴建职工宿舍、卫生设施和其他社会服务设施。为了加快建设速度，雪铁龙预支了自己的资金。几个星期后，他向国防部长报告说："罗阿纳兵工厂的炮弹车间已经全面开工，日产量从 3 万枚提升至 5.5 万枚。"雪铁龙的成功令人艳羡。

在这之后，政府又请雪铁龙出面完成了其他各种各样的任务，如组织所有兵工厂的生活后勤保障，成立煤炭供应基地，供应全国性国防企业、巴黎国防企业、发电厂和煤气厂等。

1918 年，供给部委托雪铁龙设计、制作和发放巴黎地区的面包券，他在 24 小时内就完成了任务，再次充分展示了他非凡的组织才能和雷厉风行的工作作风。

雪铁龙此时年届 40，膝下有一双儿女：长女雅克琳娜、1917 年 6 月 4 日出生的长子贝尔纳。第三个孩子马克西姆即将于 1919 年 5 月 27 日出世。雪铁龙正在筹划未来。战争结束后，雅维尔炮弹厂将向何处去？他的 12 000 名职工将靠什么生活？

他已成竹在胸。是的，他将生产汽车。汽车是他熟悉的行业，是他从没有远离的行业。早在1915年，雪铁龙就雇请了两位工程师，一位是巴黎中央大学毕业的路易·迪弗雷纳，另一位叫埃内斯特·阿尔托。他俩曾帮庞阿尔推出快速的20马力无气门汽车，与莫尔的"SSS"牌无气门运动赛车难分伯仲。雪铁龙要求两位工程师仔细琢磨，设计出一种豪华型、大功率的无气门汽油发动机汽车。

可是几个月后，当两位工程师拿出他们的18马力"ADC"型样车的设计草图时，雪铁龙已经完全改变了原来的想法。因为他发现，大批量的生产必定要求车型统一，换句话说，批量生产就是要使产品的价格为绝大多数人所接受，因此，任何豪华车型都不能在考虑之列。另外，雪铁龙相信，随着价格下降，汽车将在战后走进千家万户。战争期间，汽车至少有两次机会表明它不仅仅是少数富人体育爱好者的消遣物。人们不会忘记马恩河战役中出租车的历史性贡献和凡尔登战役中法国3 500辆轿车、卡车运输兵员、给养和弹药，连续10个月往返于后来被称为"神圣大道"的英雄壮举。

1917年6月，路易·雷诺邀请雪铁龙到他位于巴黎北郊的比昂古工厂参观改进的FT 17轻型坦克。路易·雷诺虽然对雪铁龙批量低价生产炮弹不以为然，但对这位对手始终心怀敬意。雪铁龙看见雷诺亲自开着坦克，立刻被战车各方面的优越性能所折服，他兴奋不已，并且不顾炮兵咨询委员会和国防部官员的反对，公开支持发展FT 17轻型坦克。后来随着让·巴布蒂斯·艾斯第安那上校的支持，霞飞将军和贝当将军也都对此给予了充分肯定。1918年5月31日，FT 17轻型坦克第一次上战场就发挥了决定性的作用。[①]

雪铁龙从中得到两点启示。首先，事实有力地证明了他早先的预感，即汽车凭借其出色的性能将带来20世纪最伟大的革命。其次，坦克车的履带虽然噪声很大，但人们可以此作为借鉴，造出其他的机动车，用于

---

① 1918年8月12日，雪铁龙在罗阿纳写信给雷诺："我亲爱的朋友，当我看到贝当将军对突击炮兵所下的指示，以及收到国防部的感谢时，首先我想到的是要感谢你。你还记得一年前，我看到你给我展示的轻型坦克时，我惊讶得兴奋不已，马上确信这将会取得巨大的成功……"——作者注

没有公路的国家和地区。雪铁龙将这一想法暂时储存在大脑里，也许有一天会将其付诸实践。眼下最重要的是确定生产什么样的四轮汽车。

在 1913 年 10 月的一次汽车博览会上，他和莫尔公司的几位同事一起参观展览，两辆造型独特的汽车引起了雪铁龙的注意。一辆以"狮子－标致"品牌展示的"婴儿"小车，外观小巧玲珑，车身很短，不足 3 米长。车主叫埃托雷·布加迪，30 来岁，名不见经传，一副漫不经心的样子。他因为对赛车感兴趣，所以于 1910 年在阿尔萨斯开了一家小汽车厂。雪铁龙见了布加迪，非常欣赏他，恨不能立即将他召到自己的麾下。不过，最吸引雪铁龙的还是那辆看上去几乎完美无缺的"婴儿"小车，发动机罩、挡风玻璃、车灯等一应俱全。雪铁龙暗想，这才是未来汽车的发展方向，正如大洋彼岸福特公司所展示的那样。

雪铁龙感兴趣的另一辆汽车叫"斑马"①。这是一辆漂亮、轻盈的四缸双座鱼雷式敞篷汽车，它是在 3 年前单缸单座的基础上加以改变的。发明人叫于勒·萨洛蒙，1870 年生于法国的卡奥斯镇，父亲是咖啡壶制造商。萨洛蒙中学成绩优秀，但报考法国重点大学法国国立高等工程技术学院时因历史不及格落第。不过，失之东隅，收之桑榆。萨洛蒙改读波尔多高等工商学院，毕业后到鲁阿尔燃气发动机厂工作，在那里有幸与汽车之父让－约瑟夫·勒努瓦和阿尔封斯·波德罗查斯相识。正是他们引导他进入四轮汽车的王国。萨洛蒙服完兵役后来到巴黎，先后供职于汤姆森－休斯顿电车制造厂和德尔普洛埃格经济铁路公司。与此同时，他坚持晚上去孔德赛中学读夜校，补习专业数学。后来，尤尼克汽车厂老板乔治·理查德聘请他为尤尼克汽车底盘设计师。工作之余，萨洛蒙自己捣鼓出一辆名为"斑马"的汽车。尤尼克汽车总代理、著名歌剧《卡门》的作者比才的儿子雅克·比才向萨洛蒙一次就订购了 100 辆"斑马"车，并预支了车款。萨洛蒙大获成功，很快发展成为一个拥有 100名员工的企业，生产并销售了 6 000 辆"斑马"车。

1917 年 2 月，"斑马"车之父应征入伍，他在部队认识了雪铁龙。那次见面很短暂，雅维尔的主人对年近 50、身材矮小、满口方言的萨洛蒙

---

① 意为快速、迅速。——译者注

几乎没有留下任何好感。可是几天后，雪铁龙又让吉约见了一次萨洛蒙。他们就一些具体问题进行了长时间的交谈，吉约印象良好。

作家特里斯坦·贝尔纳曾经这样描绘汽车："那是一个站在门口的怪物，气喘吁吁，咬牙切齿，颤抖不止，活像个庞大的烘烤蜂窝饼的铁模子。"雪铁龙发誓，未来的汽车一定不会是这样的丑八怪，未来的汽车也不再是《费加罗》报上描述的少数穿着厚重衣服、戴着飞行员帽和巨大苍蝇镜的富贵人借以吓唬民众的"阴郁两栖动物"，更不是享受无忧年华的年轻人们的专属品。未来的汽车将是一种用来节省时间、操作简便的机器，它将是人人都可望并可及的工具，实现自由与欢乐的工具。战后的汽车发展是沿袭传统，走向曲高和寡，还是面向未来，走低价位、上生产规模，使汽车更加实用、更加方便、更加美观？雪铁龙毫不犹豫地选择了后者。1917 年 7 月，他指定于勒·萨洛蒙全权负责设计一种大众化的新型汽车。与此同时，他将 ADC 方案交与了他的朋友飞机制造师加比埃尔·沃新恩，他正欲转向汽车业发展，并立即招募了阿尔图和杜福来（Dufresne）。

1918 年 11 月 11 日，雪铁龙亲自在雅维尔炮弹厂参观手册的最后一页上写下了一段宣言式的文字，其结尾不妨辑录如下：

> 从现在起，这里正在进行一场翻天覆地的变革，为的是让本厂 12 000 名职工继续成为有益于国家的人，自食其力的人；为的是使本厂 12 000 个富有创造性的生灵继续成为国家人力资源的一部分，他们始终是国家创收增效的生力军。
>
> 你们以往来这里参观生产炮弹，用不了多久，你们将看到生产汽车。两种生产当然不一样，但本厂的进取精神和高效率原则将一如既往，本厂的科学生产和管理模式将继续发扬光大，本厂职工的福利待遇和劳动保障等将在变革中日趋完善。
>
> 过去的雪铁龙工厂倾其全力，为法国军队的胜利作出了贡献，今天的雪铁龙企业将为法兰西民族经济的强大再展宏图。

在战争中为法兰西立下汗马功劳的雪铁龙现在准备为和平发展奋力拼搏。

重要的不是有钱而是别人都挣钱。

——萨卡·圭特瑞　（Sacha Guitry）

第十一章　资金和人才

　　1919 年巴黎的春天虽然乍暖还寒，但毕竟是冬去春来，杨柳轻风，犹如一个刚走出美容店的女人，色彩柔媚。此刻，两位谈兴正浓的男子正在巴黎圣·拉扎尔区富丽堂皇的佩多克女王烧烤店里悠然地品尝着美味佳肴。

　　其中一个身高体壮，面带微笑，话语中夹带一丝南方口音，另一位则身材矮小，秃顶，笑容可掬，满口巴黎腔，语气里透着自信。

　　高个子叫加斯东·雅姆，早年打过仗，任战地救护车车长，其实，就是一辆他跟迪瓦尔教授和让布霍教授共同设计的流动手术车。他们当时的坚定想法是，应该让伤员在最短的时间内接受手术治疗。所以，在整个战争末期，雅姆及其外科医生总是开着他们的救护车穿梭于最前沿阵地，抢救伤员。战后，他又回到蒙彼利埃，继续跟约瑟夫·福尔基耶合伙经营自行车和汽车行，他是许多名牌汽车的代理商，经销过罗歇 - 施奈德、德拉热、尤尼克、标致、福特、斑马和莫尔等汽车。

　　矮个子就是安德烈·雪铁龙，他正兴致勃勃地告诉雅姆：几周后，他将推出一种"未来汽车"，既非高级 4 轮敞篷车，亦非微型车，而是一种车身线条充满现代感、4 座、4 缸发动机、8 马力、百公里仅耗油 8 升的鱼雷形敞篷汽车。特别值得一提的是，在此之前，所有汽车出售时实际上只是一个带发动机和底盘的汽车架子，其他零件，如车灯、车篷等都得另外配。而雪铁龙的"未来汽车"却是整车成品出售，即完全装配好了的，当场可以开走的汽车，包括车灯和电动离合器，甚至还配有备用轮胎。这就是现代汽车的定义，之后它至少流行了一个世纪！

列席的另一人是乔治·马利·阿尔德。他泰然自若地看着雪铁龙和雅姆抵掌而谈，正是他安排了这次午餐。因为一方面，他当年在莫尔汽车厂时就经常同雅姆见面，彼此很熟悉，另一方面，他看见雪铁龙曾三番五次地向雅姆抛"绣球"，早就料到他们两个终将在一起共谋大事。

侍者端来一盘阿基坦埃莉诺目鱼排，裹着鳕鱼馅和蘑菇肉丁，搭配龙虾肉和海虾，上浇一层浓郁的松露，色香味俱全，是餐厅大厨的镇店之作。然而，谈兴正浓的雪铁龙竟然视而不见，他继续对雅姆说：

"我们将批量生产这种新型汽车，达到每天 100 辆。"

雅姆闻言跳了起来。每天 100 辆？绝对不可能！阿尔德不动声色地品着酒。这是产于 1908 年的一种半甜白葡萄酒，呈漂亮的金黄色，味道清香芳醇，却没有索泰尔纳白葡萄酒那么辣口。

雪铁龙解释道："是的，我们将每天生产 100 辆，甚至更多，因为绝没有人会推出我们这种型号的车。我们将竭尽全力以经得起任何竞争的价格推销这种车。我想对你说的是，我们不能再像过去那样等待顾客上门，而应该主动去寻找顾客，积极推销产品。必须了解顾客，也让顾客了解我们。必须做相应的广告，举办促销会，走近客户，争取客户，说服客户。必须在全法国建立销售点，形成庞大的销售网络。比销售点更重要的是建立全国范围的售后服务点，供应充足的零配件，使抛锚的汽车得到最快的维修，而且各地统一收费标准……"

不可思议的雪铁龙正在创建现代汽车销售模式。他确信，大部分目前尚未考虑买车的人将很快需要或者想要买车。他要说服他们买车，他要向他们提供最完善的服务。雅姆听得入了迷！

"我要在全法国物色 200 个像您这样最优秀的代理商，"雪铁龙最后说，"到那时，您会看到，我们将在一起大展宏图啊！"

200 个推销商，仅仅为了一个品牌！这事儿看上去真让人难以置信，实在是前所未有的。雅姆却开始信服了。

在雪铁龙和雅姆的四周，身着白衬衣、黑裤子的侍者步履轻盈地穿梭于饭厅的各张餐桌间。阿尔德想，他们走出的轨迹跟滚动的台球一样，无懈可击。

台球曾经是法国国王路易十四偏爱的游戏。在战争初期，雪铁龙曾在特伊奥古尔的菲诺之家欣赏过台球，并且从中受到启迪，他发现汽车商务好比一场台球赛，每次举杆击球都必须通盘考虑各个因素，如台面、台边、角度、灯光、手指手腕的力度、身体和双腿的姿势等，甚至还要考虑周围的气氛及他人的眼光，每一个环节都很重要，其目的就是为了选择最有效的角度和最经济的线路，或猛烈磕击台球，或自上而下击球，或打跟踪弹，或打回旋弹。搞汽车销售何不如此？竞争、商标的知名度、广告、销售网络、橱窗展示、接待客户、签订合同、售后服务等哪一项都不可或缺，目的也只有一个：销售，售后服务，再销售！

阿尔德透过台球得到的则是另一种感受，他发现他的朋友雪铁龙具有一种非凡的能力，善于根据台球变幻莫测的滚动方向找出最合适的轨迹，他那富于创造性的思维在这场纷繁复杂的效率游戏中得以淋漓尽致地发挥。

这时，侍者端上了第二道特色菜：莫妮卡小牛排，另一道餐厅特色菜，内夹火腿丝和牛舌的牛排，配菜是青豌豆。雪铁龙示意他撤掉第一道菜的盘子，其实他一口都没吃。他对小牛排的兴趣并不比目鱼排高，他如数家珍似的告诉雅姆一大串他已经说服的代理商的名字："有第戎的科克罗兄弟，他们的中央车行是法国最棒的车行之一，罗阿纳的拉古特和米尧、迪南的卢卡斯弟兄俩等。他们去年1月就签合同了……"

"您先尝尝这酒，味道真不错。"阿尔德不失时机地插话道。

的确，阿尔德劝大家喝的是法国勃艮第博纳区产的勒纳尔科尔登酒，产于1906年，色泽清朗，芳香四溢，醇厚甘美。

"呵！"雅姆低声细语的称羡与其说是对美酒的欣赏，还不如说是对雪铁龙刚才的一番宏论的由衷赞许。

又一个对雪铁龙心悦诚服的人，阿尔德想。目前，雪铁龙手下已经有好几个大腕代理商，如风度翩翩的朋友保罗·吕夏尔，他原先在莫尔公司的部门工作，现在巴黎玛拉科夫大道上开了一家有四层楼的汽车行，规模不可等闲视之。波城的弗雷德里克·古热，他早在1892年就创建了汽车修理厂，堪称全法国第一人！运动员和赛车手出身的科恩在奥朗日市奥古斯特凯旋门旁边成立了汽车中心。莫尔兄弟三人在普瓦蒂埃市中心设立了汽车维修站……雪铁龙汽车网络核心就这样一步步形成，这些人背景各异，但都是出类拔萃的人才。随着时间的推移，这张网越铺越大，北到里尔市，南至尼斯城，西起雷恩市，东到沙隆－索恩河市。他们中有的是普通的自行车商，有的是工科大学的毕业生，有的则是优秀的技术员。他们几乎都是雪铁龙亲自遴选的，从而构成了雪铁龙汽车销售网络的精英骨干力量。这些人都有一个共同的志向，就是不再安贫乐道，决心走出战前手工艺小作坊的圈子，跟着雪铁龙创出新天地。他们中的每一位都是这一开拓性事业的主人，因为他们都为此投入了巨资，雪铁龙同他们签订了严格的汽车销售合同。

"我要你们一年的销售额达到100万法郎。"雪铁龙对雅姆说。

这需要一笔不小的投资。雅姆飞快地思索着，他的确很想干，但又觉得本钱实在太大。雅姆取出烟斗，装满烟丝。

"我有个主意……"雅姆说。他认识一个叫克莱蒙·罗伯特的乐器制造商，此人对汽车很感兴趣。对，雅姆信心十足地决定找他入伙。

于是，雪铁龙和雅姆在菜单的背面签署了一个原则协议。果然，几天后，克莱蒙·罗伯特同意加盟。这是个奇矮无比的人，穿着垫得很高的鞋子，枉然地希望这样能多长几厘米。他为此显得沮丧，其实大可不必，因为他娶了一个非常可爱、相当丰满的妻子。

雪铁龙坦言他需要钱。毫无疑问，雅维尔厂在4年内根本不可能收回建厂时的所有投资成本，可是，雪铁龙必须按期偿还国家的贷款，还有他的合伙人阿尔德和埃克耐扬的借贷。与此同时，雪铁龙还要彻底改造兵工厂，这又是一个耗资巨大的工程，因为过去生产炮弹，最多只有十多个零配件，而今制造一辆汽车需要安装3 000多个五花八门的零配件。另外，生产所必需的机器设备都得从美国进口，这当然不是白给的。从宏观上讲，法国经济委靡不振，通货膨胀日趋严重，购买力不断下降，罢工时有发生。大战期间一直"沉睡"的税务机关这时也"醒"了：1917年，政府准备同时开征企业营业税和企业所得税。人们再次开始议论战争期间企业的利润所得税问题。军事装备部长阿尔贝尔·托马早在

1915 年的秋季就在考虑这件事。1916 年 9 月 1 日,议会通过了政府提交的法案,规定补征企业在战争期间的特别所得税,而且完全出乎意料的是,该法案可溯及既往至 1914 年 8 月 1 日。追缴税额可达企业所得的 50%,1916 年则高达 60%,从 1917 年起,有的税率分档超过 70% 和 80%。对一个全新的企业来说,很难确定其税基,因为和平时期的企业所得与战争时期不可同日而语。通常情况下,企业的利润一般不应超过固定资产的 6%。1915 年 12 月成立的国民议会战争时期市场调查委员会认定,战争结束时,企业大多实现了设备的折旧,亦即是基本收回了生产投资。可是,何谓"大多"?什么叫"基本"?却没有具体的定义。另一方面,政府一直拖欠货款,并取消了已经下达的订单,而且拒绝支付停战协定签署时即将发运的库存炮弹款。对一个准备转产,并试图创建革命性的现代企业制度的人来说,上述问题无疑又平添了几分不确定因素。让雪铁龙犯愁的还远不止这些。

雪铁龙当年受命整顿国有企业罗阿纳兵工厂时,整治了一些懒散的官员,他们扬言要报复雪铁龙,其中就有后来成了国民议会议员的斯坦尼斯拉斯·德卡斯泰拉内伯爵。1920 年 4 月 13 日,他利用议会讨论增设新的税种之际,提出建议,要求国家采取措施,收回战争期间的所有贷款。他这话其实两个月前就想说,只因当时的条件不成熟而没有说出口。德卡斯泰拉内伯爵声称,雪铁龙在罗阿纳兵工厂时成立了专门的秘书处,一手控制厂里的进货渠道及其价格。他说,经比较证明,雪铁龙采购的东西都比通常的价格贵,例如:他买的用于男女职工宿舍的 4 000 把椅子每把单价 24 法郎,而市场零售价才 15 法郎。德卡斯泰拉内故意不提椅子种类不同价钱自然各异的事实。他最后激愤地总结道:"雪铁龙任职期间一共买了 670 万法郎的商品,这些东西的正常价格只值 410 万法郎,亦即是说国家受损 260 万法郎。另外,出于这样或者那样,甚至毫无理由的原因,雪铁龙个人获得好处费高达 57 000 法郎!"

坐在政府席上的法国总理亚历山大·密勒朗低声咕哝着,气得直打响鼻。他于 1914 年 8 月到 1915 年 10 月间任法国陆军部长,清楚地记得在那样一段非常困难的时期,人们像欢迎救世主摩西似的欢迎法国实业家,特别是汽车行业的企业家挺身而出,力挽狂澜。他清楚地知道是国家拖欠雪铁龙，而不是雪铁龙占了国家的便宜。所以，密勒朗对德卡斯泰拉内的蛮横指控感到义愤填膺。

这时，资深的共和联盟议员路易·卢舍尔走上讲台。他在 1916 年至 1918 年间先后担任过国务次长、军备部长，并在 1917 年由克莱蒙梭提名任战争委员会委员。在他被政府任命为阿尔贝尔·托马的助手时，他马上辞去了理事会的工作，避免他在民用工业方面的活动介入他的政府工作。他是一位公认的无懈可击的法兰西公仆，崇尚实干，对政治及其政客嗤之以鼻。当年正是他慧眼识才，委派雪铁龙去整顿罗阿纳兵工厂。所以，他今天毫不客气地反驳道："正直人的良知告诉我，决不允许有人在这里肆意攻击为国家尽了义务的企业家！"

德卡斯泰拉内试图打断他："这得看为国尽义务的方式了，亲爱的议员同事，如果尽义务的同时又索取同等回报，那就不是尽义务！"

卢舍尔轻蔑地瞥了一眼伯爵，简洁地回击道："过几天，我们将在这里讨论战争的赢利问题。议会的财经委员会届时会提出尽可能公平合理的办法使国家收回这笔钱的。咱们到时候投票表决就是了。"

议会厅里顿时议论纷纷。卢舍尔继续说道："雪铁龙早先同意无偿出资兴建罗阿纳兵工厂的某些必需工程，政府于是答应补偿他这笔投资的利息。"

卢舍尔最后提高嗓门说："在企业的经营和管理上，我本人并不总是赞成雪铁龙的，但对他在战争期间的突出表现，我不能不在这里向他致以崇高的敬意！"

卢舍尔议员的发言令密勒朗总理心满意足。

雪铁龙对这次议会的辩论结果满不在乎，他操心的是比这重要得多的其他问题，如工厂的转轨，使其适宜规模批量生产，确定汽车型号等。第一辆"福特"车和第一辆"雷诺"车都叫"A 型车"，第一辆"雪铁龙"当然也不应例外。但是，雪铁龙的车价低得惊人：每辆 6 950 法郎，仅是一般汽车价格的一半！

"这个价位定得确实合适吗？"阿尔德平静地问道。

"肯定不合适！"吉约、施瓦布和波米耶异口同声地回答。不管怎样，雪铁龙新型车在 1919 年 1 月隆重推出，5 月开始在法国各大日报刊登整版广告，如此声势浩大的宣传前所未有！与此同时，第一辆雪铁龙 10HP 车走下生产流水线。此车有 8 个品种，包括短底盘的 3 座鱼雷形敞篷车、长底盘的 4 座鱼雷形敞篷车；底盘有长有短的 3 座和 4 座小轿车，前者很快被人们称为"博士双排小轿车"，后者为城市双排小轿车；小型卡车和送货车等。最便宜的车卖 7 250 法郎，虽然略高于最初的定价，但还是引起了轰动，因为这在当时也算是非常优惠的价格了。6 月 4 日，人们涌向香榭丽舍大街上的阿尔达汽车行，争相目睹小精灵般的雪铁龙汽车。雪铁龙不得不将车价大幅度地调高到 11 000 法郎/辆。即使这样也不贵，前来买车的人络绎不绝，排成了长龙。

雅维尔厂的情况却不那么乐观。一方面，必须造出汽车才能赚到钱，可另一方面，又必须有钱才能造出汽车。孰先孰后？孰轻孰重？工厂的技术改造工程尚未完全结束，职工人数却从停战前的 11 万人减至 1919 年初的 3 300 人。作息时间也从过去的每天十几小时改为 8 小时。生产虽然是流水作业，但并没有完全实现机械化。工人们得借助木制的轨道用手将汽车从一个工序推到下一个工序。价格虽然上涨，汽车却始终没有生产出来。有个歌手马蒂尼还为此编了首歌，名字就叫《看不见》。

不管怎么说，1919 年 7 月 7 日，雅维尔厂张灯结彩，鼓乐齐鸣，迎来了雪铁龙 A 型车的第一位买主：来自科雷兹省的牲畜商人泰斯特莫尔先生。

然而，雅维尔汽车厂的生产进度始终快不起来。5 月和 6 月各生产一辆车，到 12 月份夜以继日地干，也只能达到每天 20 辆。此时，最低车价已经超过了 12 000 法郎。一些客户开始不满，继而抗议，有的甚至要求退款。处理诉讼的约迪睡不着了，销售主任沙达拉也睡不着了。部分情绪激烈的客户还将雪铁龙及其工厂告上了法庭。雪铁龙所请的律师是皮埃尔·马赛，他在战时担任副国务秘书负责诉讼，曾签署处决了著名的女间谍玛塔·哈利。雪铁龙的乐观主义经受着严峻的考验。尤其不容乐观的是，随着冬季的来临，汽车订单急剧减少。雪铁龙这才意识到商品销售有淡旺季之分。汽车卖不出去，形成积压。法郎又遇贬值，法国工人罢工此起彼伏。雪铁龙四处求援，先后请来了福特公司和美国通用汽车公司的专家，他们准备收购雅维尔工厂，但被雪铁龙婉言谢绝。他卧薪尝胆，起早贪黑地拼命干，终于使企业在 1920 年底起死回生，汽车年产量达到 12 244 辆。同年，雪铁龙的 10HP 车在法国勒芒 24 小时汽车拉力赛上获得最佳节油奖。雪铁龙果断地打出广告，称雪铁龙汽车"是世界上最省油的汽车"。

资金不足的问题一直困扰着雅维尔汽车厂。天知道雪铁龙投入了多大的本钱！这时，老谋深算的吕西安·罗森加尔想出了一个融资的新办法：他跟费尔南·查伦和克雷芒·巴雅合伙成立了"发展法国工业辅助基金会"（SADIF），由该基金会发行以库存汽车做抵押的记名期票。这些可以在法国中央银行再贴现的期票彻底解决了雅维尔汽车厂资金周转不足的难题。雪铁龙终于走出困境，并于 1921 年推出更新、更结实、性能更卓越且更经济的 B2 型汽车。

可是，"发展法国工业辅助基金会"（SADIF）以栈单作保的方式控制了雅维尔汽车厂，而罗森加尔控制了基金会。

每天一个新点子。

——艾弥尔·德吉哈尔丹（Emile de Girardin）

第十二章　百业待兴

　　雪铁龙几个月内声誉鹊起。这个过早谢顶，留着刷子胡子，戴着一副夹鼻眼镜，两眼炯炯有神的小个子男人此刻在做什么呢？他为什么还这样不辞辛劳、恪尽其职呢？因为对他来说，工作是一种乐趣，是一种证明自我的幸福。从最初的"A 型车"到"B2"，再到即将投产的"B12"，产量从每天 100 辆发展到 1923 年的每天 200 辆，再到 1924 年的每天 300 辆，雪铁龙正以他特有的方法改变着法国人的生活。他在法国各大报纸整版刊登"法国制造的批量汽车"广告这一史无前例的壮举揭开了 20 世纪汽车纪元的序幕，标志着一场真正的社会和工业革命的开始。雪铁龙赋予了人类在时间和空间上一种新的能力：四个轮子上的自由。

　　不错，雪铁龙是遇到了资金上的困难，但比起开创性工作带来的喜悦和他拥有的几乎无所不能、无坚不摧的人才梯队，这点困难算得了什么？在雪铁龙的带动下，全厂职工上自高级管理人员，下至普通技术工人，每天都创造出非同凡响的业绩，生产出租汽车就是一个典型事例。

　　在法国的南方城市马赛，有一个名叫拉乌尔·马泰的先生，科西嘉人，早年毕业于著名的巴黎高等师范学院，曾在朗斯中学当过数学教师。一天，身材魁梧的他穿着白色西服，系着浅绿色领带，来到马赛老港散步。走着走着，他忽然想到一个问题：几个月后的 1922 年，殖民地商品博览会将在马赛召开，届时八方游客将纷至沓来，这些人怎么前往远在市郊的博览会主会场博埃里公园呢？马泰看着眼前南来北往运输酒桶的卡车，计上心来。他径直找到蒙彼利埃汽车行的老板雅姆，对他说："给我造出租车吧！"

加斯通·雅姆在蒙彼利埃的汽车行主要生产车身。如前所述，他此时也是雪铁龙的代理商。雅姆答应了马泰的要求，立即着手在雪铁龙B2车的基础上研制出租车。

马泰看到设计图纸后满意地说："就照这个样子给我生产100辆！"

雅姆闻言，立刻头戴礼帽，西装革履，拉着马泰北上巴黎向雪铁龙汇报。

1921年9月28日，上午10时整，雪铁龙的秘书季诺小姐面露灿烂的微笑，将雅姆和马泰领进了位于二楼的雪铁龙宽敞的办公室。

雪铁龙仔细翻看了图纸，说："让我再想想。你们明天还是这个时候来找我。今晚我请你们二位去'无忧'舞厅吃饭。"那是他哥哥贝尔纳战前开的一个舞厅，雪铁龙经常在那里接待他的代理商和客户。

次日上午10时整，雪铁龙走出办公室，一手拉着雅姆，另一只手拉着马泰，非常热情地说："来，来，来，咱们去厂里转一圈！"

他们从加工车间看到装配车间，直到最后的成品汽车厅。雪铁龙同他们边走边谈，笑容满面。走在两旁的雅姆和马泰都比雪铁龙高出至少一个头。

"瞧！我们三个在一起就像壁炉上的装饰品，我个子最小，又在中间，活像个钟摆。"

讲完这句玩笑话，雪铁龙推开了一道双层门，领客人进入一间后来被雅维尔人长期称作"金鱼缸"的房子。在明亮的灯光下，客人们看到了什么？对，他们看见的是出租车！而且是按他们前一天交给雪铁龙的图纸生产的出租车！仅仅24小时，经加工、装配和油漆等工序，一辆崭新的出租车就问世了，并且还在布洛涅森林完成了试车。简直令人不可思议！

这证明了雪铁龙的团队如何高效地围绕在其周围工作。雪铁龙告诉客人，他喜欢出租车以及他们的设计方案。他答应先为马赛生产100辆出租车，接下来再考虑巴黎。

1922 年 2 月,一条小型的出租汽车生产流水线在雅维尔上马。3 月底,人们已在马赛的大街小巷看到黑顶棚、绿白相间的 B2 雪铁龙出租车,恰恰赶在了 5 月份殖民地商品博览会开幕之前。

马泰有了这次成功的经历后随即成为雪铁龙在马赛地区的独家代理商。另外,正像雪铁龙所说的那样,雅维尔工厂从 1922 年夏天开始在巴黎投放出租车。不仅如此,雪铁龙还在 1924 年 9 月成立了雪铁龙出租汽车公司,全部是 B2 型双排四座小轿车,车子打上了表示"雪铁龙出租车"的首字母"T.C."和代表雪铁龙汽车的双人字形条纹标志。据不完全统计,1925 年,首都巴黎共有 5 000 辆雪铁龙出租车。1927 年,这些车全被黑黄相间的雪铁龙 B14 型轿车所取代。

雪铁龙 B2 型汽车 5 年内销售了 6 万辆,仅 1924 年一年就卖出近 3 万辆。雪铁龙在 1921 年的小汽车博览会上推出的 5CV 汽车更创销售新纪录:3 年卖出近 5 万辆! 这是一种单门 2 座的鱼雷形敞篷汽车,因为漆成统一的鲜黄色而很快被老百姓称为"小柠檬"。雪铁龙等于小柠檬,无意中点明了雪铁龙姓氏的来历①,真是历史的巧合!

"小柠檬"1923 年有了改进型,装上了可折叠的车篷,1924 年变成 3 座的,而且有了其他颜色。也就在这一年,德国出现了一种叫"欧宝"的小汽车,除颜色(碧绿)不同外,其余跟"小柠檬"如出一辙,简直就是它的孪生姐妹。小"欧宝"因为一身碧绿色,故得雅号"青蛙"。人们以为雪铁龙向德国人转让了生产专利许可证。为了正本清源,雪铁龙状告"欧宝",但法庭在 1926 年以指控不成立判雪铁龙败诉。

截至 1924 年,雅维尔厂总共生产了 13.5 万辆雪铁龙汽车。这样,雅维尔在经过 1919 年的艰难转轨,1920 年的苦心经营和 1921 年变化不定的历程之后,终于从 1922 年起走上了稳步发展的道路。这年的汽车年产量达到 21 000 辆,1923 年为 32 700 辆,1924 年为 55 400 辆。平均日产汽车 100 余辆,超过了雪铁龙当初预定的目标,有时甚至达到每天 200 多辆。

雅维尔汽车厂的职工人数也有大规模的增长。1921 年由郎第上校主管时有 4 500 名。(郎第上校是炮兵军官,受封荣誉勋位,前共和国卫队

---

① 请参阅本书第一章。——译者注

指挥官，于 1919 年从于格·雪铁龙手上接过了人事经理的职位，后者回到他的钻石行当去了。）1922 年职工人数增加到 7 600 名。随后雪铁龙收购了克雷芒·巴雅①公司在勒瓦卢瓦的工厂，超过 7 万平方米的面积被整理出来用于生产 5CV。1923 年的职工人数达 9 000 人。随后在圣夏尔的车间进行了重组，准备生产变速箱，1924 年时职工人数达到 15 000 名。

工厂面积也由过去的 15 万平方米增至 45 万平方米。机器设备从 3 500 台增加到 7 500 台。在风度翩翩的詹姆斯·夏比带领下，工具设备部门的地位得以提高。这位精力充沛的杰出经济学家在 1920 年被任命为另一核心部门——采购部门的主管。

雪铁龙还在雅维尔厂建立了在专家看来都是全欧洲最漂亮的实验室。它是在托儿所的旧址上建立起来的。科技人员可在此从事物理、化学、机械、热力学和电学的科学研究，他们的工作为提高产品质量提供了强有力的保障。实验室主任是冶金学家亨利·戈德弗鲁瓦。他于 1914 年任蒙特尔梅钢铁公司的总工程师，1916 年被借调到雅维尔厂，负责炮弹的热处理。雪铁龙非常赏识他的为人和才干，战后竭力挽留住了他。

第一次世界大战结束后，雅维尔工厂具有样板性的企业社会保障服务事业受到了工会的指责，他们认为这是资本家的宣传工具。倍感被出卖的雪铁龙强压心中的怒火，不动声色地取消了所有的社保机构。雪铁龙极少作出这样的否定决定，不过一旦出口，便跟其他肯定性决策一样斩钉截铁，毫无任何回旋余地。

从此雪铁龙迈着稳定快速的步伐昂首走在汽车工业的前列。他思索、讲话、写作、论证，逐步形成一套自己的理论，那就是：雪铁龙销售的不仅仅是汽车本身，还包括与汽车相关的一切，其中最主要的是售后服务。雪铁龙将这一理论灌输给他的每一个员工，也告知所有的人。他把为客户服务摆在绝对优先的位置，并不断采取新的措施加以完善、充实和强化，这堪称世界创举。

1922 年，由 295 个独家代理商构成的牢固的雪铁龙汽车销售服务网络遍及法国各地。雪铁龙在没有代理商的地方成立了很气派的分店，比

---

① 克雷芒·巴雅，1855～1928，法国工业家，其公司曾生产自行车、飞艇和汽车，1922 年被雪铁龙收购。——译者注

如 1922 年成立的埃夫勒分店。为了方便雪铁龙汽车的客户尽快修好车，雪铁龙还在全国建立了上千个雪铁龙汽车零配件代销商。

出于同样的考虑，雪铁龙在 1924 年发明了汽车"标准备件"。这样，雪铁龙品牌的各类汽车如果发动机和其他部件磨损或发生故障后可随时随地掉换、互换或更换。雪铁龙聪明地成立了一个由其代理商和主要相关人员构成的代表广泛的委员会，通过它来确立全国统一的汽车维修价目。1923 年，雪铁龙首创汽车零配件总目录，上面的商品名称、代码和价格等编排合理，让人一目了然，方便订购。他紧接着出版了第一部《汽车维修保养大全》。

雪铁龙的每一项发明都毫无例外地被他的竞争对手或多或少地模仿，但他们总是不可避免地迟到一步。这期间，雪铁龙已经想出了其他新招，所以他一直遥遥领先于别人。特别值得一提的是，雪铁龙以极大的热情亲自领导着一支超群的销售队伍，形成一种充满活力的"团队精神"。除了规模宏大的年会，雪铁龙一年中还会数次召集所有的代理商在雅维尔总部开会。他注意倾听他们的呼声，重视他们的意见，并善于同他们交谈。每次会后，这些代理商都信心百倍地回到各自的岗位，争创新优。平时，雪铁龙定期派他的"轻骑兵"——检查员下基层了解各代理车行的管理、营销和服务情况，要求他们以书面形式报告公司领导。为了培养合格的推销员和代理车行的销售经理，雪铁龙成立了技校。学员们在那里系统学习现代销售理论，尤其要摒弃在办公室等待顾客的旧观念，应该主动上门，积极地去争取顾客。

从 1924 年 1 月起，雪铁龙创办了图文并茂的内部月刊《雪铁龙简报》，面向全体代理商。简报的内容有本厂的重要新闻和成功的经营之道，每期还会表彰一个推销员。

从 1922 年开始，雪铁龙推出大篷车巡回路演，足迹遍及法国城乡，沿途介绍品牌的各类车型。感兴趣的顾客甚至可以当场试车。在小城市和农村，人们根本没有见过类似的广告形式。每到一处，他们接连数天举办各种活动，组织音乐会或图片展览，散发各种型号的雪铁龙汽车资料，展示各种汽车，犹如过节般热闹。有些地方连学校也要放假，让孩子们前往观赏雪铁龙汽车。实在的雪铁龙销售员称呼这种方式是"有力的"活动：有时三天销售的汽车量会达到三个月的总和，而且还收集到相当多的潜在客户线索，便于后期跟进成交。同时，这种宣传对广大的雪铁龙汽车消费者也起到了潜移默化的作用。雷诺汽车公司起初看不起这种路演，蔑称是"雪铁龙的马戏团"，可是不久，他们也依样画葫芦地开始了模仿。

雪铁龙的商业理念有着广泛的内涵。正是他在1922年最先推出汽车信贷，允许客户分期付款。如果不是银行千方百计阻挠的话，雪铁龙发明的汽车信贷会有更长足的发展。事实上，他为此成立的 SOVAC 组织无疑是法国的第一家消费信贷机构。

雪铁龙的服务理念也很深远。为了驾车人的安全，他考虑到应该提前告诉他们道路的状况。1922年，10万只带着雪铁龙品牌标志的指示牌在路边竖起，立于全国各地的十字路口和危险的急弯处，指示着方向和路况，极大地提高了驾车人的安全系数。这与他一战前宣传莫尔汽车的做法如出一辙，只是规模变得更大。

雪铁龙强烈的服务意识驱使他随时随地想客户之想，急客户之急，比如，早在"A型车"问世时，他就同时推出各种轻便的应用型小货车，如"送货车"、"面包车"等，与那些气喘吁吁的"老爷车"形成了鲜明对照。

雪铁龙公司的营销和售后服务活动不仅局限于法国境内。从1919年起，菲利克斯·斯瓦布就开始有系统地组织出口网络。1920年，他围绕地球兜了一圈，准备在世界各地成立雪铁龙汽车经销点。现在可不是莫尔汽车的时代了，那时雪铁龙发现销售下滑，曾派出阿尔德到伦敦，"凭借魅力"推销几台汽车！1924年，雪铁龙公司出口了17 000辆汽车，1925年出口21 306台。这仅仅是开始，后来出口比重很快就达到了产量的50%。

1923年7月27日，第一家雪铁龙海外公司在英国伦敦诞生。其随后并购了从1919年就开始销售雪铁龙汽车的进口商卡斯通－威廉姆斯和威戈摩尔（GASTON, WILLIAMS & WIGMORE）。英国公司的管理由美国人本杰明·金和丹尼尔·梅兹分管。丹尼尔·梅兹是单身，举止非常英国化，他是安德烈·雪铁龙的姑表兄弟，他的妈妈是雪铁龙的姑妈阿碧艾尔（Abigael）[1]，其和钻石商人雅克·梅兹共生育了 6 个孩子[2]。

1924 年 2 月 22 日，雪铁龙成立了比利时布鲁塞尔分公司，此前，雪铁龙已经在比利时销售了大量汽车；从此刻起，比利时进口汽车散装零件，配合当地生产的零件，组装成品汽车。这是在国外设置组装生产线的雏形，该发明直到 1926 年才正式出现。

1924 年 9 月 16 日，雪铁龙成立了西班牙马德里分公司，同月 24 日成立了瑞士日内瓦分公司。

10 月 1 日又成立了荷兰分公司，主管是雷米特·凡·米尔，业务上受比利时分公司管辖。头一天，好人埃尔斯特·约迪被任命为行政秘书，负责组建分公司事宜，顶着这个职务他跑遍了欧洲，组建了丹麦哥本哈根办事处，法拉蒙为主任；第二天刚走下到达米兰的火车，又组建了意大利分公司，公司地点在加塔梅拉塔路[3]，公司场地是从尼古拉·罗密欧手里购买的，此人创立的品牌日后成为著名的阿尔法·罗密欧。1925 年，在加塔梅拉塔路，开始在当地进行汽车组装的业务。

其他的国家也陆续跟进，雪铁龙汽车登陆南美、近东、中东、非洲……

这一切自始至终伴随着史无前例、声势浩大的广告宣传，安德烈·雪铁龙的独特创意和丰富的想象力尽显其中。

---

① 阿碧艾尔是巴伦德·雪铁龙的第 11 个孩子，姊妹排行第六，而安德烈·雪铁龙的父亲勒维排行第八，兄弟排行第五。——作者注

② 丹尼尔·梅兹此前已经在这里负责，从 1907 年开始，他就是雪铁龙齿轮公司英国分公司的经理。——作者注

③ Gattamelata，纳尔尼的拉兹莫的昵称，1370～1443，意大利文艺复兴时期最著名的佣兵队长，其青铜雕像代表着文艺复兴前期现实主义艺术的高峰。——译者注

所有人类的文明，将是劳动的文明，同时也是言语的文明。

——保罗·里格尔（Paul Ricoeur）

第十三章　流光溢彩的埃菲尔铁塔

雪铁龙是世界上少数几个最先认识到 20 世纪将是汽车世纪的人。但他不仅意识到，而且身体力行，积极促进汽车工业的发展。雪铁龙同样清楚地预见到，传播将是 20 世纪的另一个主旋律。他的天才就在于能够准确地把握时代的脉搏，利用传播手段推动汽车工业的发展，反过来又借助汽车工业的发展凸显传播的重要作用。

1836 年，爱弥尔·吉拉尔丹为了增加读者人数决定半价出售其日报《快报》，同时吸引广告商来为报刊集资。雪铁龙洞彻事理，断定现代报刊从此诞生。1863 年，另一个报人莫伊兹－波利多尔·米洛走得更远，他的《小报》竟然卖五生丁一张，印数超过了 100 万份。于是，信息也开始进入大规模化生产阶段。报纸的黄金时代来临了。

20 世纪初，法国有 5 大报刊在新闻界独占鳌头，它们是：《小报》（被米洛从马利诺尼手中买进）、《小巴黎人》（创始人让·都伯原本应是国家部长，为 1917 年战士委员会委员，被戏称为"第三共和国的灰衣主教"）、狂妄的布诺·瓦利亚的《晨报》、麻木不仁的弗朗索瓦－伊热内·穆同的《日报》，然后是不如前几家强硬右派的《巴黎回声报》。这些报纸的总发行量超过 600 万份。最后还要加上亿万富翁香水商弗朗索瓦·科蒂创办的《人民之友》和雷昂·巴尔比的《不妥协者》。新闻报刊成为继立法、行政和司法之后的第四大权力。当其他人尚不知何谓第四权力的时候，雪铁龙已经准备运用它为自己的事业服务了。他深信，在工业上，酒好也怕巷子深，必须加大宣传力度，他要用事实向人们宣示这一真理。

雪铁龙首先在报刊广告的规模和尺寸上下工夫，他要在所有报刊上登载最大、最醒目的广告，形成铺天盖地之势，让人低头不见抬头见。所以，雪铁龙采用报纸的整版做广告，而当时最多的广告也只占报纸版面的十分之几。广告的篇幅大小还是次要的，最重要的是新颖且有说服力的广告词和广告画面的布局。从前的广告用语无非是就事论事，告知品牌，罗列产品特性，外加几句并不可信的赞美词。一开始，华莱士（华莱士－德尔格广告公司的老总之一）就是这样为雪铁龙的 A 型车设计广告的。但很快安德烈·雪铁龙就提出了他的要求：所有产品和服务广告第一必须突出产品和服务的主要品质，其余一概免谈；第二应该展示产品和服务的优异品质会给客户带来何种特别的实惠；第三应当告知使产品和服务发挥最佳效能的方法和途径。这就是雪铁龙对其广告词政策做出的解释。由此产生的第一条广告词是"法国第一部大规模流水线生产汽车"，在保留这一条的同时，加入了宣传其经济性的内容：售价低廉、维修保养费用便宜、油耗低等。雪铁龙的汽车广告还敢于使用一些简单的专业词语和技术参数，以此表明厂家相信买者有一定的素质，至少懂得机械，从而博得客户的欢心。雪铁龙的汽车广告经历了一开始的略显稚嫩，直到最后的大气成熟，并具备以下特点：用词直截了当，论证言之有理，图案设计精美，布局新颖雅致，而且绝不雷同。

雪铁龙 1920 年起在雅维尔厂本部成立了专门的广告部门，当时叫"宣传部"。主任为马松先生（助手是拉斯加小姐），他也是巴黎综合理工学院的毕业生，精明强干，多才多艺。宣传部拥有当时全欧洲最先进的设备，包括宽大的绘图室、照相室等。对所有广告设计，雪铁龙事必躬亲，他要求广告的画面、字体与广告的内容之间有显而易见的连贯性和具体明确的关联性，这就要求广告设计者在内涵上多下工夫。雪铁龙的这一内部关联说在当时是相当新颖的广告手法。

雪铁龙认为，任何广告不可缺少三个内容：一是形态，就是说要突出显示产品的某一典型外观特征，让人一目了然；二是特色，即要突出强调产品的与众不同之处；三是风格，就是要形成一种自己的独特表达方式，使消费者看见广告的画面、图案或标记后过目不忘，比如，双人字形条纹就是雪铁龙汽车的显著标志。此外，产品的商标名应始终跟产品本身相互关联，并有机地结合起来。雪铁龙的广告艺术就在于使本来对汽车毫无兴致的人逐步喜欢上汽车，再由喜欢汽车发展到对雪铁龙汽车情有独钟。雪铁龙的广告成功之处还在于通过大力宣传雪铁龙汽车不断更新的技术和性能，激发那些雪铁龙汽车"发烧友"更新换代的强烈欲望。

雪铁龙极擅长吸引大众的注意力，其方法层出不穷，即便是使用业已存在的技法，他也能别出机杼、花样翻新。在他手里，一份最平常的产品目录转眼间会变成非常漂亮的广告小册子，每则广告都图文并茂，形神兼备，让人过目难忘。雪铁龙设计的汽车招贴画长达 16 米，巨幅剖面图使雪铁龙汽车宽敞的内部一览无余。

雪铁龙最早利用汽车博览会大打广告之战。1919 年，他第一个在展览会址开辟试车场。据《费加罗报》报道，当时有 350 辆雪铁龙汽车一字排列在展览会的大门前。与此同时，雪铁龙还邀请民众前去雅维尔厂实地参观汽车生产的全过程。

精心组织社会各界人士参观工厂是雪铁龙自 1917 年起始终坚持的一项扩大对外宣传的措施。在他看来，这不只是一种对外宣传手段，还是一种促进工厂内部整改的动力。通过这类参观活动，人们对雅维尔汽车厂的生产进程和雪铁龙品牌汽车留下了深刻印象。雪铁龙的这些举措其实就是很久很久以后我们才意识到的所谓"企业机构形象广告"和"公共关系"。

雪铁龙的独到之处还在于他一直倾心关注儿童这一在旁人看来尚不成型的特殊消费群体。为他们，雪铁龙专门出版了很多有关雪铁龙汽车的书籍，生产了很多雪铁龙汽车玩具。第一批雪铁龙汽车模型产生于 1922 年，精确仿造了鱼雷型敞篷汽车 B2 和 5CV，大小为原车的十分之一。这些按比例缩小的各类雪铁龙汽车模型与真车不差分毫。这是在菲尔德南·米高向雪铁龙展示其表亲马塞尔·古尔德制作的汽车模型时，雪铁龙对他提出的要求。雪铁龙很快发现这一新的广告形式的优点，首先广告效应好，因为此类模型受众面很广，其次因为可以出售，故而成本较低。

起初这些模型要用绳子拉着跑，第二年安装了机械马达。然后出现了不同种类的模型，各自拥有不同的生产规模。1924 年后，米高公司生产的模型达到了 4 万件，1925 年达到了 6.5 万件，8 年后超过了 8.6 万件。雪铁龙将这些汽车模型商品化，并在雅维尔厂"宣传部"成立了相应的机构，由拉比尔先生专门负责协调生产和销售各类雪铁龙汽车玩具。这些汽车模型的各部件可以随便拆卸组装。

1924 年出现了真人大小的玩具，首先是一辆儿童大小的 5CV 模型，这是专门为成人制造的模型，大小为原车的三分之一，踏板制动。然后又出现了著名的"雪铁龙电动汽车"。

人们在大街上不时会看到雪铁龙汽车六合彩，商店里有雪铁龙汽车拼图，雪铁龙汽车魔方，雪铁龙汽车彩色填充手册等。雪铁龙汽车构造剖面图、汽车机械原理图等走进了学校，挂在了教室。雪铁龙经常讲："我们要从小培养孩子对汽车的兴趣爱好，使他们成为未来的汽车客户。"

雪铁龙汽车玩具成为活生生的雪铁龙汽车广告，它们走进千家万户，登上"春天"、"巴黎百货商店"、"萨玛丽丹"等巴黎名店的大雅之堂。圣诞节期间，雪铁龙汽车，连同其工厂、车间，更成了欧洲风行的透景画的明星，引来大人小孩的啧啧称羡。

几年后，雪铁龙说过一句振聋发聩的话："我要让玩汽车玩具的孩子对他们的爸爸妈妈说'给我雪铁龙汽车'，而不是说'给我汽车'。"有人透露，雪铁龙的梦想就是希望咿呀学语的婴儿会说的头三个单词将是"妈妈、爸爸和雪铁龙"。雪铁龙的整个广告战略可以用过去法国流行的一句口号概括之：让法国人"每个星期天都有炖鸡吃"！

他对所有新奇的广告手段都感兴趣。1924 年所有的邮局行政表格上都带有雪铁龙的广告。1922 年，雪铁龙组织了一次规模很大的竞赛活动，要求参赛者用雪铁龙的名字画一辆汽车。一位首饰商成功地用纯银、蓝宝石、红宝石和钻石四种模型完成了这一创意。真是无巧不成书，雪铁龙的家传手艺不就是珠宝吗！

既然来者不拒，那头顶的蓝天为何不利用一下呢？1922 年 10 月 4

日，巴黎人发现雪铁龙的名字挂在了首都凯旋门上空4 000米的蓝天上。飞行员驾驶着带喷烟器的双翼飞机，吐着浓烟，拼出由七个字母组成的雪铁龙的名字，高达450米，长达5公里。那天的招贴画上写着："如果本周天气晴朗，请您注意观看天空。"

但是，是否还有其他更持久，甚至更奇特的方法让雪铁龙的英名留在天空呢？1923年的一天，头总是微微前倾的朱诺小姐走进了老板雪铁龙的办公室，说："一个名叫雅各布奇的人想要见您。"

雪铁龙起初毫无反应，因为这个听上去像意大利人的名字对他来说十分陌生。突然，雪铁龙想起来了，对，一定是那个叫费尔南多·雅各布奇的人，电学狂人，灯光招牌艺术家，从不睡觉，说话总爱做手势。第一次世界大战期间，他成功地在夜间用电灯光模仿一座列车编组站，用于迷惑敌人。果然是他！雅各布奇此次登门主动请缨，他要将霓虹灯做成雪铁龙名字字母的形状，装饰在埃菲尔铁塔上！

在雪铁龙眼里，埃菲尔铁塔始终是人类进步的象征。他终生难忘1889年的那个夜晚，10岁的他看到竣工的铁塔眨眼间在千万盏电灯光的照耀下变得通体透明，令他眼花缭乱。难道35年后的今天，他雪铁龙要用自己的名字在埃菲尔铁塔上重演往日的那一幕，让自己的孩子们看到他的名字出现在当年让他欣喜若狂、乐而忘返的高塔之上吗？那该是多么美妙的事啊！

这的确是个美妙的主意，但也是个开销庞大的计划。古斯塔夫·埃菲尔（刚去世不久）的继承人为准备定于1925年在巴黎举行的世界装饰艺术博览会，最先与雅各布奇寻求合作，但在看了工程的报价单后，便放弃了这一项目。这位意大利艺术家又去了卢浮宫附近的各个商店，每年12月25号为它们装扮圣诞树。他那3米高的设计草图改了一遍又一遍。这次他的直觉认为雪铁龙会答应与他合作。雪铁龙表示需要慎重考虑一番，因为他手头已有几个开工的项目，正需要投资。

就在雪铁龙举棋不定、犹豫未决的时候，一个颇为喜剧性的插曲促使雅维尔的老板下定了决心。事情的经过是这样的：埃菲尔铁塔管理公司的经理接待了来访的美国汽车大王亨利·福特的密使。这个叼着雪茄烟，戴着方格子鸭舌帽的典型美国佬来法国的任务竟然是受福特之委托，准备收购埃菲尔铁塔！原来，底特律的汽车大王误解了他手下一个"间谍"递交的报告，荒谬地推断雪铁龙将要买下埃菲尔铁塔。福特打算跟雪铁龙竞买铁塔，得手后把它运回美国去。发现自己错了的美国人继而提出将福特的大名刻在埃菲尔铁塔上。他心想，这总比白跑一趟强。消息传出，雪铁龙紧急思量着：做最坏的打算，实施雅各布奇的计划所需费用最多也不会超过在报纸上做两次大规模广告的费用！雪铁龙当机立断，同雅各布奇签订了承包合同。雅各布奇高兴至极，合同刚签订便开始动工。

整个工程需要 20 万个 25 至 600 支光①的灯泡，600 公里长的电线。6 种不同颜色的灯泡被安装在木头栏杆上，按字母拼合成雪铁龙的名字，上下高达 30 米。在铁塔的二层闪烁着 8 个双人字形条纹，每个占地 1 200 多平方米。参与施工的人都是雅各布奇特招来的，其中有法国远航轮上甲板部的水手、巴黎的消防队员和马戏团的杂技演员等，这些人沉着勇敢，心灵手巧，且有过高空作业的经历和经验。他们一专多能，既是挖土工人，又是泥瓦匠；既是木工，又是电工。勒孔特担任现场指挥，负责协调施工。他们还成立了一个 24 小时值班的维修队，随时更换烧坏的灯泡或其他出故障的零配件。雅各布奇在铁塔脚下建了一个 1 200 千瓦的小型配电房，内有 14 个变压器，可输入 12 000 伏的交流电。总控制室设在铁塔的二层，里面有一个监视屏，操作人通过它可随时发现问题，手摁键盘则可方便地在六种照明模式中任意变换霓虹灯的色彩和图案。

1925 年 7 月 4 日开幕式的夜晚，现场指挥勒孔特按下开关，埃菲尔铁塔的顶端霎时亮起一束巨大的灯光火炬，欢跳的"火苗"既像天上耀眼的彗星，又似光芒万丈的焰火。焰火线条衬托出铁塔底部的拱形轮廓，两条人字形条纹光彩夺目。与此同时，七个光彩夺目的字母组成"CITROËN"，齐刷刷地印在了埃菲尔铁塔上。

此刻的雪铁龙正和他的 3 个孩子（还有一个没来，1921 年 1 月 24 日出生的小索朗热交给了保姆）站在塞纳河畔的阿尔玛广场上，凝神注视着河对岸的埃菲尔铁塔。他牵着快满 10 岁的女儿雅克琳娜的小手，感觉

---

① 旧亮度单位。——译者注

到她激动得发抖。其他孩子高兴得欢呼雀跃。一向矜持的妻子乔吉娜兴奋得一把搂住了雪铁龙的脖子。

成千上万的巴黎人目睹了埃菲尔铁塔上的壮观景色。其实岂止巴黎人，那天晚上，流光溢彩的埃菲尔铁塔在 40 公里以外都清晰可见。

1925 年的巴黎世界装潢艺术博览会期间，埃菲尔铁塔每天晚上灯光灿烂，这之后是每个星期天晚上灯火辉煌。

皮埃尔·马克·奥尔兰如是写道："今日埃菲尔铁塔上的广告美轮美奂，在夜空中犹如一支金色的火炬。"

之后的每届汽车展览会都有一些新花样，比如一忽儿这边闪、一忽儿那边闪的灯光，或者照明显示各种新车型的名字和数字；1933 年，在铁塔上挂过世界最大的时钟，钟面直径 20 米，日落后用指针和数字照明显示时间；1934 年还挂过巨人温度计，高达 150 米。但终究是拾人牙慧，其轰动效应都不可与雪铁龙的创举同日而语。雪铁龙又一次走在了世人的前列，他是第一个敢于尝试如此大规模做广告的人。

坦诚地说，雪铁龙将自己的名字印在埃菲尔铁塔上绝不仅仅是为了做广告，他是在铿然有声地向世人宣告：雪铁龙崇尚科学进步。刚刚仙逝的居斯塔夫·埃菲尔以其巍峨的铁塔撑起科学时代的天幕，已故去 20 年的儒勒·凡尔纳笔下的科学世界就在我们足下。法国诗人兰波写道："必须坚定不移地迈向现代。"

第五部 │ 冒险年代

我看到了非洲，支离破碎而又合成整体，矗立在暴风雨之中。

——艾梅·塞泽尔（Aime Cesaire）

第十四章　迷人的非洲

第十四章

迷人的非洲

113

　　1879 年，法国上索恩河省，位于蒙贝利亚尔和贝尔福之间的小城艾里古尔，纺织厂工头凯格雷斯和他的妻子喜得贵子阿道尔夫。这对夫妻还在镇上开了一家布店。小阿道尔夫随着年龄的增长，越发显露出机械方面的天赋，考入了蒙贝利亚尔工业实验学院。在部队服役期间，阿道尔夫的机械专长得到进一步发挥，他独自捣鼓出一辆自行车。退伍后，他曾在一家小汽车行工作，但不久决定到国外谋生。26 岁的阿道尔夫去了尼古拉二世统治下的俄国，在那里不到一年的工夫，因为技术过硬，又有创新精神，被提拔为俄国皇家汽车服务处技术主管。阿道尔夫先后为俄国皇室研制出猎狼雪车，为沙皇军队制造出软式履带的悬架－驱动系统，使汽车能够在冰天雪地和其他各种复杂地形下轻松行驶。

　　阿道尔夫在另一位能干的机械师乔维的协助下，准备进一步改进他的发明创造。可就在这时，俄国形势发生了急剧变化，叛乱四起，罢工不断。1917 年 3 月，圣彼得堡的卫成部队发动起义，攻占了冬宫。尼古拉二世宣布退位。同年 4 月，列宁抵达圣彼得堡。7 月，克伦斯基宣布成立共和国。11 月，圣彼得堡的工人和士兵苏维埃夺取了全国的政权。12月，阿道尔夫·凯格雷斯携家带口离开俄国，前往芬兰避难。他们在那里艰辛闯荡了近两年的时间，生活难以维持，终于决定返回故里法兰西。

作为全家唯一的经济来源，凯格雷斯只带回了他于1913年登记注册的专利技术——软式履带汽车。这项技术在法国有用吗？凯格雷斯忐忑不安。

"当然有用，"凯格雷斯当年的同窗好友兼同乡乔治·施沃勃·德里古尔说。他们俩一个是工头的儿子，一个是老板的儿子。

施沃勃曾是雪铁龙齿轮公司的首任董事长，自然认识同为董事的雅克·安斯丹和安德烈·雪铁龙。这样，通过朋友间的相互引荐和介绍，凯格雷斯终于有机会结识雪铁龙。那是1920年10月一个雾蒙蒙的早晨，在巴黎北郊圣德尼一个堆满沙土的操场上，安德烈·雪铁龙前来观看凯格雷斯的3辆软式履带汽车的表演。

雪铁龙在此之前已经耳闻目睹路易·雷诺发明的早期坦克，给他留下了深刻的印象。他本能地预感到履带会对汽车有用处。长期以来，雪铁龙一直试图解决汽车不能走荒野的问题。美国人早在10年前就开始研制越野汽车，雪铁龙不想将这个市场拱手让给美国人。为此，他在1920年的法国夏特勒农业机械展销会上推出了一台小型拖拉机。不过，雪铁龙觉得履带式汽车更有发展前途，所以思路敏锐的他一见到凯格雷斯的软式履带汽车便立刻心悦诚服。

"我乐而忘返，"雪铁龙兴奋地说，"此发明从这天起就属于我的啦！"

为确保这项专利技术的使用权，雪铁龙重新办理了相关手续。软式履带汽车的专利署名人今后变成了"雪铁龙-凯格雷斯-安斯丹"。雅克·安斯丹还成立了"履带汽车部"，并亲自领导，圣彼得堡的机械师乔维追随着他的老上级凯格雷斯也来到了法国，此外还有莫里斯·别诺。从雅克·安斯丹的小作坊开始，这个部门的业务逐渐扩展，但始终保持着一定的自主性。凯格雷斯有了一个新的"沙皇"，比之前的那个更有活力，更慷慨大方。

1921年，雪铁龙在阿尔卑斯山和比利牛斯山的雪地上，在勒瓦峰，在洛塔尔山口都组织了声势浩大的履带汽车表演。他确信履带汽车有极高的实用价值，所以他也像以往那样，竭尽全力地说服别人接受他的观点。每次表演，他都请来新闻记者、军政首脑及社会其他各界人士。他一有机会，就要充分展示履带式汽车在路况极差的野外和特别复杂的条件下无所不能的特性。于是，人们看到雪铁龙的履带式汽车时而在巴黎到阿尔卡雄的公路上运载重达三五吨的整座房子，时而在运河沿岸牵引一队队驳船，时而在机场拖动一架架飞机。冬季运动场上，夏天海边的沙地里，无处不有履带汽车的踪影。在奥地利的蒂罗儿山脉，雪铁龙的履带汽车成功地翻越了恶劣天气下人迹罕至的托恩山口。奥地利邮政局因此一次买了好几辆履带汽车，用于山区投递邮件。瑞士邮局也提出了同样的要求。挪威、芬兰等国也纷纷要求订货。军队用履带汽车牵引他们的 75 毫米加农炮。雪铁龙接着推出履带式广播车、履带式山区救护车和配备了霍奇基斯轻机枪和 37 毫米机关炮的履带式装甲车。

在任何时候、任何情况下，履带式汽车始终是雪铁龙营销政策的有机组成部分，几乎每一期《雪铁龙简报》都有履带式汽车的信息。虽然履带式汽车的销售量微不足道，也许永远赶不上普通汽车，但雪铁龙知道，履带式汽车令人惊叹的优越性对整个雪铁龙汽车来说具有不可忽视的广告效应，是雪铁龙品牌车的形象之一，难怪雪铁龙一直千方百计地扩大它的影响。

从 19 世纪末起，非洲开始在法国成为时尚。皮埃尔·洛蒂的作品《一个北非骑兵的小说》，伊莎贝尔·埃伯哈特的游记《阿尔及利亚消息》，1916 年 12 月 1 日福柯父亲的暗杀事件，利奥泰将军在北非，尤其是在阿尔及利亚－摩洛哥边境的业绩，拉佩里拉将军招募的撒哈拉土籍士兵，以及将军本人在北非试图建立阿尔及利亚－通布图联络时死于神秘的飞机失事等，这些事件无不为公众认识那片土地起着推波助澜的作用。1919 年，皮埃尔·伯努瓦的小说《雅特兰蒂德》获法兰西学院小说大奖，使法国的年轻人做梦都想见到雅特兰蒂德这位拥有 53 个情人的沙漠公主。1921 年，雅克·费岱尔根据同名小说改编并去非洲实地拍摄的电影《雅特兰蒂德》大获成功，更将法国人对非洲的向往和热情推向极致。棕发的斯塔西亚·娜皮尔柯瓦斯卡饰演的雅特兰蒂德当年是多么的迷人啊！

雪铁龙慧眼独具，从沸反盈天的喧闹中看到了一展履带式汽车雄姿的无限商机。他坚信履带式汽车必将碾过重重沙丘，穿越迄今为止令所有轮式汽车望而却步的撒哈拉沙漠地区，从而在阿尔及利亚和法属西非之间建立起一条便利的通道。

1922 年 12 月 1 日，雪铁龙在一次俱乐部会议上郑重指出："使用结实、经济和快速的新型汽车穿越撒哈拉沙漠是一个重大的工业发展课题，必须加以深入的研究。"

为了测试履带式汽车真正的越野性能，并为远征做好充分的准备，雪铁龙再次从物色理想的人才入手。他很有远见地相中了飞行员路易－奥杜安·杜布勒里。这位军官在第一次世界大战初期的法德马恩河会战中立下赫赫战功，以后调往突尼斯南端的撒哈拉空军联队，任其属下的装甲车队指挥。自那时起，他对非洲及非洲沙漠"一往情深"，并很快对它们了如指掌。1919 年，32 岁的杜布勒里主动参与贝坦伯格少校的撒乌拉－梯迪克行动，率领一支由 7 辆汽车和 3 架飞机组成的陆空突击队在非洲荒原的各类路面上不间断地纵横驰骋 2 800 公里。从他讨人喜欢的外表和圆墩墩的身材很难看出杜布勒里是个充满睿智、精力充沛的优秀驾驶员。在他的带领下，8 辆履带式汽车于 1921 年至 1922 年冬季以阿尔及利亚的图古尔特为基地，进行了长达数千公里的演练。应该说杜布勒里圆满地完成了雪铁龙交给他的试车任务，因为通过试车，雪铁龙对履带式汽车进行了许多重大改进，使之更加密封、防沙和节水。

下一步的工作是建立汽车油料供应站。其中北方的任务，雪铁龙将其交给了勒内·艾斯蒂安中尉，他的父亲是位将军，也是坦克车的最积极支持者。

现在万事齐备，只欠一个不可或缺的远征车队总管。此职看来非乔治·马利·阿尔德莫属。他沉着冷静，决策果断，指挥有方，善于克制自己，也懂得管理队伍，是当之无愧的雪铁龙的最高代表。雪铁龙对他无限信赖，阿尔德欣然领命。他觉得此次出征是一次充满诱惑和乐趣的冒险。的确，早在 1921 年，法国国防部就经常写信告诉雪铁龙，北非南部地区车匪路霸甚多，乡间极不安全，远征车队最好配备机枪和快速步枪。

1922 年 12 月 17 日，10 个人驾驶 5 辆 B2 雪铁龙履带式汽车离开了位于阿尔及尔东南 600 公里的图古尔特。每辆车都有一个名字：阿尔德的指挥车叫"金龟子"，由经验丰富、和颜悦色的莫里斯·比伊驾驶；副队长路易－奥杜安·杜布勒里的 2 号车叫"银色新月"，驾驶员是研究履带式汽车的专家莫里斯·佩诺；3号车叫"飞翔的乌龟"，车主是地理学家保罗·卡斯泰尔诺博士和罗歇·普吕多姆机械师；4号车叫"爬行的毛虫"，车手为艾斯蒂安将军的二儿子乔治·艾斯蒂安中尉和机械师费迪南·比伊；最后一辆车叫"黄牛"，车手是机械师勒内·拉博和沙皮伊军士，后者兼任向导和翻译。阿尔德说，这些入选队员"不仅车技炉火纯青，而且意志顽强，坚忍不拔"。

远征车队分8个阶段，经20天的艰苦跋涉，行程3 200公里，终于在1923年1月7日抵达终点马里的廷巴克图，从而完成了人类历史上首次驾车穿越撒哈拉大沙漠的壮举。此番行程远非坦道通途。从图古尔到乌阿尔格拉，经梯蒂格尔提沙地到因萨拉哈镇，经"恐惧之乡"阿拉克和红加尔谷地到达塔曼拉塞特。然后取道西北，翻越"焦渴之乡"塔奈兹鲁夫特，那是撒哈拉最危险最不为人知的地区之一。没有道路，没有路标，一路靠着指南针和六分仪前进，犹如在海中航行，直到寻到500公里外的汀－扎乌腾井。在塔奈兹鲁夫特行驶之时，车队曾因遭遇沙暴而滞留数小时。之后重新起程，途经尼日尔河边的克达尔、布兰，最后到达禁地通布图，在那里，给雪铁龙发去了胜利的消息。

雪铁龙立即做出了回复："获悉你们为了人类的事业和法兰西工业的胜利付出了艰苦卓绝的、超人的努力，完成了人类史无前例的壮举，我谨向你们表达我内心深处的喜悦之情。"

这话听上去很官腔，却是当时的正式语言，而且这次远征也当得起如此的表态。

在廷巴克图，欣喜若狂的远征车队决定沿原路返回法国。消息传来，雪铁龙兴高采烈，他决定亲自去阿尔及尔迎接他的梦之队。与雪铁龙同行的还有他的妻子乔吉娜和艾斯蒂安将军。他们一路南下直到因萨拉哈南边的塔吉木特。

对雪铁龙夫妇来说，首次撒哈拉之行其乐融融。一向讲究实效的雪铁龙灵机一动，提出要让别人也来分享这种愉悦。他说："其实只需要组织好后勤保障供应和做好路标就成。"雪铁龙雷厉风行，在必要的准备后，成立了"雪铁龙跨越非洲公司"。在他的指令下，撒哈拉沙漠以尼日尔河为界，分成了科伦－贝察尔和布兰两部分。他派人赴撒哈拉勘察旅游线路。安排后勤供应，在主要途径地（科伦－贝察尔、贝尼－亚贝斯、阿迪拉尔、乌尔兰、通布图）修建客栈和豪华大酒店。参与建设的有150名欧洲人和几百名非洲人，撒哈拉日日夜夜迎接着各种汽车和履带车带着材料和装备前来。尽管夏日炎炎，前后仅9个月的时间便一切就绪：特殊装配的汽车已经完成，信笺及菜单已印刷齐备，广告也已经投放。

1924年12月6日的法国《晨报》写道：神秘的撒哈拉、神秘的苏丹之旅将于1925年的黎明之际拉开帷幕。从那以后，每周都有往返于科伦－贝察尔和通布图两地的旅游汽车，全程5 400公里，其中单程乘履带式汽车200公里，轮式汽车2 000公里，机帆船500公里。游客们当然不会露宿荒漠或街头，因为雪铁龙先生已在沿途修建了旅馆和城堡。游客如果愿意，还可下榻于豪华露营地……游览期间，每晚组织舞会，晚餐自然要穿无尾长礼服……

为了使行程更加引人入胜，并略带冒险的刺激，行程中有一晚上睡在帐篷中。雪铁龙的旅游广告总要特别说明，游人必须随车队集体行动，而且出于安全的考虑，大部分旅游车都配备了机枪。

与此同时，在雅维尔厂的展厅中，公司正向媒体和潜在客户展示旅游线路。人们看到了用来装载旅客和物资的履带及轮式15CV型车，尼日尔河上游艇的照片，还有旅馆和营地的模型……

万事齐备，只等1925年1月5日，非洲撒哈拉之旅正式启动。首批旅游者中包括比利时国王阿尔贝尔一世、法国贝当元帅等名流，这该是多么荣耀的一幕啊！

做好这些准备工作的过程并非一帆风顺。为了组织这次行动，在现有员工已有各种任务在身的情况下，雪铁龙不得不从外面招聘工作人员。这些人通常是些军官，很难适应一家民营企业的工作节奏和严格节约的要求。于是工作一度比较混乱，直到最后雪铁龙亲自参与指挥。混乱的局面终于结束了，而此前这段时间被公司的资深员工称为"军事占领时期"。

另一件事情也跟雪铁龙唱起了反调：1923年5月23日，一个叫贾斯通·格拉迪的人创立了跨越撒哈拉总公司。11月9日，乔治·艾思蒂安，即参加雪铁龙首度远征的那位，带着四辆雪铁龙履带车，为格拉迪勘察了奥兰－科伦－贝察尔这一条线路。1924 年 1 月 24 日，奥杜安·杜布勒里在用四辆履带车为尼日尔河边的科伦－贝察尔－布兰线路设置定位路标时，被一队雷诺六轮越野车尾随，驾驶员就是艾思蒂安和格拉迪兄弟，他们六个月后又进行了第二次类似的行动。用在雪铁龙家学习到的知识来与之竞争，或许是上佳的战术，却并非光彩之事。

不管如何，雪铁龙依然迫切地等待着路线开启的那一天，尽管阿尔德不停地提醒他太过急躁。

偏偏就在确定日期的前几天，先期前往非洲的安斯丹给雪铁龙发来一封相当悲观的加急电报，称旅游区域发生水灾并有匪患。此电文转到法国外交部后，法方立即通知比利时外交部，希望国王取消非洲之行。1月 3 日，雪铁龙乘火车赶往布鲁塞尔晋见阿尔贝尔一世。既然安全得不到保证，雪铁龙还能做什么呢？他只有取消所有计划。新成立的"雪铁龙跨越非洲公司"尚未见到一分红利便宣告破产。雪铁龙变卖了这个项目的所有资产和设备，将人员全部撤回巴黎。他感觉自己遭到了背叛，所以拒绝任何人向他重提此事。

也正因为如此，取消此次活动的原因从未被澄清。为穿越撒哈拉及跨越非洲项目做过前期准备工作的安德烈·格尔杰，将矛头直指雅克·安斯丹和蒂诺将军，蒂诺当时是南面地区艾因色弗拉的指挥官。在媒体对于此次最后时刻取消计划的各种评论和猜测中，1925 年 1 月 10 日布鲁塞尔的《为什么不》上发表的一篇文章，在提到了几位反对旅行的撒哈拉官员后，写道：

> 在所有反对在撒哈拉上行驶汽车的军人中，有位指挥艾因色弗拉地区的蒂诺将军。他再一次发送了一份电报，发送内容是他原来在乌阿尔格拉所习以为常的，此电文被发给那些前来破坏他清静生活的闯入者。战争结束时，他的直接上司说他一贯对汽车进入撒哈拉地区设置障碍。

雪铁龙的想法太超前，提早了 40 年。

不过，几乎在同时，雪铁龙已经在心里酝酿另一个宏伟计划：乘汽车漫游非洲大陆。喜好冒险的阿尔德再次担纲，全权负责这次远征。奥杜安・杜布勒里也是积极分子。

此次名为"非洲之旅"的远征前后做了一年的准备，因为这不再单纯是挑战人力极限或展示机械优势，而是一次旨在深入了解非洲大陆的科学考察行动，汽车只是工具。正因为如此，随队出征的除了机械师外，还包括6位不同领域的著名科学家。他们中有研究地理的，有从事电影的，有动物学家，还有装潢艺术专家，都肩负着法国国家自然博物馆、法国殖民部等单位赋予的多项特殊使命。

应法国总统的要求，远征考察线路几经修改、延长，最后确定总行程两万公里，将穿越沙漠、沼泽地、大草原和原始森林。另有6个辅助团队同去非洲，专门负责从阿尔及利亚到印度洋沿途的后勤保障和汽油供应。

远征考察队共16人，分乘8辆雪铁龙 B2 履带式汽车：指挥车还是阿尔德和莫里斯・比伊驾驶的"金龟子"；再次担任副队长的路易－奥杜安・杜布勒里和维修工队长莫里斯・佩诺，驾驶带装甲的"银色新月"车；"大象"，由探路及地形测量专家贝坦伯格指挥官（五年前他指挥过奥杜安・杜布勒里参加的撒乌拉－梯迪克汽车行动）和罗歇・普吕多姆机械师驾驶；随后是资料车，名为"行走的太阳"，是莱昂・普瓦里埃的电影拍摄车，由勒内・拉博驾驶；第二部摄影车名为"插翅的蜗牛"，由莫里斯・皮亚特驾驶，曾成功拍摄了著名电影《雅特兰蒂德》的摄影师乔治・斯派奇就在此车上；餐车兼医疗车"鸽子"由埃德蒙・特里亚驾驶，乘员是欧仁内・博戈尼博士，前 AOF 医学院教授，还负责生物资料收集以及病理学调研工作；"半人马"车上是天才画家雅科夫列夫，由亨利・德苏德驾驶；维修车"飞马"，乘员是工程师查理・布鲁和菲尔南・比利。三名维修工会在路途中间加入队伍，他们是：约瑟夫・若弥利埃、克洛维・巴鲁代和果舍。

对这19个人来说，非洲之旅是一次难忘的冒险经历，在235天里，他们顶风冒雨，披荆斩棘，翻山越岭，风餐露宿。由于没有任何标识，他们必须依靠指南针来行路，绕过突如其来的障碍，用炸药炸开岩石，用树干搭桥，在悬崖边开凿栈道，花费四个小时才前进一公里。在肯尼亚，为了不被汹涌的泥石流冲散，他们用绳索将所有的车辆紧固在一起；

穿越莫桑比克广袤无边的大草原时，他们常与豺狼虎豹等飞禽走兽齐头并进，履带车狂野飞奔，火星四溅，车辆的履带仿佛着火燃烧，轮胎近似爆裂，罩布和衣物更是火辣辣发烫。

他们于 1924 年 10 月 28 日从科伦－贝察尔出发，出了撒哈拉之后分为四队，最后于 1925 年 6 月 18 日会师马达加斯加（除了第四队还在好望角的漫漫长路上）。用汽车联系非洲各地成为了现实。远征考察队沿途发现了无数可资旅游的景点，勘测了各种各样的地形地貌，拍摄了 27 000 米长的胶片，制作成 50 部电影纪录片，带回超过 8 000 幅照片，画家雅科夫列夫完成 500 余幅油画、素描和速写，收集到 300 多个哺乳动物的精液、800 只鸟和 15 000 种昆虫标本，其中有些还是首次发现。所有这些都为人们深入了解非洲、认识非洲提供了第一手宝贵资料，而这些文化遗产的获得，雪铁龙汽车功不可没！

还有一个有功之臣就是雪铁龙的合作伙伴，发源于法国的品牌路易威登（LOUIS VUITTON）。路易威登是世界顶级奢侈品品牌，百年来一直以四瓣花图样以及路易威登的字母缩写组合，成为各时代潮流的领导者，几乎每一款产品都得到全球亿万粉丝的追捧。在自驾旅行流行的年代，路易威登也是积极的倡导者及引领者。

1854 年，路易·威登先生革命性地设计了第一个平顶皮衣箱，并于巴黎开设了第一间店铺，在为上流社会王公贵胄量身订造旅行皮具的时候，"奢侈"一词的定义甚至还尚未存在。一个旅行箱就是一个旅行箱，只是一项必需品。奢侈品源于旅行箱制造商对他们的产品制造流程所设定的标准。当标准设定得越来越高，成品数量越来越少时，就成就了当下的"奢侈品"。

醉心于其卓越品质和精湛工艺，安德烈·雪铁龙夫妇本来就是路易威登的忠实客户。1923 年当非洲旅行社计划取消之后，他开始设计"非洲之旅"，并且向路易威登订购了一系列"AERO"和"LUNCH－CASE"旅行箱。这一年，为了完成雪铁龙的这笔订单，路易威登工厂根据其特别的要求和独特的使用环境，设计了各种类型的长途旅行行李箱和保险箱。

从阿斯尼耶尔工场（Asnieres workshop）前往杜布勒里办公室的路

上，路易威登第三代传人加士顿·威登陷入沉思，有几个关键的问题困扰着这位掌门人："Ⅲ型和Ⅷ型汽车都没有个人药箱，是否需要像其他汽车一样也准备这么一个箱子呢？"另外，"AV、BVI、CVⅢI型汽车都带有两个盥洗箱，这是否多此一举？"还有一个问题也随之出现："阿尔德和杜布勒里的1号车和2号车都预设了一个盥洗箱，内装三个大瓶，四个小瓶。容量应该是多少？瓶身该用玻璃还是金属？用铝、白铜还是银质材料来制作呢？"继而又是关于箱子钥匙的一些问题，尤其是那些装有药片和有毒药剂的箱子。

1924年9月10日，乔治·马利·阿尔德给了路易威登公司一份完整的清单，列出了盥洗旅行箱中所需要的物品，包括一套木质瓶塞的滴管瓶、洗发水瓶、眼药水瓶和古龙水瓶，另外还有漱口杯、刮胡器、衣刷、梳子、指甲刷、指甲刀、医用钳以及装奎宁片和阿司匹林的小药箱。路易威登必须非常巧妙地将这份清单上的所有物品装入为雪铁龙特制的150多个行李箱中。每个箱子外面覆盖了不同的帆布，箱子的功能从外表的颜色上就能分辨。车内的箱子装有野营床铺、写字台、折叠椅、换洗衣物、梳妆用品、各种小配件、工具、餐具、药品、饮用水等，此外还有皮靴箱、盥洗箱，以及装手枪和子弹的武器箱等等。

若干年后，加士顿·威登回忆了当年乔治·马利·阿尔德这些细致的筹备工作："他把我叫到他的私人公寓，下了这份订货单。他极其专横苛刻，几乎没有任何商量的余地，其实，讨论是非常有必要的，因为他所要求的物品很多根本无法派上用场……几次探讨之后，他对我们有了信心，我们也为能够保障雪铁龙完成两次任务而感到自豪。"事实上，在非洲之旅刚刚结束不久，雪铁龙已经在思考由谁来参与其生命中最雄心勃勃的壮举——东方之旅。

最宝贵的真理就是方法。

——弗里德里希·尼采（Friedrich Nietzsche）

第十五章　坚固如钢

生活的脚步是如此的迅捷，让人气喘吁吁才得以勉强赶上。

1920 年：塞纳河水涨，漫出河床。德沙内尔总统穿着睡衣从火车上摔了下来；卡庞狄埃成为了世界拳击冠军；柯莱特发表了小说《亲爱的》；冯·弗里希发现了蜜蜂的语言；希特勒创立了国家社会党。

1921 年：有了《公路法》，汽油泵和高速公路（德国和意大利）；卓别林拍了《孩子》；比利时的妇女参与了选举；整个巴黎因兰德鲁连环杀人案而沸腾；关注马克思·欧内斯特的超现实主义画展，为轻歌剧《德德》中的爱丽丝·克西亚而叫好；7 月的巴黎夏日炎炎，温度高攀，而在柏林，马克则一跌不振；时髦的妇女们露背饰胸，短裙短发，骑士们则戴着草帽，唱着《生活不应担忧》。

1922 年：瑞典芭蕾舞团上演了大流士·米罗的《创世》；维克多·玛格丽特因其小说《假小子》而备受争议；爱因斯坦获诺贝尔物理学奖；人们跳着狐步舞，一边惧怕因地铁而疯狂的泼硫酸者。

要再接着说下去么？

1923 年：日本地震，25 万人死亡；拉噶什和雷奥纳德乘着"毛毛虫"和"步行者"赢得了首届勒芒 24 小时拉力赛；美国人在蒙古发现了恐龙蛋化石；意大利埃特纳火山爆发；第一届家政艺术展览会在巴黎开幕；巴黎赌场里，歌女密斯丹格苔赢得阵阵掌声；在香榭丽舍剧场，儒勒·罗曼的《敲击》正在上演，路易·居维被人叫好。

1924 年：有了庞加莱法郎；11 岁的索尼娅·艾妮在霞慕尼的首届冬季奥运会上获胜；鲁斯特克鲁饼干迎来百年生日；依波那·赛乌德占领了麦丁；歌诗温在纽约上演《女士乖点》；在土耳其，穆斯塔法·克马尔摘下了妇女的面纱，废除一夫多妻制；在冬季赛车场，人们集体唱起《Hardi Coco》。那时的人可真会玩哪！

再说一年么？

1925 年：叙利亚吉波尔·杜鲁兹起义，加美林介入，新闻王子阿尔伯特·伦敦就此写了一系列轰动一时的文章；在中国，蒋介石重组国民党；在波斯，雷扎·罕·巴拉维登上王位；阿姆森飞向北极；希特勒发表《我的奋斗》；飞行员阿斯卡里在蒙特艾利自杀；卓别林拍了《淘金路》；爱森斯坦拍摄《战舰波将金号》；密斯丹格苔跳起了快速的狐步舞《瓦伦西亚》；妇女的裙子短到膝盖，腰带下滑至胯部，时装项链却变长了，和着查尔斯顿舞蹈的急促音乐，在女人手臂和腿上转出炫目的光芒。

在 20 年代疯狂的巴黎，雪铁龙和他的妻子过着王子公主般的生活。他们几乎每天晚上都外出，在歌剧院有他们的包厢，他们特别欣赏萨卡·圭特瑞和亨利·伯恩斯坦。不然他们就去音乐厅，或者前往当时最时尚的夜总会"鹦鹉"、"蓝房间"、"金色的鱼"（一家俄罗斯酒吧，约瑟夫·克赛尔已经在那儿喝了几杯了）去会友。夫妇俩都爱跳舞，所有的人他们都认识，所有的人都认识他们。在杜福路的"屋顶牛"酒吧，让·维纳在那儿弹钢琴，让·科特多则负责敲鼓，夫妇俩能遇见迪亚格拉芙、保罗·帕雷、穆拉特公主、密斯丹格苔（她总是在那儿）、马克·阿莱格雷和安娜·德诺亚。或者去丹汀路上的"福切家"，那儿有乔治·冯·帕里斯钢琴伴奏，美丽的露露·艾格布鲁跳舞。他们或者去"马克西姆家"吃夜宵，或者去那些战后开始流行的小酒家，那儿有锡制吧台、大理石餐桌、地上的木屑和厨房里的老板娘，如雷阿尔区的"大吧台"，蒙特格伊街的"羊足"或"栅栏"。或者干脆去蒙帕纳斯的啤酒馆，那儿的常客有画家毕加索、凡·东根、马蒂斯、德兰、弗拉明克；或者去"罗铜德"的大厅，最好去二楼，那儿有爵士乐演出。

其他的夜晚，他们就待在家里玩巴门子，乔吉娜已教会了安德烈；她同时也打桥牌。而安德烈更喜欢在家里和家人或朋友玩扑克牌。

雪铁龙喜欢赌两把，这事很多人都知道。在比亚里茨、嘎纳，特别是位于大西洋岸边的多维尔，雪铁龙每年夏天都要在那里租下别墅"蜜蜂"来度假。每当他迈进赌场，走向包厢时，人们就交头接耳地说："瞧，这就是安德烈·雪铁龙！"

谈论他的故事甚至登上了媒体，说他的赌局影响很大，说他极其慷慨。有人讲，一天晚上，雪铁龙玩纸牌先输了1 000万法郎，后来又赢回来1 700万法郎。临走时，为了答谢赌场的荷官，他送给他们每人一张雪铁龙5CV汽车的提货券。

一些心怀嫉妒的人对雪铁龙的这种做法十分不满，他们贬责道："他太轻狂，玩得太大，说不定哪天会输得精光！"

雪铁龙对此一笑了之，因为只有他自己心中最清楚，通常他输的数目比人们议论的要少得多。这是因为纸牌赌博不像人们理解的那样，仅仅是一种纯粹碰运气的游戏，比如轮盘赌，它是一种在庄家和玩家之间需要斗智斗勇、需要精巧战略的一种赌局。在1924年间他打破了在多维尔赌场赢钱的记录（1924年9月3日的英国《幕间短剧报》上曾印着传奇般的安德烈·雪铁龙的照片，下面赫然写着"法国汽车巨子的赌局成为今年多维尔的热点事件"：安德烈·雪铁龙先生今年在多维尔的赌局中表现出皇帝的风范。他破纪录地在6小时内赚了5万英镑，并且带着令人惊讶的运气一路积累，总共赢了16.2万英镑！）。

雪铁龙知道，他即便输了，所引起的广告效应能带来的价值早已超出他输钱的数额。难怪有人怀疑他在记者面前故意夸大输掉的金额其实是别有用心。这就是以姓氏冠名品牌的优势，两者互相联系、互相促进。往往开始的时候人们议论的是雪铁龙豪赌，到最后话题却总要不自觉地转向雪铁龙汽车。

然而他比谁都清楚，决不能将公司的资产同个人的钱财混为一谈，所以雪铁龙的赌注全是他自己的劳动所得。换言之，他是在用他个人的家产冒险，为雪铁龙公司的汽车做义务广告！一天，他向阿尔德吐露了心曲："请你相信我，乔治，不该混淆的事我从来泾渭分明。如果说赌博如人生，那么人生绝不是一场赌博。赌来的钱更是身外之物，不能，也不应该跟现实生活等量齐观。"

是的，除家庭以外，雪铁龙的激情全部倾注在他的工厂里。他终日苦思冥想的是怎样不断地发展它们。他本能地运用了其祖辈，特别是其祖父巴伦德的四条经营之道，使雅维尔汽车厂跻身世界一流企业。这四条法宝是：高度重视销售技巧、积极开拓市场、加强销售产品的广告宣传、努力创新。

"努力创新"无疑是最重要的，所以"创新"这一特点是雪铁龙品牌始终坚持保留的核心价值。雅维尔厂就是在这种思想指导下旧貌换新颜。雪铁龙尤其注意推动鱼雷敞篷式汽车的封闭化进程。他最早透彻地理解到，人在车内驾驶，小轿车在某种意义上就成为家居环境的扩展和延伸。应该让大多数人一登上小轿车，关上车门，就有宾至如归的感觉。对于很多人而言，这是他们拥有私有财产的第一步，同时这也是社会进步的一个因子。

可是，雪铁龙觉得目前普遍采用的铁皮加木头的封闭式车身尚显单薄，太不结实。这不是神奇的查理·戴尔·威曼（Charles Terres Weymann）的特制车身能够改善的。

父亲是美国人，母亲是法国人，年轻的威曼曾是 1911 年戈登·贝内特杯飞机比赛的冠军，在第一次世界大战中当过飞行员，是不知悔改的寻欢作乐者，同时还是一个特制车身供应商，他向超过 50 家汽车生产商提供软式的篷布车身，并因此发财。他和一帮子汽车圈的生产商都是朋友，比如雪铁龙、加布里埃尔·沃新恩、奥格斯特·塞诺尔（他生产 OS仪表）、古斯塔夫·巴伊赫（德拉埃公司的代表，促使雪铁龙下决心采用洛克希德公司的刹车系统，后成为一位主要的经销商）。他们之间关系亲密，互相以"你"称呼，比较随和。尽管如此，雪铁龙也只让威曼做了几辆汽车的车身：它们看上去轻巧，安静没有噪声，可一旦遭遇车祸，结果会是真正的灾难！

雪铁龙打算走出国门，看看大西洋彼岸的美国同行是怎么解决这个难题的。他在一战前访问过美国，美国人的实干精神给他留下了深刻印象。另外，他也很想借此机会向亨利·福特展示一下刚刚胜利穿越非洲大陆的雪铁龙履带式汽车。

1923 年 3 月 28 日，雪铁龙夫妇离开巴黎到瑟堡（Cherbourg），登上前往美国的轮船。他们于 4 月 1 日抵达纽约，11 日到达底特律，会见了他们慕名已久的亨利·福特。

颧骨突出、面庞瘦削的亨利·福特非常热情地接待了雪铁龙，但是对他的履带式汽车没有发表意见，即使在饶有兴致地观看了雪铁龙带去的有关非洲之旅的纪录片后。雪铁龙夫妇在美国期间先后参观了福特在红河的汽车厂，在纽约与洛克菲勒晚餐，在费城会见了一位热情的大嗓门的高个子，名叫爱德华—戈温·巴德，某初审法庭审判员的儿子。爱德华—戈温·巴德早在 20 世纪初就开始研究不锈钢，并用它制造了钢制火车车厢，是他发明了用钢铁整体冲压件拼装焊接车厢车身的技术。雪铁龙临来美国时看过这方面的一部影片，希望有机会身临其境，近距离观察。在现场看过之后，雪铁龙异常兴奋，他当机立断：既然没有任何美国汽车制造商胆敢采用这种全新技术，那么雪铁龙敢！

雪铁龙带着三个想法回到巴黎：

（1）他将在法国应用巴德的技术，生产革命性的"全钢"封闭式小轿车。

（2）他在底特律福特汽车厂看到的情况再次表明，大批量生产一种型号的汽车很有前途。而他仍在开发 B2 和 5CV 两种车型，太多了。

（3）今后雅维尔厂每年派遣一批工程师去美国进修，与美国同行交流。第一批由阿尔德带队，于 1924 年 2 月出发。

雪铁龙买断了巴德的"全钢"车身专利技术，同时订购了相关生产设备，尤其是大型冲压机床。巴德的长子小爱德华带着几个技术员来巴黎待了好几个月，帮助雪铁龙安装调试机器设备。

"您真是速战速决啊！"阿尔德对雪铁龙说，"您为什么总喜欢革命性飞跃，而不愿等待渐进性发展呢？"

"因为大步跳跃比小步走路速度快！"

所谓"全钢"车身，即用冷轧的钢板材经焊接拼装而成的一个几乎不变形的整体。这样的车身犹如一个非常坚硬的保护性盔甲，极大地提高了乘车人的安全系数。为了证明这一点，雪铁龙组织了不少惊心动魄的真车现场试验：人们先在轿车顶上放 5 吨重的沙袋，然后将另一辆车从悬崖上迅速推下，使其跌落在装有沙袋的车子上。试验表明，在同等条件下，传统车身被撞得面目全非，"全钢"车身则基本完好如初。

可惜的是，在碰撞试验中表现完美的车身与B2型汽车相对单薄的底盘显得很不匹配，这就如同将鲤鱼和兔子撮合为一家，实在牵强附会。在1924年的汽车博览会上，更换了强化型车身的雪铁龙B2型车改称B10型轿车。从外表看，轿车赏心悦目，但没跑多远，车门就关不住了。跑到最后，"永不变形"的钢铁车身受到不协调的应力影响，居然出现了裂痕。

必须迅速解决车身与底盘不相匹配的矛盾，因为雪铁龙在圣武昂新开的2.5万平方米的厂房里，排布着250台漂亮的冲压机（有些冲压的能力可达1 400吨），可以在一个小时以内冲压完毕一整天生产所需的车身数量。凯格雷斯建议在车架纵梁的上面加一块钢板，就像他当初加固履带式汽车底盘那样，虽然这么做无形中使汽车底盘有所超重。1925年10月，雪铁龙B12型车问世，车底盘与车身不相匹配的问题得以彻底解决，这也标志着欧洲全金属车身潮流的开始。

巴德说过，只有在经过一段时间的大批量生产（约30万辆汽车）后才有望收回生产全钢车身所花费的巨额投资。雪铁龙在心里盘算过这笔账，他预计4~5年内能够收回成本，可能还用不了这么长时间，但前提是这段时间里车子不再改型，而且就生产一种型号的车。成功的秘诀说一千道一万，归根结底还是那句老话：大批量生产一种型号的产品。于是，雪铁龙毅然决然地放弃了5CV车，他要求所有代理商集中精力销售雪铁龙B12型汽车。在1926年的汽车博览会上，B12型汽车变成著名的B14型车。1928年，雪铁龙推出C4汽车，但车身与从前大同小异①。

雪铁龙的这种"标准化"生产有利于降低汽车售价，汽车售价的降低能促进销量的增长，汽车销量的增长最终又驱使更大规模的生产，如此互动，企业长盛不衰。当然，这一切取决于有一个高效的销售网络、合理的生产规模和严密的管理程序。

关于严密的管理，雪铁龙手下有一位出色的管家。他叫埃内斯特·

---

① 开初叫B13，但在最后时刻雪铁龙改为B14，因为他考虑到13这个数字可能会给部分迷信的客户带来负面影响，进而有碍产品的促销。这是雪铁龙体察民情的绝好例证。——作者注

马特恩，1880 年出生于法国的东部，早年毕业于沙龙 – 马恩河省的工艺
美术工程师学院，曾先后在好几家汽车公司供职，尤其是图尔干 – 法，
在那里他遇上了路易·德拉吉，并且一起研发蒸汽船，而正是该汽船后
来把萨尔科队长送到南极探险。1905 年，他被标致汽车在勒瓦卢瓦 – 佩
雷的研发室经理德拉吉招致麾下。几个月以后，当德拉吉另立山头，创
建自己品牌的时候，马特恩前往勒阿弗尔，在威斯汀豪斯法国分公司学
习美式工艺技术，该公司当时正在研发一款电气轨道车。在那种讲求严
谨、精确的学术氛围中，马特恩学会了企业成本计算，而在当时，对大
多数法国企业家来说，这还是一个相当陌生的名词。马特恩还学习了强
调任务优化、生产标准化的"泰勒管理制度"。之后他回到标致汽车公
司，在其里尔的工厂实施这套管理制度，虽然不无阻力。1912 年，罗伯
特·标致把马特恩招到奥丹古尔的老工厂，他后来成为那里的生产负责
人。马特恩在那里的工作成效卓著，他合理计算并优化了回报率，控制
质量及成本，提升生产节奏。用他的话来说："将企业整治得像秒表一样
精确。"在战争期间，这正好可以为炮弹的生产所利用。1917 年，马特恩
任标致汽车厂科研和生产负责人，矢志要将标致建成战后法国第一大汽
车制造厂。1921 年，他担任自行车和汽车部的技术负责人，到了 1922
年，情况不妙起来，罗伯特·标致延揽了路易·杜福来，这家伙提的豪
华车的方案即使是雪铁龙也不愿意采纳。杜福来提议生产一款装备无气
门发动机的 25CV 豪华车。马特恩不同意，他的金科玉律是规模化批量制
造、科学组织生产、追求时效、控制成本以及提升利润率。由于意见相
左，马特恩最后不得已辞职，路易·德拉吉正好趁机将其引荐给雪铁龙。
当听到一位工程师宣称"在生产炮弹的时候让我明白了规模化制造可以
企及的高度"这样论调的时候，这位雅维尔的老板怎么可能不和他意气
相投呢？

马特恩，这位被德拉吉评论为"汽车界最顶尖的人才之一"，和路
易·吉约面谈了超过一个半小时，后者对其的印象非常好。他立即被任
命为主管生产的副厂长。在雪铁龙汽车公司，马特恩的聪明才智得到了
充分发挥。他主持研究改进了生产程序，合理配置了实验室的人力、物
力资源。作为管理层的一员，在雪铁龙赴美考察期间，他被授权管理公

司的工作。他检核锻造、铸造、快速钢生产、钢板等。

雪铁龙在人事问题上向来采取用人不疑、疑人不用的态度。一天，他对马特恩说："请放下现在你手上的活，接管圣武昂工厂，你有15天的时间来组织生产，你给我甩开膀子好好干！有什么事我顶着。"

接着，人力资源部门忙开了，马特恩一个车间接着一个车间地调研，重新编制了人员培训计划，修订了职工的奖金计算方法。

雪铁龙把刚在克里希建立的锻造和铸造车间交给他，马特恩拿着雪铁龙的上方宝剑，在公司创造了一个又一个佳绩。雪铁龙对之非常满意，要求企业宣传部组织的所有参观工厂的活动都从克里希开始。

1925年，对雪铁龙来说是个喜悲交加的年头。喜的是，公司日产汽车超过300辆，年产量再创新纪录，达到61 000多辆；悲的是，1925年11月22日，雪铁龙的幼女，年仅22个月的索朗热死于肺炎。

安德烈·雪铁龙默默地承受着中年丧女的无限哀痛，亲自回复每一封唁电和唁函。

晚上，他们听到神祇的马车的声音，像他们那样迁徙，用他们实心的车轮，碾压着山间的小径。

——阿纳托尔·法朗士（Anatole France）

第十六章　从贝鲁特到北京

　　阿尔德开始超脱起来。此前他在雪铁龙身边一直是平衡局面的主要因素。很多时候阿尔德常常只需对雪铁龙说一句话，连一根眼睫毛都不用动一下："这么做合适吗？"他喜欢用英国人的方式来表达，蔑视一切辅助手势和身体语言。这一句话足以使雪铁龙三思而后行。可是，阿尔德现在很难再有兴趣跟随雪铁龙搏击商海了。非洲之行的体验不可避免地对他的人生观产生了影响。生活向他展示了另外的色彩和维度。任何人见到沙漠都不可能无动于衷，那是无垠的广袤和抽象的伟大。当时阿尔德感觉到一种毫无拘束的自由，一种持久的快乐和一种完美的充实，而从此之后，他再也没有那种感受，再也找不到那仿佛静止的水晶球般的静谧、浩瀚、完全、纯净。阿尔德回忆起首次驾驶履带车穿越撒哈拉沙漠的一个晚上，他错过了宿营地，行走在塔奈兹鲁夫特①裸露的沙砾上，月光下的沙漠冰冷、洁白。他被无边无际的寂静所包围，而这寂静仿佛有质感，伴随着他每次踏步的咔嚓声和脑袋里脉搏跳动的砰砰声，寂静也一次次地被打碎。走着走着阿尔德便感觉自己与旷野融为一体。而在头顶的夜空，那些闪烁的星星依然真实。

――――――――――――

　　① 塔奈兹鲁夫特盆地是撒哈拉沙漠中最荒凉的地方，有时这里被称作"恐怖之地"，位于阿尔及利亚中南部。——译者注

所有经历过的风险，他仍然历历在目。对这样一次伟大的历险，他还有强烈的责任感，因为他明白，对自己带领的这支英勇的队伍，他可以提出任何要求。不论前面存在任何困难，这个群体一定会坚定地向前走，朝着既定的目标，坚持不懈地前进。在大自然面前，人类工业的挑战显得苍白无力。

上述的心理感受，阿尔德没有跟其他任何人吐露。这人一向守口如瓶，连他的身世都是个谜。人们仅知道他父母是比利时人，母亲叫玛丽·高德斯迪克，一个荷兰古董商的女儿，出生在布鲁塞尔。嫁给拉斐尔·阿尔德后，她随夫定居意大利，起初他们在那不勒斯安家，后迁往罗马，最后落户米兰，夫妇俩在那里开了一家很大的裁缝店。他们共生育六个孩子，两个女儿很早夭折，四个男孩其中之一的埃德蒙，后来接管了在米兰的家族生意。乔治·马利·阿尔德小时候因患支气管炎而身体孱弱，被送到比利时和瑞士读书。老阿尔德夫妇希望他们的儿子将来经商，但小阿尔德立志做海军军官。他跑到巴黎，跟着一个专营中国进出口贸易的叔叔打工。接着他妈妈在当茹街的一家车行入了些股份，车行代理着都灵的汽车品牌依达拉（Itala），在这里阿尔德认识了富立业，后者将其推荐给雪铁龙。两人从此通力合作，并结下了深厚的友谊。

除此之外，我们还了解阿尔德什么呢？据传，他曾经跟一个公主谈过恋爱，他一般去伦敦添置衣物，拥有300条领带，会讲好几国语言。大部分的法籍主管只会德语，那是他们在学校学的，通常水平不高。而阿尔德除流利的德语外，英语也相当棒，意大利语是其母语，西班牙语他也经常用于沟通交流。几乎每一个礼拜天，阿尔德都要去母亲家里吃午饭，他妈妈雇了一个意大利厨娘，会做莫泽雷拉干酪夹心面包、佛罗伦萨式的填馅黄瓜或油煎仔鸡。自从他父亲过世之后，阿尔德把母亲接来巴黎，安置在弗朗索瓦一世大街的寓所里。阿尔德性格慷慨大方，曾多次资助他的两个弟弟马塞尔和罗伯特，这两个都是从事绘画的艺术家。马塞尔还曾经在雪铁龙公司工作过一段时间，但是他热爱画笔远远胜过工程师的计算尺。乔治·马利·阿尔德常常到这个弟弟家里去串门，每次去总要亲吻他最喜爱的小侄女嘉布丽埃，给她带去各种漂亮的玩具娃娃。阿尔德总是当着她的面拆开礼物的包装盒，一层又一层，他故意包裹得很复杂，小姑娘急得直跺脚，漂亮的蓝眼睛也瞪成了紫色。

在巴黎著名的里沃利大街 220 号，阿尔德拥有一套富丽堂皇的住宅，正对着杜乐丽花园。住宅由著名木艺大师埃米尔·雅克·胡尔曼（Emile-Jacques Ruhlmann）设计装饰，并用望加锡乌木为阿尔德打造了一张宽阔的书桌，镶嵌着镀金青铜，整张书案做工精美绝伦，比例分割完美。室内的墙上覆盖着圭亚那黄檀和浅褐色墙布。几个展示架子上面挂满了从非洲带回的蝴蝶标本。旁边有一幅房屋主人的全身画像，由贝尔纳·布岱·德·蒙维尔（Bernard Boutet De Monvel）创作。在画像的上下两端画家用不引人注意的手法，描绘了普隆书店（Plon）出版的首次穿越撒哈拉的故事，表现了阿尔德的高大形象。作为油画爱好者，阿尔德收藏了一幅藤田嗣治（Foujita）的《年轻女人和猫》、雅科夫列夫（Iacovleff）创作的以非洲之旅为题材的系列作品以及一幅安德烈·雪铁龙的画像。在一尊伦勃朗·布加迪的青铜狮子旁边，摆着一个中国明朝的双耳大花瓶和一些绘着淡绿荷叶、粉红荷花的宋代高脚酒盅，另外还有几个加布里埃尔·阿吉·卢梭创作的玻璃艺术品。

阿尔德完成"非洲之旅"回到法国后有些什么考虑呢？他开始通过朋友塔纳在耶尔和勒拉旺杜之间的贝纳海角（CapBenat）购买土地，尤其是玛丽·路易斯·德·莱彻布丽泽诺的土地，她是贡特朗·梅尔·杜·布尔的寡妇，从她母亲伊丽莎白·艾斯克拉蒙·德·拉·卡斯手上继承了上述土地。1929 年的时候，阿尔德已经拥有了那里 318 公顷的土地，连成一大片，简直是一个真正的王国，他想起应该种些庄稼，而这需要从非洲引进一些劳工。1930 年他向陆军工程兵部队租下了一座防御炮台，租期 18 年，可以续租。炮台围墙很厚，加固的地面足有 1 000 平方米，就像克里斯达乌堡垒，建筑在突出蓝色海面的岩石上，守卫着布朗海角东北面的波姆锚地。他一方面搬运来好些罗马式豪华的家具物件，一方面追求安静和低调，只保留一个大门出入。

"非洲之旅"之后，阿尔德认识了一个名叫玛格丽特·施内策尔的女人。施内策尔的祖籍在阿尔萨斯，她的父亲纪尧姆·施内策尔和她的母亲玛丽·伊尔斯移居去了马提尼克，在那里生育了 9 个子女。在这样一个大家庭中，玛格丽特俨然是个假小子，在大自然中成长的她下海游泳，骑马甚至攀爬椰子树。正因为如此，她养成了亲近大自然的性格，并且乐观自信。她头发金黄，眼睛碧蓝，美丽中显现出一丝孤傲。她在英国完成学业，后来跟一个美国人结为连理，丈夫名叫吉尔伯特·芮曼，和阿尔德邂逅的时候，她刚刚离婚从美国回到巴黎。这是个女人味十足的女人，任性、蛮横、爱强词夺理，喜欢在公众场合做作使性子。

"这是天生的性格，玛格丽特和我一样，我们都属于出生在火山脚下的人。"阿尔德这样说道，将他们两人比喻成培雷和维苏威火山。

她在普锐斯博大街有一套非常舒适的房子，她的衣着也非常有品位。从1928年起，在艾尔萨·夏帕瑞丽品牌的服装店里，她最喜欢"惊人的粉红"系列①。

阿尔德被征服了，于是巴黎又多了一对名流夫妇。

1927年6月25日，玛格丽特在维勒达富雷生下一个男婴，取名克洛德-马利，阿尔德立刻承认了这个孩子，并且于1931年3月22日向卡斯特拉大律师提交了自己签署的遗嘱，将这个孩子立为概括遗赠财产承受人，这时阿尔德马上要出发完成"东方之旅"。

因为阿尔德又要出发了。当非洲之旅的影响轰动全世界之后，雪铁龙还想走得更远，他希望以更加惊天动地的行动最终确立雪铁龙履带汽车和雪铁龙品牌的领先地位。早在1925年，雪铁龙就委托法国驻中国使馆原武官布里索-德斯马耶将军负责研究在中国建立履带汽车装配厂的可能性。为什么不能是中国呢？现如今时事的聚光灯越来越经常地聚焦在中国境内。

长期闭关自守的中国终于对外有所开放，她先同意外国传教士入境布道，继而允许西方商人入境经营，并为他们建立了"租界"，虽然中间还是有些波折。

在清朝末期，中国先后爆发了中日战争和日俄战争。1911年，孙中山宣布成立共和国并创建国民党，蒋介石后来成了这个党派的领导人。

---

① 艾尔萨·夏帕瑞丽（Elsa Schiaparelli），1890～1973，三十年代欧洲著名服装设计师，曾给那个时代带来朝气、俏皮、优美的服饰。曾在设计中大胆采用罂粟红、紫罗兰、猩红等犹如野兽派画作般强烈、鲜艳的色彩，尤其是使她声名大振的粉红色，被誉为"惊人的粉红"。——译者注

他率领国民革命军从广州出发，一路胜利北伐，一直打到南京。与此同时，跟蒋介石分道扬镳的共产党人在南方建立根据地，随后他们跟随毛泽东"长征"北上。这期间，日本人在山东登陆，意欲吞并中国满洲里的图谋昭然若揭。中国被提上了议事日程。可是，情况好像变得非常复杂了，因为有些"军阀"，或多或少跟土匪没有两样的军阀，他们纷纷割据自立，打造自己的小王国。

在这样的背景下，驾车远征北京合适吗？可是这次，阿尔德没有说出这句话。相反，他非常积极地支持雪铁龙的计划。他太想再次远走高飞，重温闯荡天下的甘美。没有任何理由能阻止他把脑海里已经形成的"阿尔德—奥杜安·杜布勒里第三次任务"变成他人生辉煌的顶点。完成过"非洲之旅"，为什么不能再来一次"东方之旅"呢！雪铁龙的履带汽车将会走上被古老亚洲忘却的道路，那条公元前328年征服大流士的亚历山大大帝的军队走过的道路，那条从公元2世纪末开始，由犹太人、阿拉伯人和中国商人共同开辟的，向西方运送香料的著名的"丝绸之路"。公元13世纪，年轻的威尼斯人马可·波罗同他父亲和叔叔一起，也是经由这条路，穿过中亚和千里戈壁，来到中国，觐见蒙古大汗忽必烈……

在巴黎歌剧院广场旁边，雪铁龙有一间店铺，传说这是他玩扑克时从一个珠宝商手里赢来的，现在他把筹备远征的大本营安排在这里的一间宽敞的办公室里。阿尔德伏在地图上，思绪已经来到中亚，后面跟随着一支由30余人和7辆履带汽车组成的远征探险队！

此番长途跋涉绝非轻松之举，他们即将涉足的道路是有名的难走，需要穿越好几片沙漠，跨过没有桥梁的大江大河，经历酷暑和严寒等极端气候的考验，而且沿途区域的人们还在狂热地互相残杀。

显而易见，困难是巨大的，但雪铁龙的应对办法一如既往：抽调精兵强将，周密部署，精心准备。

自1928年起，阿尔德及其助手们开始精心准备"东方之旅"。亚洲大陆过去几千年的历史以及地理情况从来没有得到如此细致的研究。从1929年开始，被任命为探险队秘书长的安德烈·乔治顶着他雷人的秃头，带着梳理短胡须的刷子，到处考察联系，一直跑到前苏联西西伯利亚的诺伏尼古拉耶夫斯克（Novosibirsk，现称新西伯利亚），还跑到蒙古。在俄罗斯（1922年后成为苏联，那时斯大林接替列宁主持工作），乔治和最高苏维埃的代表谈判。在中国，蒋介石将军接见了维克多·普安，此人是阿尔德特别选定的代表，这个年轻有为的海军上尉，除了优秀的个人素质以外，对中国还相当了解，曾经在一艘巡逻于长江的炮艇上担任了两年之久的指挥官。普安后来招募了俄裔炮长皮特罗巴甫洛夫斯基，后者在一次摩洛哥的战役之后，被挑选参加一支驻西伯利亚的法军小分队，担任副队长，之后作为工程师，替满洲的掌权者张作霖服务。

阿尔德也找了他的朋友亨利·贝克，让后者赶去阿富汗，阿尔德自己去了美国，著名的国家地理学会热切地同意支持该行动。

其他的探子各自去了黎巴嫩、波斯①、印度，还有缅甸，还有暹罗②，进行前期考察。该项目计划从贝鲁特出发去往中国，经过叙利亚、伊拉克、波斯一线时，选择世界上历史最悠久的道路，也就是从前茶叶商队的运输路线；接着从南面绕过里海，避免翻越帕米尔高原的崇山峻岭，沿着亚历山大大帝和成吉思汗的足迹，从撒马尔罕（Samarkand）和塔什干（Tashkent）进入俄罗斯的土库曼斯坦，随后从新疆开始沿昔日的"丝绸之路"直至北京。回程时，远征车队将南下至北部湾和安南，从那里进入柬埔寨，尔后西进暹罗湾、缅甸和印度，最后再经波斯回到来程的路线。这是何等宏伟的计划！雪铁龙特地邀请了一些知名的学者，比如地质学家兼古生物学家、基督教牧师皮埃尔·泰亚尔·德·夏尔丹（P. T. de. Chardin），其因参加过北京猿人化石的发掘而名声在外；考古学家兼远东文物专家约瑟夫哈金（Joseph Hackin），他是巴黎吉美博物馆的馆长，彻底更新了博物馆，并在阿富汗北部主持巴米扬遗迹的发掘；还有博物学家安德烈·雷蒙和美国人梅纳·欧文·威廉姆斯，国家地理学会的代表。这些专家学者的加入使此次远行更具浓厚的科学考察的色彩。

旅行的日志由几方面的专业人士来完成：《插画画刊》（Illustration）的大腕记者乔治·勒凡夫负责文字，其因采写过关于苦役犯、淘金者、苏维埃政权和格陵兰岛情况的报道而名噪一时；画家亚历山大·雅科夫列夫负责绘画，他毕业于北京中央美术学院并获得过奖学金，参加过上

---

① 今伊朗。——译者注
② 今泰国。——译者注

次雪铁龙组织的"非洲之旅",展现了非凡的天赋和顶尖的技艺,是一位无与伦比的肖像画大师。随远征考察队行动的还有一支精悍的摄影师队伍,制片由安德烈·索维奇担当,乔治·斯派奇和莱昂·莫立才担任操作员,前者也在"非洲之旅"中担任过摄影师,此外还有一名录音工程师,即年轻的威廉姆·斯维勒。

远征考察队使用的车辆是 7 台 P21 型履带汽车,是由阿道尔夫·凯格雷斯在 C6F 型汽车底盘的基础上特别改进的,装备了 6 缸发动机!

多亏了雪铁龙的努力,汽车才得以深入世界上最古老、最鲜为人知的大陆,汽车有助于促进与闭塞至今的民族之间的交流,让更多的人得以认识并更好地了解。为此,一切都准备就绪。

不过,像"东方之旅"这样重大的跨洲行动,光选定行进路线往往是不够的,通常还必须获得相关国家发放的通行证。可是,1930 年 11 月,离远征考察队起程只有 3 个月的时候,苏联突然改变主意,拒绝发放之前同意的土库曼斯坦边境通行证。这简直如晴天霹雳!

雪铁龙从不喜欢退缩。再说,一切都为时已晚,因为所有的通知均已发出,相关的费用已经允诺。既然土库曼斯坦行不通,车队只能取道重峦叠嶂的兴都库什山脉和帕米尔高原。不可能翻越海拔 5 000 米的瓦赫杰尔山口吗?不能越过也得越过,前进吧,毫无退路可言!阿尔德遂建议兵分两路。一路"中国组"驾驶已准备就绪的 7 辆履带汽车从北京动身。另一路"帕米尔组"按原计划从贝鲁特出发,但配备 7 辆新款汽车,重量更轻,且能够在高海拔的地方行驶,以便翻越喜马拉雅山脉。两支队伍将齐头并进,直至会师。

雪铁龙调动人马执行计划。凯格雷斯的技术人员在 3 个月内便研发并生产出了装备 4 缸发动机的 C4F 特别版履带汽车。维修人员的队伍也得以充实。

"中国组"车队由维克多·普安指挥,皮特罗巴甫洛夫斯基从旁辅佐,技术问题由工程师夏尔·布吕尔负责,还包括莫里斯·佩诺率领的九名技术人员,他们是:巴卢达、乔非、孔德、迪埃芒、葛狄耶、努海、皮亚、雷米利耶以及凯格雷斯家最小的孩子——古斯塔夫·凯格雷斯,他是履带汽车发明者的侄儿,另外还有无线电操作员伊夫·科维济奇和医生兼外科大夫罗伯特·德拉斯特。

"帕米尔组"车队由阿尔德率领，副手是其老搭档路易·奥杜安·杜布勒里，带领安德烈·乔治和海军少校亨利·贝克，他们两人的头衔是探险队长助理。还有维修组长费拉奇，维修队员博古安、西西里安、科莱、科赛、果弗雷拖、乔卡尔、勒胡、诺尔芒，无线电收发报员拉普朗什和舒勒，翻译瓦尔内，医生兼外科大夫皮埃尔·茹尔当。

1931 年 4 月 4 日，"帕米尔组"从贝鲁特出发。4 月 6 日，"中国组"离开天津。他们力争在帕米尔山脉东面的喀什会师，这段距离有 12 000 公里。

"帕米尔组"进展顺利，一路经大马士革、巴格达、哈马丹、德黑兰、马什哈德，直抵阿富汗。但"中国组"遭遇重重困难：蒙古高原的道路坑洼难行，车辆的履带常常断裂；在茫茫戈壁滩，他们遇上了猛烈的沙尘暴；另外，国民党当局一直要求加派一队中国学者参加考察，他们直到出发的最后时刻才加入队伍，而且制造了无休止的矛盾和问题。

阿尔德派出到阿富汗的一个探子，艾利·德·瓦斯瓦涅，汇报说原计划前往瓦赫杰尔山口的道路因乌兹别克人的暴动而被切断。考察队只好再次改变路线。阿尔德没有任何犹豫：必须朝东方前进，从那里进入印度，随后挑战喜马拉雅的高山关口，直到最后到达蒙古。这次改道路程将额外增加 800 公里，而且，必须带着汽车翻山越岭！

这是一次名副其实的冒险，既是对人类自身潜能的最大挑战，也充分展现了令人惊讶的汽车性能。"帕米尔组"被分成 3 个分队，离开斯里那加的大本营，其中一个分队驾驶履带汽车于 7 月份翻越了海拔 3 590 米的拉奇干山口和 4 200 米的布尔奇山口，山上终年不化的冰雪厚达 6 米。之后的阿斯托尔河谷又是急速下坡路段，为了防止侧滑，队员们用绳子拉着汽车；沿途的木结构桥梁都不坚固，人们站在很远的岸上用长长的绳索将空车拉过桥；借用悬崖侧面比履带车轮距更窄的栈道前进；如果有巨石堵塞了道路，还要动用炸药清除；遇到雪崩和塌方，他们将汽车拆解成单个的零件，人搬肩扛过去，重新组装。有时 8 个小时才前进 18 公里，可是在那样的高海拔地带，每一个动作都是一次胜利，每一次努力都是一个记录。

经过格达伊几公里以后，在海拔 2 000 米的高度，由于雨水浸透了路基，当领队的指挥车碾上的时候，松软的路面经不住履带汽车的重压而发生垮塌。悬在半空的车子居然奇迹般地稳住，西西里安把握着这辆车的方向盘，搞不清发生了什么事，他问轧到了什么。"你轧的地方什么也没有。"有人回答道。大家小心翼翼地用缆绳、滑轮忙乎了 5 个小时，终于把这部机器从危险的境地解救出来。

1931 年 8 月 4 日，发动机全速运转甚至数小时不停歇并且持续月余之后，伤痕累累、油漆刮烂的雪铁龙履带汽车到达了印度河上游的高山峡谷，车队进入了吉尔吉特，从此，东方之旅的队员名垂青史。

与此同时，"中国组"朝着"帕米尔组"对向而行，应该穿过新疆，可是在那里碰到中国军队和穆斯林叛乱分子。"中国组"车队在乌鲁木齐被独裁者金元帅扣留，多亏普安安排了一个计谋，否则没有办法向外界报告他们的困境。普安编了一个国庆节的理由，制造各种声音来分散看守人员的注意力，泰亚尔·德·夏尔丹神父摇着一部电唱机的手柄，播放露西安娜·博阿耶的歌曲："跟我说情话吧，啊，告诉我那些温柔的情愫!"歌声通过高音喇叭的放大，掩盖了莫尔斯电报机的声音，海军下士科维济奇操作着机器，将车队的情况发送出去，通过在中国海域法军舰艇的接力转发，向法国驻北京公使团紧急求救。

得知上述消息后，安德烈·雪铁龙立即送给了金元帅 3 辆履带汽车，作为赎金，车辆被打包装箱，通过西伯利亚铁路直到新西伯利亚。而阿尔德则率领"帕米尔组"强行军，驰援普安。

10 月 8 日，两队人马终于在阿克苏胜利会师，这里离喀什不远，而且是新疆西部最美丽的绿洲。但是，由于在乌鲁木齐滞留太久，"东方之旅"考察队不得不在隆冬季节穿越千里戈壁。为了防止汽车发动机管路冻裂，他们用毛毡把发动机包裹起来，并且让其夜以继日地运转而不熄火。从 1931 年 11 月到第二年的 2 月 12 日胜利抵达北京，这又是一次残酷的考验。

在这一次的探险之前，安德烈·雪铁龙和乔治·马利·阿尔德又委托路易威登设计探险专用箱包。行李箱中除了需要携带的科学仪器和技术设备，还要装上他们的个人日常用品，尤其是体现阿尔德优雅风度的那 12 打领带。为了完成这项工作，雪铁龙在巴黎 15 区的雅维尔工厂为每辆车设计了可行性方案。报价和确认在 1929 年 6 月 14 日和 1930 年 10 月 29 日之间陆续完成。每个箱子都事先规定了装载内容以及物品数量。探险队员的装备标准是两个行李箱加一套盥洗用具，包括"全套土黄色非洲猎装式呢绒工作服，全套英国军装式西服套装，一件皮质外套（机械师的皮衣则被裁剪为马甲），一条深色羊毛或者驼毛围巾，一顶丝质睡帽，一双圣莫里茨款式的羊毛手套，两条耶格长羊毛衬裤，一条军用腰带或肩带，一双高筒橡胶靴和一个装脏衣物的洗衣包"。除了以上清单，增加的内容还有特殊装备、床上用品及洗漱必需品等。另外瓶子和刷子也很重要，"阿尔德先生同意……为领队准备银质瓶和象牙瓶，其他人员则用镍质瓶和乌木瓶。每辆车装载 4 个箱子，领队和机械师各用两个，另外还有 8 个衣架，这些箱子都是 Pontaillac 款型，外部覆盖着路易威登系列帆布，带有锁环、铜质安全锁以及路易威登的品牌标志。至于卧具，他为每个人定制了一个床箱，包括一个雅科夫列夫（从非洲之旅开始随队的著名画家）式行军床、一条特制床单、一条换洗床单、一顶带支架的蚊帐、一条雅科夫列夫式被子和一条花格子旅行毛毯。这些都由路易威登在 1930 年 10 月给雪铁龙的文件中做了详细记录。同月，"中国组"的订单也到达了威登工厂，他们总共定制了 8 个折叠式柱形衣服架、70 个特制箱子和 35 个匣子，装备此次东方之旅的车辆，达到广告宣传的目的。

很显然，"东方之旅"完满成功，雪铁龙和路易威登双方的目的都达到了。

第六部 世界危机

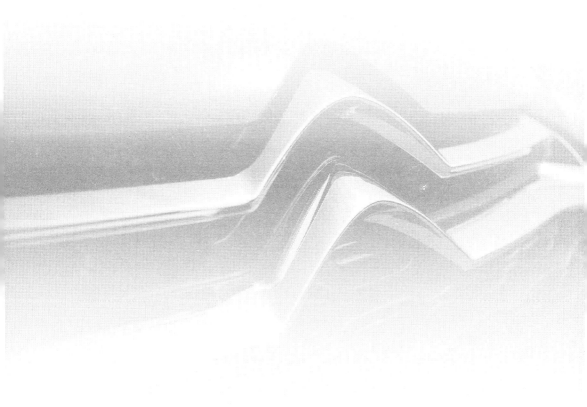

有三样事物绝对是必需的，第一是金钱，第二是金钱，第三还是金钱。

　　——让·雅克·特里维尔斯元帅（Marechal Jean – Jacques Trivulce）

第十七章　天鹅之歌

　　雪铁龙完全有理由对即将过去的 1929 年心满意足，因为这一年，他完成了"东方之旅"的各项筹备工作；因为这一年，新型的雪铁龙 AC4 和 AC6 汽车年产量达到了 102 891 辆。12 月 16 日，雪铁龙在公司全体股东大会上发言说："我们的生产已逐步走上正轨，职工人数趋于稳定，技术更加娴熟。我们将能够使我们的企业保持持续稳定的发展态势。因此，我可以告诉各位，本人对汽车工业的发展前景充满信心，我坚信我们的品牌车将在这个行业占有越来越重要的地位。"

　　接着，雪铁龙指出 12 月日产汽车 360 辆，他希望明年的头几个月日产量要超过 400 辆，他还补充道："如今，我们的车型日臻完美，与客户的需求契合度极高，而且能够在不增一兵一卒的情况下保证长时间地大批量地生产适销对路的汽车。"

　　虽然雅维尔厂一派欣欣向荣，但一场世界性的金融风暴正悄然袭来，因为 1929 年的 10 月 24 日，一个黑色的星期四，大西洋彼岸的华尔街股市暴跌，已导致无数破产的银行家纷纷跳楼自杀。另外，雪铁龙也有他自己的难言苦衷。雅维尔厂是他一手创办的，所以他始终不能容忍别人与他分享企业的领导权，而 1928 年以来的情况恰是如此。

　　第一次世界大战结束后，吕西安·罗森加尔发起成立了"发展法国工业辅助基金会"，这对当时因资金短缺而难产的雪铁龙 A 型车来说无疑是雪中送炭。但雪铁龙本人并不十分情愿跟罗森加尔共用一个办公室，他尤其不喜欢这个爱惹是生非的总经理成天在外招摇过市，动辄以大老板和金融天才自居，其实不过是个变戏法的家伙。无耻，无耻至极！

1923 年初，雪铁龙不惜血本收购了"发展法国工业辅助基金会"中最主要的股东的股金，最终得以摆脱罗森加尔的桎梏。但这也给他自己带来不便，因为"发展法国工业辅助基金会"已形同虚设，雪铁龙实际上是自我融资，这么做不可能没有风险。可他情愿冒险也不肯与他人分享公司的权力。1924 年 7 月 28 日，他成立了"安德烈·雪铁龙股份有限公司"，自任董事长。公司经营范围包括汽车及其零配件的生产和销售，甚至扩大到冶金和机械加工业。注册资本为 5 000 万法郎，5 个月后，增至 1 个亿。

1926 年，雪铁龙需要资金开发 B14 型车，并新建两个加工和铸铁车间，他没有向银行借贷，而是直接在社会上引资。他仅依靠自己个人的特许经销商关系，便发行了 2.5 亿法郎的 10 年期免税债券，年固定利率高达 7.5%，这在当时算极高的了。补充收入与销售额成正比，形成了新的免税储蓄形式。

应当说这又是雪铁龙的一个创举，因为迄今为止，没有哪个企业家离得开银行。为了确保融资成功，雪铁龙发起了一场声势浩大的广告战，大街小巷的招贴墙上和大报小报的广告栏里无处不见这样的口号："欢迎您认购雪铁龙债券"。他在整整 15 天内将所有的销售力量全部用于推销债券，正如他心仪的口号所说的那样："放下你手头的一切……"

银行家们对雪铁龙的做法当然不满，他们怨恨雪铁龙越俎代庖，抢了他们的饭碗。得罪了银行家是相当危险的，因为这些人会一直耿耿于怀，但雪铁龙无所畏惧。

雪铁龙一向乐观的脾性决定了他要将债券的利率定得很高。这是在向未来挑战，它意味着雪铁龙必须在经济危机的大环境中销售更多的汽车。可是，通货膨胀，批发价猛涨，外国的关税壁垒和市场的变幻莫测等已使汽车工业形势变得十分严峻。在这种情况下，阿尔德（其表亲贝蒂嫁给了皮埃尔·韦尔①）极力主张雪铁龙跟实力雄厚的拉扎尔兄弟银行的总裁大卫·韦尔携手合作。

来年春天，韦尔在巴黎西北郊勒伊市的一幢非常豪华的私人别墅里会晤了雪铁龙。总裁的府邸堪称名副其实的博物馆，满屋都是价值连城的艺术珍品，有瓦托的风景画、大卫的油画、安格尔的作品、莫奈的静物画和德加的人物肖像画等，还有精美的中国银器、法国的青铜动物雕塑。所有这些都表明主人是位颇具艺术鉴赏力的专业收藏家。

午餐的氛围令人愉悦。雪铁龙和韦尔两人惺惺相惜，他们都有一双同样智慧的眼睛，都有同样乐观的语气和同样敏锐的思维，所以他们一见如故。令人惊讶的是，作为金融家的韦尔竟被实业家雪铁龙的奇思妙想所吸引，作为实业家的雪铁龙则对金融家韦尔的谨言慎行赞赏有加。

1927 年，法国总统普安加莱在拉扎尔兄弟银行的全力支持下，采取了稳定法国货币的政策。雪铁龙这时正需资金用于开发 AC4 和 AC6 型汽车，新建厂房，在外省成立分公司，以及在海外成立子公司和装配流水线等。雪铁龙公司的资产当年达到 3 亿法郎，1928 年上升到 4 亿，这与拉扎尔兄弟银行的慷慨解囊密不可分。

当然，拉扎尔兄弟银行的投资绝非白给。作为交换条件，安德烈·雪铁龙不得不同意扩大公司的领导班子，于是另有 7 人进入了公司最高决策层，其中 3 个来自拉扎尔兄弟银行，他们是：保罗·弗朗茨恩、雷蒙·菲力普和安德烈·梅耶，后来还有皮埃尔·大卫－韦尔②。其他人是乔治·马利·阿尔德，儒勒·奥伯伦（施耐德公司的总经理），欧也妮·马克莱尔（军队总监督员，巴黎－里昂－地中海铁路管理员）和雅克·塔法内尔（议员，尚蒂昂－科曼特里锻造厂的总经理）。

银行出身的人工作起来一向从容不迫，但效率无可争议。他们在不动声色地改革企业，调整他们认为应该调整的组织机构，比如，在某些部门充实人力，而在另一些单位则撤岗减人。他们建议成立了公司总秘

① 皮埃尔在大卫·韦尔的七个孩子中排行第三，他母亲娘家姓氏为福萝娜·拉法埃尔。——作者注

② 大卫·韦尔在 1929 年更改了姓氏，把他的名字添加到姓氏里面，于是，他们家的姓就成为大卫－韦尔。——作者注

书处，专门负责核算产品成本，采购原材料，控制开销，生产调度和财会等。做事缜密的维托尔德·沙曼斯基担任总会计师，他是个杰出的理财能手。沙曼斯基诧异地发现雪铁龙从不过问公司的经济核算问题，他千方百计地纠正这一偏差。

拉扎尔银行的关键性人物叫保罗·弗朗茨恩。他跟安德烈·雪铁龙是大学同年级同学（1899 届）。毕业后先在法国圣 - 太田煤矿当工程师，后任法国鲁尔区煤炭开发委员会主任，充分展示了他高超的领导艺术和突出的组织才能。受拉扎尔银行的委派，弗朗茨恩加盟雪铁龙公司，全面负责企业的技术服务工作、科研和产品质量。1929 年，他取代专心致力于"东方之旅"的阿尔德，任公司总经理。

雪铁龙欣赏弗朗茨恩和沙曼斯基的才干，他在大多数情况下是赞同他们的改革举措的。但是，雪铁龙对不能独揽大权总感闷闷不乐。与彬彬有礼的大卫·韦尔本人接触过后，雪铁龙就愈发难以忍受雷蒙·菲力普的琐碎和粗暴。菲力普的竞争对手，年轻的安德烈·梅耶也好不到哪里去，除了唯利是图、脾气暴躁外，还多了点虚荣。

于是，雪铁龙独自一人默默地筹划着戏剧性的突变。一天晚上，他让秘书朱诺小姐留下来，向她口授了一则很长的通知，并要求在次日晨下发到各个部门。在这个题为《我们的努力与目标》的通知中，雪铁龙回顾了公司为降低成本所采取的各项措施，紧接着话锋一转，称"本着同样的思路"，宣布立即无条件废止拉扎尔银行的人所制订的清规戒律。

雪铁龙与拉扎尔银行的人分道扬镳实属双方性情水火不相容。雪铁龙腻烦菲力普等人凡事琢磨再三，患得患失，他们对任何革新只看到风险的一面；菲力普等则对雪铁龙的管理才能，特别是他的创新激情睨而视之。雪铁龙考虑问题的侧重点和出发点也跟银行家们大相径庭。菲力普等人一味追求的是赢利，而且既要马儿跑，又不愿马儿多吃草。雪铁龙一心想的是发明创造和只争朝夕。

雪铁龙干脆利落地跟拉扎尔银行一刀两断，让银行家们终于认识到他绝非俯首帖耳的等闲之辈。的确，不到一年，雪铁龙股价已从 600 法郎跃至 2 130 法郎，并已从中获利。此外，梅耶已和摩根银行一起染指了雪铁龙金融子公司，这家采用分期付款模式促进销售的公司是雪铁龙创立的，专门为雪铁龙品牌保留了汽车贷款，但在公司业务以外增添了新的经营项目，如家用电器，生意做得非常成功。随着世界经济危机的进一步加深，以及他们的一位经理在布鲁塞尔自杀之后，拉扎尔兄弟又添了新的忧虑。但事实告诉银行家们，没有人自信能够真正地掌控雪铁龙其人。

不过，雪铁龙还是想挽留几个他尊敬的人，如弗朗茨恩和沙曼斯基。前者几经犹豫，最终离开了雅维尔厂，尽管他十分尊敬雪铁龙；同样钦服雪铁龙的沙曼斯基则留了下来，成为雪铁龙信赖的财务管家。

1930 年 12 月 4 日公司召开大会宣布管理层罢免名单以及他们在管理委员会的继任情况。

雪铁龙宣布道："委员会里有着这样一批管理者，他们代表的是拉扎尔兄弟公司。我永远不会忘记他们为我们提供的金融方面的帮助，鉴于这些帮助的重大意义，我在此对他们表示敬意。"

这些话的意思很明显：谢谢！你可以走了！雪铁龙解释说"这些管理者的处事导向和他的观念背道而驰"。他谴责模棱两可的行为，表示要亲自掌舵。大会任命阿尔德、曼埃莫、施瓦布和波米耶为继任者。阿尔芒·圣 – 索维尔代替儒勒·奥伯伦成为施耐德公司的代表。

雪铁龙重新成为雅维尔厂独一无二的主宰，他开始集中精力研制开发他原先在美国克莱斯勒汽车公司发现的新技术：浮式发动机。

1931 年，世界汽车博览会在纽约举行。美国克莱斯勒汽车公司推出了他们最新的"普利茅斯"型汽车。该车的最大特点是发动机无声，没有震颤。确切地说，因为发动机是"浮式的"，它的工作震颤传不到车身。所谓"浮式发动机"，主要就是将发动机悬吊在一根纵轴的两个支点上，该纵轴穿过发动机的重心，于是发动机的震动围绕着这根轴，幅度大大减小，再加上两个支点应用的橡胶材料，这就大大吸收了运转时引起的震动[①]。雪铁龙当年夏天试开了这种汽车，立刻心悦诚服。他拍板买断这一技术在欧洲的独家使用权，并委托吉约负责将此技术应用到雪铁龙 C4 和 C6 型汽车上。毕业于矿业学院的工程师，负责此次任务的年轻

[①] 此工艺由美国李姓工程师在法国工程师奥巴雷德和勒迈尔的研究基础上发明。——译者注

的莫里斯·朱利安很快发现，四缸发动机震动更剧烈，用四缸发动机还不如用灵活的美式发动机更容易解决问题，尤其在低转速情况下。但是他取得的成果依然是极大的进步，足够让雪铁龙得以重新推出 C4 和 C6 家族，这两款车最早面世是在 1928 年的车展上。

一场规模空前的广告宣传活动也在酝酿之中。雅维尔厂广告部煞费苦心地构思了一个足以让人过目难忘的象征性图案。在这个图案中，"浮式发动机"的特性和名称应当巧妙、有机地联为一体，既醒目，又容易看懂。最终找到这一理想图案的却是一个 3 岁的小姑娘！

1893 年 2 月 2 日，在杜省贝尔地区附近的奥丹古尔镇，皮埃尔·鲁伊诞生在一个新教家庭。父亲是地主，拥有一家大葡萄酒公司。皮埃尔是家中独子，受到母亲和两个姐姐的宠爱，但从小就受到他父亲的严格培养。早先学医，后中途转学美术。25 岁时，单身的他在巴黎过着奢华的生活，周围聚集了一大群漂亮姑娘。高大俊雅，身材匀称，神情略带冷峻，魅力无穷的他不乏才气，无论画画还是写作都是信手拈来。他对词汇有着特殊的爱好，迷恋填字游戏（英国人维尼发明，其时刚在法国报纸上出现），其中特里斯坦·贝尔纳出的题最令他着迷。

他卖着自己的画，还为各大报纸画讽刺漫画，撰写戏剧专栏。他的祖父则催促他尽快得到一份稳定的工作。于是在 1920 年末，他来到了正在充实自身广告部门的雪铁龙公司。他在那儿主要是画汽车。一天为了润色一幅设计方案，他在图中的汽车旁边添加了一个女人的侧影。

"太棒了！"他的邻桌说道，"应该给老板看看。"

是啊，为什么不呢？皮埃尔卷起草图准备呈送给老板，在路上遇见了要一睹画作的雪铁龙。结果后者非常满意，重新任命画作者为艺术总监。这个决定带来的好处是无穷的，皮埃尔为品牌创造了一种简洁优雅、光彩照人的广告风格，这些又反过来得以让他画出绝美的图像。他画了很多海报和宣传册的插图，另外，最初绝大部分代理商的《通告》封面也都出自他的手笔。原来放荡不羁的战后青年如今成了工作上的拼命三郎，每时每刻都在画草图，连饭店的餐布也不放过。30 年代，他娶了一名美丽的北方女子，为香奈儿公司画画的玛格丽特。两人生了一个女儿，名唤卡特琳娜。

3 年之后的一天，皮埃尔带着女儿去巴黎西郊布洛涅森林的湖边散步。鲁伊若有所思地走着，因为近些天来，"浮式发动机"的广告问题使他梦寐萦怀。这时，小卡特琳娜一边用手指着湖中悠闲的天鹅，一边用她那充满稚气的童声，笑嘻嘻地对爸爸说："瞧，天鹅不动尾巴也能往前走，因为它身上有个小小的发动机。"幼小的孩子竟有如此的想象力！突然，鲁伊仿佛触电似的原地定住了：天啦！这不就是自己这么多天来苦思冥想的"浮式发动机"的广告意境吗?! 天鹅身后留下的涟漪恰似双人字形条纹，正好跟雪铁龙汽车的标识相一致，真是绝妙的巧合！鲁伊连忙拿出速写本，画下了这难忘的一景。

　　于是这一注定会青史留名的雪铁龙浮式发动机图标诞生了。这一图标形成其最终的模样，仍然归功于皮埃尔·鲁伊。当时他想起十二年前英国"天鹅"牌钢笔的一则广告，这则广告以天鹅一词（swan）的文字构图，在圆圈中刻画了一只天鹅的侧影。女儿的启发给皮埃尔提供了灵感，他也采用了同样的表现方式。考虑到雪铁龙的法文名字中有 C 和 O 两个圆形字母，鲁伊也将天鹅的侧影画在了一个圆框里，背景则是代表雪铁龙品牌汽车的双人字条纹。这个图案生动地体现了配置"浮式发动机"的雪铁龙汽车犹如水上的天鹅轻盈快捷。

　　雪铁龙的这则广告又一次大获成功。这几乎已成定局，雅维尔的广告不鸣则已，一鸣惊人。富有创意的广告总会带来轰动性的效果。1928年 1 月 1 日以来，雪铁龙每月都将法国前 100 家日报的最后一版承租下来，用于开辟雪铁龙汽车广告专栏，发行量达到 1 500 万份。其他任何制造商都难以望其项背。1932 年，《雪铁龙年鉴》问世，这是一部"老少皆宜的小百科汽车字典"，购者相当踊跃。接着，雪铁龙推出一种非同寻常的台历，一年 365 天，每天的日历上都有一张展示雪铁龙不同型号汽车的照片。皮埃尔的摄影技术不比画技逊色，他带着几名助手和模特，连同几辆品牌车，在大自然里，拍出美轮美奂的照片。好多人都羡慕雅维尔有这样一个广告人。

　　为了进一步扩大影响，雪铁龙曾想拥有自己的广播电台，但据说雷诺出面百般阻挠。然而，雪铁龙有的是主意，一计不成，又生一计。于是，他发明了流动的广告大篷车。1920 至 1925 年间，广告大篷车驶进法国的城乡各地，直至最偏远的村落，沿途吸引了不计其数的观众。由于时间的局限而无法延续的事情，雪铁龙就让它在空间上扩展。1931 年，他让罗什朗专门组织了广告大篷车"中欧行"。20 辆广告汽车，行程25 000公里，周游了中东欧 6 国：捷克斯洛伐克、奥地利、匈牙利、罗马尼亚、保加利亚和南斯拉夫。车队所到之处，他们举办各种活动，邀请国王、王储和省督府的高级官员参加，卓有成效地扩大了雪铁龙品牌汽车的影响，不仅如此，还非常成功地传播了法兰西文化，连精于此道的法国外交官们都自叹弗如。在那个年代，他们走的从来都是官方外交，而雪铁龙不经意间成了民间大使。

雪铁龙希望他建立的这些对外关系充满活力和快乐。早在 1919 年，他就提出，为了方便贸易往来，应该发行欧洲统一货币。他充分利用自己的特殊影响力，身体力行，为促进欧洲各国间的联系和交往做了许多工作。在 1928 年的柏林汽车博览会上，雪铁龙不用讲稿，以无可挑剔的德语发表演说。在第二年的巴黎汽车博览会上，他主持开幕酒会，面对数以千计的来自世界 19 个国家和地区的宾客，他同样不看讲稿，先是说了英语、德语、意大利语以及其他几门邻国的语言，然后是多彩的保加利亚语：

Privetstie na nachite aguenti otaBulgaria！

还有印地语：

Ham Bahout khoush he abko milneka！

就这样，他不厌其烦地用了 19 种语言进行了 19 次问候，而且没有混淆匈牙利语的 Boldogane udveuzloeum coeurunkben madjar mouncatarchaim-att！和希腊语的 Kalosoricete philousmou tis Hellados！[①]

1926 年 10 月以来，雪铁龙时常邀请代理商和记者跟他一起去伦敦 3 天，专门参观考察雪铁龙汽车在国外的销售情况。对这种旅游形式的"雪铁龙派对"，参加过的人至今记忆犹新。

出于同样的考量，可是这回是在法国国内，雪铁龙包租专列，组织经销商从巴黎出发前往里昂，参观雪铁龙刚刚在里昂分公司开业的服务

---

① 后来有不少政府官员也有类似的表现方式。——作者注

站，当时可称得上是全欧洲甚至全世界最漂亮的服务站。这次活动的每个细节都考虑得很周全，包括一份在火车上印刷的专刊和登载有本次旅行的报道。这已经完全不再是广告，这种形式更深入、更高明，当时还没有多少人知道如何定义此类活动，除了在美国，他们称之为公共关系。

雪铁龙考虑问题前瞻性极强，而且一旦认准了就会不遗余力地去做。1931 年，雪铁龙在巴黎租借了铁路上废弃的一个大候车厅，用 3 周的时间将它改造成一个很气派的展览中心。在长达 300 米的大厅里，一字排列着所有型号的雪铁龙系列轿车；墙上挂着展现雪铁龙汽车发展历史的各种图片资料；电影厅里不间断地播放反映雪铁龙汽车设计、生产工艺流程的纪录片。雪铁龙公司的交响乐团每星期举办两场免费的音乐会，所有曲目都灌制成唱片，由雪铁龙亲自寄送给他最好的客户。

令人叹服的是，所有这些活动虽然时间有先后，规模有大小，内容有深浅，但从整体上看，非常协调一致，彼此密切相关，前呼后应，而且从不会虎头蛇尾，草草收场。这完全得益于雪铁龙及其合作者们行动前的周密计划、行动中的相互配合以及行动后的及时总结。

雪铁龙还是一个不肯张扬的慈善家。1928 年，他个人出资将巴黎装点为流光溢彩的不夜城：凯旋门、协和广场、玛德莲娜教堂、波旁宫和巴黎市政府等地火树银花，光耀夺目。1930 年，雅维尔厂附近的圣 - 克里斯多夫教堂竣工，人们发现教堂内祭坛的拱穹上有一块镶板，上面由亨利 - 马塞尔·马涅描画了一辆雪铁龙 C6 型汽车。这是神职人员为了感谢雪铁龙斥巨资修建这座教堂而特意要求做的。

然而，无论怎样，世界危机毕竟来临，萧条的幽灵已在敲击欧洲的大门。

雪铁龙为我们做了件好事，他让我们睡不着觉。

——路易·雷诺（Louis Renault）

第十八章 "罗莎莉"出发了

雪铁龙永不停步。他就像不用反而会耗尽能量的电池。1919年末，已有15年会龄的雪铁龙离开了法国大东方会。他确实无暇参加他们的定期活动，也不愿为图虚名而加入任何组织。况且，除了要处理日益繁重的工商业事务外，他还必须应对来自社会各界的求助，因为随着知名度与日俱增，他的组织才能和效率意识也开始为大家所公认。

1925年，法国政府请雪铁龙出山整顿烟草垄断问题。烟草问题在法国由来已久。1674到1791年，烟草属皇家的垄断商品，之后，立法议会允许烟草自由交易，但在1810年与1811年间，拿破仑两次颁布法令，将烟草的生产和经销权收归国有。1889年，法国烟草与火柴的生产由国家直接管理。但现行的烟草管理模式人人都不满意，亟待改革。应潘勒维（Painlevé）之邀，雪铁龙负责协调专家委员会的工作，对全国烟草专卖的组织形式及其运营情况做了深入研究，递交了一份长达221页的总结报告。这份报告直接促使法国自主折旧基金于1926年诞生。

在此之前，雪铁龙关注欧洲经济的发展，主张创建欧洲统一货币。他认为，这是迈向欧洲经济联盟的第一步。第一次世界大战末期起，雪铁龙就经常与电力专家、巴黎地区电力联合会创始人埃内斯特·梅耶讨论这个问题。他们原先是巴黎综合理工学院同学，但梅耶高一级。1918年，梅耶出任法国武装部技术顾问。雪铁龙和梅耶两人相互敬重，他们在欧洲建设问题上观点颇为接近。另一位与他们意气相投的是时任国联副秘书长的让·莫奈先生①。

1926年，预计到巴黎停车场和汽车流量会不断增加，雪铁龙令手下人研究并提交了一份关于解决巴黎市区交通堵塞问题的报告。报告建议参照当年奥斯曼男爵整治巴黎市区的规划风格，在首都市中心和主要国道之间开辟大型主干道。

1929年，雪铁龙再立新功。他应内阁总理普安加莱（Poincaré）的邀请，组建一个法国代表团，参加在西班牙巴塞罗那举行的世界博览会。凭着他的胆识和慧眼，雪铁龙在全法国遴选了1 800位艺术、工业和商业界的魁奇之士。在巴塞罗那，法国展台占据了显赫的中心位置，展品数量之多，展览场地之大，在前来参展的18个国家中首屈一指。最让法国人露脸的是，5月21日那天，西班牙国王阿尔封斯十三世莅临博览会开幕式，法国展馆一切准备就绪，而其他国家的展馆都远未竣工。

1932年，雪铁龙被推举为法国汽车制造商联合会名誉主席，与路易·雷诺平分秋色，皮蒂埃男爵任主席②。

但是，不论公务多么繁忙，雪铁龙每天都要挤出一点时间陪伴他的孩子们。他要让他们随时感受到父亲的关爱、温情和存在，这些都是他不曾享有过的。

大女儿雅克琳娜小的时候，有一次家里热水器坏了，小丫头在浴室里不小心打翻了盛着热水的洗衣盆，不幸烫伤。雪铁龙执意每天亲自或协助医护人员为女儿治疗，直到她伤口完全愈合。那些日子，雪铁龙与小雅克琳娜长时间地聊天，安慰她，鼓励她。

雪铁龙夫妇晚上常有应酬，出门前，他们总要挨个儿地与孩子吻别。儿女们目送身穿晚礼服的爸爸妈妈前往对他们而言既高贵又神秘的目的地。雪铁龙常常会多拖延一会儿，陪孩子们玩玩游戏，给他们讲讲故事，或者为他们唱支歌。他第二次赴美国考察期间，每到一地，总忘不了给

---

① 他因积极倡导并促进欧洲联合而被誉为"欧洲之父"。——译者注

② 路易·雷诺自1913年7月起任法国汽车制造商联合会主席。1918年，罗伯特·德劳内·贝维尔担任为期两个月的代理主席后，由皮蒂埃男爵于同年3月23日继任主席之职。——作者注

孩子们寄明信片，上面写着："哒哒，哒哒哒哒，哒哒哒……爸爸。"这是雪铁龙每天晚上哄孩子们睡觉时习惯哼的小曲。

子女们长大后，雪铁龙常就困扰他们的问题与他们交换意见。有时，他会出几道有趣的数学题，或者同他们一起玩填字游戏。每年圣诞前夕和生日，都是孩子们和他们小伙伴的盛大节日。届时，门廊铺上天鹅绒红毯，放映电影《百代的儿童片》，或是直接把梅德阿诺马戏团搬回家！不仅小丑、哑剧演员、歌手和魔术师齐上阵，有一天，还上演了一回鹅群杂技。这群可怜的小家伙上台前可怯场了，雪铁龙家为此不得不更换了电梯和门厅的所有织毯。

雪铁龙一家住在巴黎奥克塔夫－佛爷街 31 号的 4～5 层。房子很大，却是租来的。雪铁龙从不买房，他对房产毫无兴趣。雪铁龙将屋子装修得非常雅致，还在两层楼间设计了内楼梯，客厅、餐厅、小客厅、化妆间，一应俱全，不是宾馆胜似宾馆。家具和墙上的画是 18 世纪风格的，路易十五时代的办公桌放在高大的书柜前，书架上几乎全是关于拿破仑的书籍。雪铁龙崇拜拿破仑，不止一次地拜读他的《圣赫拿岛回忆录》。

公寓最深处是留给孩子们的房间。1927 年 2 月 6 日晚，雪铁龙的孩子们兴奋异常，因为爸爸答应"半夜"为他们带来一位尊贵的客人，一个只有 10 岁的神童小提琴家，他就是即将在巴黎嘉沃音乐厅举办首场音乐会的耶胡迪·梅纽因（Yehudi Menuhin）。梅纽因出生在纽约一个俄罗斯血统的家庭，他 3 岁学琴，从此与提琴结下了不解之缘。梅纽因 6 岁时开始举办个人音乐会。这次在巴黎，他将特别上演拉罗（Lalo）的《西班牙交响曲》。雪铁龙邀请梅纽因演出结束后来家里喝杯巧克力。临近午夜，雪铁龙在客厅款待梅纽因的父母时，身着栗色天鹅绒礼服的小音乐家来到了等候已久的贝尔纳和马克西姆的房间。一进门，梅纽因的目光就被费尔南德姑妈赠送的圣诞礼物——布袋木偶吸引住了，高兴得尖叫了一声，一把抓过这对玩偶，自导自演了起来。小音乐家完全沉浸在自娱自乐之中，直到离开，都没来得及与贝尔纳和马克西姆说上几句话①。

贝纳尔和马克西姆两兄弟在巴黎詹森萨伊高级中学念书。每年，同

---

① 1990 年，贝尔纳·雪铁龙在土伦瓦尔大学的一次研讨会上讲述了这段回忆，尽管 60 年过去了，他仍然没有从当年的惊喜中摆脱出来。——作者注

学们都会去雪铁龙工厂参观。雅克琳娜则跟随迪代尔朗上课，有时由家庭教师辅导，小姑娘因成绩优异而获免试中学毕业会考。

即使在多维尔，孩子们也从不会被忽略。雪铁龙家安排了各式比赛，例如负重赛跑。若是见到孩子们两个两个的腿绑在一块跑步，那也不足为奇。最值得称道的莫过于汽车障碍赛了，著名歌手莫里斯·舍瓦利埃的发令枪一响，孩子们便驾驶着脚踏式或电动雪铁龙汽车上路了。雪铁龙自己极少开车，但他很早教会了子女驾车。孩子们12岁时经特许可以开车上街。为了防止车速超过30公里/小时，他们的雪铁龙5CV车上都安装了减速器。每年，孩子们的车型都会有变化。

雪铁龙是个家庭观念极强的人，他每个星期都要跟岳父岳母、兄弟姐妹共进午餐或晚餐。他还安排兄弟姐妹们辅助自己的工作，比如，德国表兄丹尼尔·梅兹是雪铁龙英国分公司的经理，内弟雅克·宾根任雪铁龙总公司财务经理，叔父勒洛夫自上世纪末安居巴黎经营珠宝业后，三个儿子，也就是雪铁龙的三位堂兄弟查理、亨利·艾尔蒙与约瑟夫·雪铁龙任运输部副经理。费尔南德姑妈的儿子、雪铁龙的外甥莫里斯·林顿任分公司总经理。于格之子路易·雪铁龙任法国商务部总督查，统管所有道路督查。这位才华横溢的1923届巴黎综合理工学院毕业生不仅精通音律，而且满腹诗才，千百首诗句熟记于心。

正是出于浓厚的家庭观念及对孩子的关心与慈爱，当雪铁龙得知林德伯格年仅18个月的幼子在1932年春于新泽西家中惨遭绑架，尸体两个月后被发现时震惊不已。雪铁龙清楚地记得，1927年5月27日，他带着孩子们为这位六天前一次性成功飞越大西洋的世界第一人举行了盛大的欢迎会。

查理·林德伯格单人驾驶220马力的"圣路易圣灵"号飞机从纽约长岛出发，以平均173公里/小时的速度，飞行33小时32分钟，行程5 809公里，于午夜抵达巴黎附近的布尔热。年仅25岁的美国小伙林德伯格一夜之间成为世界英雄，声震寰宇。雪铁龙立即抓住机遇，邀请这位美国飞行员访问雅维尔汽车厂。经由雪铁龙的美国驻法国大使朋友麦仑·海略克的介绍，雪铁龙很快说服了这位飞行英雄。他对林德伯格只字不提广告的事情，而是大谈特谈兄弟友谊，称他来自美国底特律汽车之乡，他的来访将是法国汽车工人的荣耀。林德伯格没法不接受邀请。短短几小时内，精良的海报印刷完毕，工厂大院里迅速布置起了演讲台和贵宾通道，冷餐准备完毕，媒体均已受邀出席，一切遵照雪铁龙的风格，尽善尽美。

这是一个春光明媚的周五，预定时间下午 3 点 45 分，在雪铁龙和乔治·马利·阿尔德的热情接待下，林德伯格和美国驻法国大使来到雅维尔汽车厂，开始参观全力开动的工厂。在轧钢车间，车身以破纪录的 2 分 12 秒组装成功，效率远超底特律和费城。随着参观的深入，早早接到通知的工人们渐渐聚集在大院中，足足一万多人，有的甚至站上了屋顶。林德伯格登上演讲台时，欢呼声此起彼伏。雪铁龙首先致辞，他说："迄今为止，我们的贵宾林德伯格先生只接触过官方人士，但他表示，这次非要见见我们法国的机械工人，否则就不离开巴黎。他说：'大西洋两岸的工人兄弟是一家。没有美国的机械工人造出如此优质的发动机，我就不可能飞到这里来！'"

全场掌声雷动。工人群众热血沸腾，振臂高呼"林德伯格万岁！"彼时，林德伯格早已成为了他们中的一员。雅克琳娜在兄弟们的陪同下，红着脸，将一款卡地亚女包赠送给了这位美国帅小伙的母亲。更有几位激动得满脸通红的年轻女工登上讲台，代表全厂职工向英雄敬献鲜花。在激昂的人群中，由雪铁龙翻译，林德伯格简单地说了两句话：他非常感谢大家的热情，与其让他在众人面前用法语演讲，不如让他再次挑战飞越大西洋，后者对他而言要容易得多。此次参观结果自然是皆大欢喜。不得不说，雪铁龙紧紧抓住此次飞行壮举赋予他的良机，成功地为自己的产品大作宣传。那天，全世界都在谈论美国飞行员访问了法国雪铁龙汽车厂。

从那以后，雅维尔厂成了世界著名飞行员的必访之地。其中不乏环航世界 56 000 公里的考斯特与勒布里，穿越北大西洋的阿瑟朗、勒菲弗与罗迪。1930 年 9 月，考斯特与贝隆特驾驶"探索先锋号"完成纽约—巴黎直飞后，再次来到了雅维尔厂。随后，他俩便驾驶印有"探索先锋号"标志的红色 C6F 雪铁龙汽车踏上了环法之旅。

雪铁龙的座上客自然不仅是飞行员。1916 年起，雪铁龙便开始邀请社会各界名流来参观自己的工厂。对此，工人们早已习以为常，有时甚至不亦乐乎。1927 年，雪铁龙陪同英国王储、后来的爱德华八世参观工厂。这位时尚王子身着当时最流行的喇叭裤，引来工人们议论纷纷。在装配车间，一名工人不无嘲讽地大声嚷道："瞧哪！他那裤腿要能下崽儿，我非抱回家一个不可！"

雪铁龙并不惧讥讽。相反，他很欣赏说唱艺人、漫画家们的才气，鼓励他们以自己为创作主题。他深知，这是成功所必须付出的代价，也是成功不可或缺的因素之一。为此，每年雪铁龙都会举办一场宴会，受邀者必携一首新作到场。届时若能摘得桂冠，奖品可是一辆雪铁龙轿车。

1930 年代，前来雅维尔厂参观访问的宾客络绎不绝。公司为此成立了专门的接待处，配备了称职的导游和翻译、车辆和司机，以便在距巴黎市中心 150 公里范围内接送游客。涵盖巴黎市区数个景点参观游览与一顿雅维尔餐厅午餐的"雪铁龙一日游"深受欢迎。很快，公司不得不扩大接送范围，启用专运火车取代汽车，并将一日游改为了费用全包的两日游。

没有人能像雪铁龙一样敏锐地把握时机，捕捉下一个流行趋势，并迅速将其转为公司宣传服务。

1925 年，整个儿巴黎都被吸引至香榭丽舍剧院观赏《黑人活报剧》。那是音乐与色彩的爆发，是一场真正的文化革命。西尼·贝切领衔吹奏单簧管，舞台上，只见一位女子近乎赤裸的身躯狂热地舞动着，好似身上的每个关节都为激情拆卸，几分取悦，几分诱惑，极尽暧昧。巴黎从未上演过这一幕。《老实人》评论说她是拳击手和自行车运动员的化身，然而，《费加罗报》称赞她好似一树灵动的藤蔓，一尊黑色偶像，引人遐想。这是约瑟芬·贝克迈向成功的第一步。而她，也成功取悦并吸引了雪铁龙。很快，她开着 B14 雪铁龙轿车获得了驾照，从此，"黑珍珠"每次出现都驾驶一辆雪铁龙汽车。她在歌里唱道，此生两个最爱，唯祖国与雪铁龙而已。只是不知，她唱这支歌时，想到的是雪铁龙其人，抑或其车？这就是名字相同的麻烦事。

1932 年，雪铁龙欲再度展示他可以何等矫健的步伐跳上行进的列车，紧接着再从火车司机手中夺过操控权。1931 年，雅可油料公司决定用一辉足以打破多项纪录的品牌汽车来证明他们生产的润滑油质量。他们购买了雪铁龙 C6 – F 型车，并把它交与伊斯 – 勒 – 穆里诺省土豆经销商健壮的儿子凯撒·马尚手中。凯撒对机械的兴趣远胜于土豆，渐渐地，他成了当地调试机器的行家里手，同时也是位耐力超群的驾驶员。他为 C6 – F 安装了漂亮的铝质车身，给它取名"罗莎莉"，带上兄弟吕西安、勒华·德·普海萨莱、法扬、罗伯特·博得高、拉斐尔·福丹五个大男人，驶入了蒙特莱利的赛车道。他们露营扎寨，每人轮流驾驶 5 小时。在汽车协会数位测试员监督下，"罗莎莉"成绩斐然，连续行驶 25 000 公里，创造了 14 项世界纪录。可这让雪铁龙感到不快，他不太相信赛车以及赛道上创造的纪录。更何况，他先前已与万科公司签订协约，向雪铁龙用户推荐美孚汽油。

雅可公司决定再接再厉，邀请凯撒·马尚继续上路，测试 C6 – G——"罗莎莉"II 型汽车。此次试验，"罗莎莉"连续行驶了 10 万公里，创下的世界纪录不计其数。这大大超出了雪铁龙的期望！他激动不已，当即在蒙特莱利赛道餐馆摆下盛宴，公开向雅可公司老板丹迪哈克表示祝贺。雪铁龙不仅给了凯撒·马尚一个大大的拥抱，还亲自签下支票，允诺赠与他任意一款中意的雪铁龙轿车，并开出一百万法郎的奖金，鼓励设计员在 1932 年 10 月 1 日前驾驶"罗莎莉"II 型汽车再创佳绩。那一天，是 1932 年 4 月 14 日。4 月 29 日，当"罗莎莉"II 由于正时齿轮断裂而不得不停下飞驰的脚步时，整个欧洲都为之沸腾了。这次实验结果表明，"罗莎莉"II 创造了连续行驶 134 846 公里无任何故障的世界纪录，整个期间仅需更换一次机油。除此之外，"罗莎莉"II 还打破了 60 项洲际纪录和 30 项世界记录。一支小曲儿在全法流行开来：

> 罗莎莉，她走了，
> 你若见她，把她带回我身边！

在同年的汽车博览会上，雪铁龙全面革新了旗下的系列产品，推出 C8、C10 和 C15 型汽车以取代原先的 C4、C6 型汽车。这些车优雅美观，结实耐用，钢制一体式车身，装备"浮式"发动机，其优秀品质毫无疑问。唯一的缺憾就是它们还没有名字。雪铁龙眉头一皱，计上心来，那就叫"罗莎莉"吧!

1933 年 5 月,在"罗莎莉"II 型汽车发布会上,雪铁龙和雅可公司联合将拥有漂亮的流线型车身、尖喙式后厢设计的 C8 型汽车推上赛道。车身刷上了法国蓝,喷上了号码 4,仍由凯撒·马尚和他的兄弟们不分昼夜,连续测试。也许,"小罗莎莉"的命名注定它将快速成名。果不其然,"小罗莎莉"成功打破了最长行驶距离的世界纪录,并以 133 天行程 30 万公里,平均时速 93 公里的辉煌成绩,连创 193 项全国纪录、106 项洲际纪录。为证明 C8 型汽车的超凡实力,雪铁龙当即封存了这辆"小罗莎莉",拆下底盘,与雅维尔厂流水线上提取的底盘一起,交由法国国立工艺实验室进行检测、比较。所有实验表明,除了车身,"小罗莎莉"的赛车零件与商品车零件完全相符。随后,各类海报、宣传手册、广告、展览遍布全国。"罗莎莉"系列成功推出。雪铁龙再一次大获全胜。

然而此时,经济危机已不再叩响"欧罗巴"的大门,而是径直登堂入室,泰然入座了。

当人生的航船远离安逸时，生活才真正开始。

——皮埃尔·马克·奥尔朗（Pierre Mac Orlan）

第十九章　重建的工厂

　　安德烈·雪铁龙不相信会发生经济危机，至少不相信危机会持久。1931 年 10 月，雪铁龙盛极一时，他被法国政府授予荣誉勋位，他第三次访问美国，受到了英雄般的欢迎。去时，雪铁龙偕妻子搭乘豪华的"欧罗巴"号客轮，返程时，夫妇俩坐的是堂皇的"法兰西岛"号游船。他们在美国 18 天，所到之处受到了国宾般的礼遇。警车开道，摩托护驾，街道两旁法国三色旗迎风招展。新闻发布会、宴会应接不暇。雪铁龙耳闻目睹美国物阜民丰、危机缓和的迹象。在底特律，福特汽车公司生产如故，他们甚至准备在 11 月份招募新的员工；在费城，巴德公司也毫不示弱；在纽约，造价 6 亿法郎的帝国大厦 6 个月前刚刚竣工，耗资 10 亿法郎的华尔道夫·阿斯托丽娅酒店几周前才落成。

　　哪里有什么"烂尾楼"的工地、自寻短见的银行家、数以万计的失业大军和饥寒交迫的农民？华尔街的股市固然低迷，但如履薄冰不是银行家们一贯的风格吗？在华盛顿白宫，美国总统胡佛会见了雪铁龙夫妇。这位第一次世界大战期间访问过雅维尔厂并对之记忆犹新的工程师总统说，危机即将过去，经济有望复苏；总统甚至宣称"繁荣就在街头巷尾"。

　　10 月 21 日，雪铁龙应邀在美国重要企业家联合会作关于汽车工业形势的报告。他概要介绍了世界汽车工业的发展状况，指出，1914 年以来，全球汽车工业飞跃发展，在物价水平增长50%的情况下，汽车售价却降低了25%。雪铁龙总结说，汽车工业创造了新财富，它为经济繁荣、人类福祉作出了贡献。

美国人为雪铁龙的雄才大略所震惊，为他的远见卓识所折服。雪铁龙建议成立国际汽车制造商联盟，以便共同分享世界107个目前尚无汽车工业的国家的市场。他呼吁取缔阻碍汽车进口的关税壁垒，对使用7年以上的老汽车实行累进征税。雪铁龙认为，世界汽车制造厂家协调行动可减少竞争成本，由此节约的资金可用于在无汽车工业的国家投资办厂，从而带动这些国家的经济快速发展，车水马龙的景象指日可待；由此节约的资金还可用来改善和修建公路。雪铁龙主张公路发展优先于铁路发展。

虽然雪铁龙期冀的推动107个国家经济发展的国际汽车制造商联盟并未成为现实，但他仍然满怀信心地回到法国，坚信世界经济危机已是强弩之末。

可实际情况远非如此。12月，美国失业人数突破1 200万；原先仅有4万失业队伍的法国到1932年1月猛增至27.8万人。雪铁龙汽车公司的产量也由1931年的71 932辆跌到1932年的48 027辆。然而1931年11月，雪铁龙却大幅度地降低了汽车售价，加快了生产节奏。对此做法，雪铁龙曾在股东大会上解释说："我这样做可能会有两种结果；如果汽车销售量增加，增产的汽车也能卖出去，那么生产成本就会下降，利润可保持不变；但是，倘若情况跟我们预计的相反，降低汽车售价并没能增加订单，我们将恢复原价，同时放慢生产速度，以维持利润幅度，最终与去年持平。"

雪铁龙的思维模式是：我卖得少，所以我应该增产。这种超前意识是雪铁龙的性格特征。但在世界经济萧条，大部分国家高筑进口关税壁垒的情况下，他的上述经营之道很难行得通。1932年3月1日，英国宣布放弃自由贸易政策。雪铁龙明确指出："法国丝毫不改变其关税政策，继续放任外国产品自由进入法国，而其他国家却实行极端民族主义政策，增加高额进口关税，禁止或限制贸易往来等。在此情况下，法国产品根本不可能销往这些国家。"

减少行政开支已不足以缓解企业的困难。公司不得不撤销或归并弗朗茨恩当初建立的领导机构，例如，成本核算处被缩编划到财务部的名下。问题一旦涉及多个部门，纷争一触即发，各方都不想让步，最后总是由雪铁龙拍板决定，可他并不一定十分了解情况。再说，雪铁龙对这类事情丝毫没有兴趣。他想，与其削减行政开支，不如设法扩大市场。为此，他绞尽脑汁，在汽车售后服务上挖空心思，他认为这才是增收节支的重中之重。雪铁龙也确实想到了前所未有的新计策：自1929年起，新买的雪铁龙汽车试车期满后仍可享受免费检修，并实行一年保修制，在此期限内，无偿修理任何因产品缺陷造成的故障。与此同时，雪铁龙说服代理商实行7天工作制，星期天也不例外。谁敢肯定客户的汽车在星期天不出毛病呢？在他看来，销售网络能随时向客户提供服务是克敌制胜的一个重要法宝。

1931年10月，雪铁龙创立了雪铁龙长途客车服务公司，并于次年第一季度先后在巴黎、里昂、波尔多、斯特拉斯堡、南特、图卢兹、昂热和米卢斯投入运营300辆长途客车，1933年，增加到1 000辆，最终达到2 000辆。

雷诺一如既往地模仿起了雪铁龙，却也一如既往地技输一筹。雪铁龙的另辟蹊径让铁路部门坐立不安，双方展开了争夺客源的激烈竞争，以至于政府不得不出面干涉，于1934年颁布行政法令保护国营铁路公司。该法令一边倒地偏袒铁路运输业，明令禁止长途客车企业擅自增加和延长运输线路，损害并阻止了法国的长途客车运输业的发展。

雪铁龙于1932年发起成立雪铁龙汽车保险公司，再度扩大了汽车售后服务的内涵。公司由安德烈·雪铁龙、查理·曼埃莫和马塞尔·博杜杰担任联合执行官。博杜杰这位前国务委员、前税务部部长、财政部顾问为人不苟言笑，但实力不可小觑。雪铁龙对自己的代理商和推销员说："你们的主要任务过去不是，今后也不是出售保险，而是借助'保险'这根杠杆，推动销售这台大机器，创造更高的营业额。"

雪铁龙推出的汽车保险比其他保险公司的便宜四分之一左右。此举自然引起了他们的强烈不满。保险公司联合登报指责雪铁龙咄咄逼人，称："只要汽车销售赢利，不断推出新车上路，汽车保险即使赔本也在所不惜。这种做法简直不可理喻。"雪铁龙反驳说："我们的汽车质量是一流的，出故障的风险自然很小，投保金额低那是理所当然的。"雷诺无法接受这番逻辑。他与天佑平安保险公司签订协议，后者向雷诺汽车用户提供20%的优惠。然而，精明的天佑平安总裁布林·德·罗西埃提出限制条约：首年投保的新客户不得享受优惠条件，也就是说，一张正常的两年保单，平均每年的优惠额仅为10%。商业游戏可谓无处不在！

这次，雪铁龙的创意令他身陷泥沼。1月23日起，保险联合会召集2 000名保险公司代理人、经纪人、雇员齐聚格里兹波斯基，法国保险业中央委员会主席公开谴责雪铁龙"极大地损害了我们的个人与团体利益"。业内报刊鼓动利益受损的保险代理人、经纪人联合独立修理商组成两大联盟，并扬言道："全国结盟一旦形成，其商业抵制力量必将无坚不摧。"

汽车制造商联合会的情形也不容乐观。众多制造商围攻主席皮蒂埃，共同反对雪铁龙、雷诺与天佑平安保险公司。拉迪尔汽车公司老板布鲁姆甚至要求废除与保险联合会既已签订的所有协约，所有汽车制造商一概不得享有任何保险优惠条件。

雪铁龙再一次为自己树敌。不过只要能增加汽车销量，维持工厂运营，树敌，他才不在乎呢。

工厂！工厂才是雪铁龙的命根子！他几乎每天都要带着他的秘书皮埃尔·艾克拉巡视所有的车间。秘书手里拿着记事本，本子上记录了各车间主任事先向他汇报的大小事务，边走边向雪铁龙提醒道：某某车间某某工人的妻子生病住院了，某某车间某某工人当爸爸了……雪铁龙找到那些工人，与他们亲切交谈，嘘寒问暖。临离开时，他常对秘书说："请开张多少法郎的支票给某某。"

雪铁龙对厂里的老工人了如指掌，见了面能叫出他们的名字。工人们以能与老板握手为荣，老板也喜欢与他们谈天说地。这些工人的技艺炉火纯青，用惯了的工具也从不离身，无论是午间去海员酒吧吃份快餐，还是周六晚间上那儿跳支舞，甚至打上一架的时候。

雪铁龙禁止人们在车间和办公室吸烟。这当然首先是出于安全考虑，防止火灾，但也是为了营造一个卫生的环境。更重要的是，雪铁龙很早意识到吸烟对人百害无一利。他以身作则，带头戒烟①。

雪铁龙想着应该让残疾人回归社会。为此，他在 1928 年专门分出一个适合盲人工作的鞍具车间。后来曾有一位专家建议将盲人干的这部分工作改成机械化作业以节省时间，竟遭到雪铁龙的断然拒绝，因为他觉得这是违反人类进步的。

雪铁龙在 30 年代重新关注工人的社会福利。他赞助成立了一批体育俱乐部、艺术协会和露营中心；开设了家庭主妇免费学习班、职业培训班；在职工食堂安装了广播喇叭；对多子女职工家庭实行补贴；为职工缴纳社会保险，建立保险基金；出资雇用工厂女社会福利员，在必要时为工厂的工人及员工提出建议或提供帮助；聘用家庭护士；组织夏令营，圣诞节期间，雪铁龙还给职工孩子发放礼品（1931 年 12 月，就有 1 700 名儿童受邀去巴黎体育馆嬉戏）……

雪铁龙素来认为雅维尔厂应该是全法国最为现代化、最美观、最井井有条的企业。然而，1932 年，当他受邀来到路易·雷诺在色甘岛上新建的汽车制造厂时，他被眼前的一切惊呆了。从坐车、徒步、再坐车的参观路线起，一切细微之处都经过精心设计，只为留给雪铁龙撼人心魄的印象。雪铁龙本以为雅维尔厂始终是业界的领头羊，可来到色甘岛，面对中央车间两条 220 米长、配有尖端装备的全机械生产流水线，成套悬置气动或电动工具、滑椅、电动滑车、毗邻生产车间的零件仓库等等，原先的想法不得不就此颠覆。

1933 年，正是世界经济一落千丈的时期。雪铁龙恰恰就在这个时候决定彻底重建他的雅维尔厂，令人百思不得其解。其实，这与他的色甘岛之行不无关系。用雷诺的话说："仅此一次，我给了雪铁龙当头一棒。"

众所周知，雪铁龙和雷诺是一对"势不两立"的竞争对手，虽说两人对彼此并无真正好感，但依然欣赏对方的品质。只是雷诺觉得雪铁龙过于热衷社交，太注重虚名，而雪铁龙则认为雷诺不善言辞，谨慎有余。他们俩一个开放，一个内敛。

一次，雪铁龙与雷诺共进午餐，一番觥筹交错后，雷诺的外甥弗朗

---

① 这在当时应该说是一个具有远见的举动，因为人们直到 1950 年才真正清楚地知道吸烟的危害性，而且首先是在美国。——作者注

斯瓦打趣总结道："如果雷诺管生产，雪铁龙搞营销，一定是天下无敌！"

雪铁龙和雷诺对这样的假想一笑置之。他们的看法正相反，前者自认为适合搞技术，后者觉得自己才是理想的推销员。

当然，他们两个也有不少共同点：年龄相仿，童年时生活在同一个街区，在同一所高中读书，都在各自五个兄弟姐妹中排行老幺，父亲早逝，全由母亲拉扯大。几乎同样的经历却造就出两个截然不同的人物。雪铁龙考入大学深造时，雷诺正独自敲敲打打，琢磨他的第一辆汽车。

柯勒律治（Coleridge）①曾写道，人不是亚里士多德的信徒，便是柏拉图的弟子。对柏拉图的鸿篇阔论百感交集的人自然不喜欢亚里士多德的剖毫析芒。推崇亚里士多德坚定的现实主义的人肯定对柏拉图的诗情画意不以为然。柏拉图的门生在他们孜孜以求的理想独立王国中获得发展，亚里士多德的学子则通过反复论证实现自我完善。前者创造神话，后者制造机器。试问两者怎能交会呢？

值得一提的是，雪铁龙和雷诺的竞争犹如一部强大的发动机，不断推动法国汽车工业的发展，使之在很长一段时间里位于世界前列。雪铁龙开天辟地，雷诺铺路架桥。相得益彰的配合始于第一次世界大战结束时。雪铁龙开汽车制造之先河，雷诺当机立断，紧跟其上；雪铁龙铁骑千里跃进撒哈拉，雷诺一年后亦步亦趋；雪铁龙发明整体全钢制车身和"浮式"发动机，雷诺紧随其后，采用相似技术；雪铁龙推出广告大篷车、信贷银行、长途客运，雷诺旋即如法炮制……

唯独在色甘岛上，在雪铁龙向来以王者自尊的国度里，雷诺后来居上。

不管怎么说，雪铁龙一直梦寐以求地希望把他的雅维尔厂建成法兰西的工业"主教堂"，所有装配工作集中在一幢厂房中，最近一次的美国之行更加坚定了他的想法。为此，必须拆毁并重建 3 万平方米的车间，另有 55 000 平方米的厂房地基需要挖深到 5 米，还要打 1 800 根混凝土桩子，换上总重达 12 500 吨的钢铁房梁。

建设并装备完成 12 万平方米的厂房通常需要 3 年时间，但从 1933 年

① Coleridge，1772～1834，英国湖畔派诗人、哲学家和批评家，在英国文学史上有重要地位，是浪漫主义思潮的重要代表。——译者注

4月开工起，雪铁龙仅花费5个月的时间便大功告成。他受流水线原理的启发，命人研究后决定，将工程划分为若干部分，齐头并进，一气呵成，而且整个施工过程思虑周全，雅维尔厂没有一天停产，日均产量在250辆以上。

然而，3月29日至5月5日，雅维尔厂遭遇了有史以来历时最久的工人大罢工。政府在经济危机背景下采取通货紧缩政策，颁布一系列法令，争取将国民的生活开支降低10%。雪铁龙立即响应号召，削减相应的工资比例，结果遭到300名高级技工、专业机器设备维护人员的罢工抗议，工会又借此机会扩大罢工局势。董事会决定暂时关闭雅维尔厂。事态之严峻甚至惊动了众议院，厂部所在街区整体戒严，军警出动，站岗巡逻。劳资双方互不退让，相持不下。

尽管如此，罢工却未影响工程进度。很快，雪铁龙拥有了日产千辆的现代化汽车工厂。全厂的生产线呈鱼骨状，即以两条250米长的流水线为主干，辅以若干条输送零配件的支线。主干线的终端通往一个巨大的成品交货厅。

厂部办公大楼也旧貌换新颜。长方形的结构，全玻璃的门厅，显得宽敞、气派，放眼望去，整个装配车间与交货大厅一览无余。至此，独缺一场别开生面的竣工仪式来为这座蔚为壮观的玻璃钢筋混凝土建筑揭幕了。

1933年10月8日，举行竣工典礼的那天，雪铁龙在成品汽车大厅主持了一个有6 333人参加的盛大宴会。一切尽善尽美，一如雪铁龙的一贯风格，甚至连雪茄烟的指环上都周到地印上了雪铁龙的双人字形标识。

在雅维尔厂区入口和地下停车场，侍者身着整齐划一的绿色制服静候宾客。大厅入口，共和国卫队列队致敬。敞亮的玻璃天顶下，法国三色旗一望无际，双人字形标识搭起的广告横幅夺人眼球。两桌贵宾席位于大厅中轴线上，可分别容纳90位宾主，与其余席位呈九十度摆放。每个席位上都印有宾客姓名，每位宾客手中也有一份标识了座位图的彩色名片。持有白色名片的特邀嘉宾611人，记者63人，非洲和亚洲各国代表团54人，外国汽车进出口商800人，全法国的雪铁龙汽车代理商2 152人，雪铁龙国内外分公司代表279人，本厂工作人员861人；持有蓝色名片的供应商 673 人；持有红色名片的本厂 10 年以上工龄的老工人 495 人，青年学徒 309 人以及雪铁龙运动俱乐部成员 36 人。一时找不到座位的宾客会由佩戴袖章的领座员引导入席。

宴会正中入座的主席不是别人，正是年逾不惑、达拉迪埃年初授命的新任商务部长、著名法学家、经济问题专家路易·赛尔。汽车制造商联合会主席皮蒂埃与雪铁龙分坐左右两边。

雪铁龙右手边第三位，坐在丹麦王储与古罗将军之间的，却是路易·雷诺。但请注意，此雷诺非彼雷诺也！此雷诺是位年逾古稀的和善长者，做过教师、商人，时任塞纳河省议会主席。历史有时竟有如此的巧合！

从工厂的青年学徒到诸如热内·德·波旁·巴姆王子殿下的皇室成员，从网球运动员博罗特拉、歌榭到罗伯特·阿特梅耶将军（其子任雪铁龙公司商务督查），法国社会上上下下可谓悉数到场，其中不乏近八百位女宾，点缀在清一色的黑色礼服与蝴蝶领结之中，好似一道优雅亮丽的风景线。

庆功会以共和国卫队奏响的雄壮国歌《马赛曲》开始。席间奉上奶油浓汤、菠菜酥皮火腿和斯特拉斯堡雏鸡，佐以马孔干邑。宴会上沙拉、奶酪、水果、香槟、咖啡、烈酒应有尽有，冰淇淋甚至做成了"小罗莎莉"形状。雪铁龙公司乐团与共和国卫队乐团接力演奏了《蓝色多瑙河》、奥托·尼古拉的《温莎的风流娘儿们》序曲和夏布里埃的《波兰舞曲》。

随后到了嘉宾发言时间，自是掌声雷动。宴会结束了。雪铁龙向世人展示了自己焕然一新的雅维尔厂。下一步棋，他又会走向何方呢？

第七部 | 继往开来

她是多么美丽，她身有羽翼，这就是万能的牵引力。

——贝尔纳·勒鲁（Bernard Leloux）

第二十章　驱动的革命

　　通过重建的雅维尔工厂，雪铁龙拥有了现代化、高效、精良的生产设备，但也为此耗费了巨额资金，他必须尽快得到回报。1932 年，工厂产量曾减至 48 000 辆，但次年又猛增至 70 000 辆，同年推出了新型号罗莎莉 Rosalie 8 号、10 号和 15 号，但库存也急剧膨胀。从长远讲，一味增加产量并不是一种合适的做法，无力解决阻碍企业发展的根本问题。"全钢"的工艺意味着必须运用一整套相当昂贵的生产设备。那么，当务之急就是要推出一种品质非常优越并能长期保持领先地位的新型汽车。降低生产成本是不够的，还需要采取其他的手段。雪铁龙认为，问题的关键在于技术超前，就汽车而言，就是要生产出明日汽车，只有这样才能彻底击败竞争对手，才能夺得更加广阔的市场，才能获得越来越多的客户。雪铁龙敢于提出这样的设想，也敢于将它付诸行动。然而，应当设计出什么样的新型汽车，既和其他产品不同，又能满足客户们越来越高的要求呢？

　　雪铁龙独具慧眼，能够牢牢抓住并积极引领时代创新潮流。他及时推出了 10HP 和 5CV 汽车，一举改变了法国人的生活习惯，实现了一次真正的工业和社会革命。他推广使用左位方向盘以及封闭驾驶，通过规模化生产，使汽车走进千家万户，从而开辟了现代汽车的新纪元。雪铁龙明白要取得这些成就，必须要有一位杰出的工程师设计所需的车型。但如今，工程师儒勒·萨洛蒙年事已高，而且因为与公司设计室主任布罗格利不和，早就另谋出路了。所以，自那以后，每当雪铁龙想在技术上有所突破的时候，他都不得不远涉重洋，跑到万里之外的美国求贤问业，开支浩大。有人开玩笑地说，雪铁龙为美国汽车业的繁荣没少出力气。直到 1933 年，雪铁龙又幸运地遇上一位他企盼已久的优秀工程师。

他的名字叫安德烈·勒菲弗尔，1894 年 8 月 19 日生于法国瓦兹河谷的卢弗尔市。他于 1911 年从南特高中毕业后考入法国高等航空学校，与后来成为法国航空邮政之父的拉特克埃尔和未来的法国飞机设计师波泰成为同班同学。法国高等航空学校当时坐落在巴黎的蒙马特高地，那里聚居着许多知名的画家和作家，如毕加索、普尔波、福兰、罗兰·多热莱斯等。这让勒菲弗尔开阔了视野，并对艺术创造产生了浓厚的兴趣。

大学毕业后，勒菲弗尔进入加布里埃尔·沃新恩的飞机制造公司就业[①]。沃新恩并不因循守旧，在他的培养下，胸怀壮志的勒菲弗尔开始显现出全面的创造才能，能胜任飞机各环节的设计工作。在第一次世界大战结束后，沃新恩改弦易辙，开始进军汽车制造业。勒菲弗尔充分运用他扎实、丰富的飞机制造知识，在沃新恩的基础上潜心研究汽车的减重问题，特别是汽车的后部减重问题。他努力探求汽车重量与动力间的最佳系数关系，设计汽车的流体力线，使汽车的重量平均分散，从而最大可能地降低车子的重心。车辆重心要位于空气动力压力中心的正前方，汽车底盘的调校非常重要，必须遵守"车轮永不离地"的规则……这些都是很早之前就公开的理论，应该成为现代汽车研制和发展的金科玉律。为寻找改善性能的办法，勒菲弗尔没有墨守成规，试图突破固有模式。他认为，"从没人这么干过"就给了他一个必要而充分的理由去尝试这么干。另一方面，加布里埃尔·沃新恩也对他丝毫不加干预，在他心里，他早就将这位天赋异禀的小伙子当成了自己的儿子。

通过降低汽车重心以及前后平均分布汽车的重量，沃新恩公司生产的汽车行驶性能令人刮目相看，于是它的设计师们决定让它参加汽车比赛。勒菲弗尔驾驶经验丰富，信心坚定，自然而然地成为了车手之一。

---

① 加布里埃尔·沃新恩是里昂的建筑设计师，起先和路易·布雷里奥合作，后分道扬镳，自行创办军用飞机制造公司。——译者注

他 1922 年开始参赛，1924 年驾驶一辆外形如飞机机翼的汽车，获得法国图尔汽车拉力大奖赛的冠军①。1929 年，他在蒙特雷利赛道上向 48 小时连续驾驶的世界速度纪录发起了冲击。他和优秀的车手兼调校专家塞萨·马尔尚轮流驾驶②，几乎只靠吃糖块维持体力，在 48 小时内跑出了10 560 公里，即平均时速达到了 220 公里，创造了新的世界纪录。

可是当时是经济危机时期，沃新恩公司陷入困境，1931 年 5 月，勒菲弗尔不得已改换门庭，来到雷诺汽车制造厂，任设计室副主任。但他很快发现，他跟主任查理·塞尔好比千里马和耕地的老黄牛拴在了一起，牛头不对马嘴！在杜朗做制图员的塞尔 16 岁时被雷诺招聘进厂，曾为路易·雷诺在 1898 年制造的第一辆汽车加工过齿轮，是典型的"老仆人"。他在雷诺一干就是 30 年，进厂以来他内心就只有一个想法：非老板的话不听，非老板的主意不受！难怪有人称他是雷诺的忠实奴仆。循规蹈矩的塞尔对天马行空的想象并不认可，无怪乎会对勒菲弗尔的创造热情心怀芥蒂，要知道一方是 37 岁的年轻人，而一方则已年过半百了。

勒菲弗尔负责研发"高端车"，特别是自 1928 年取代了 40CV 的雷纳斯黛拉汽车。勒菲弗尔成功地改善了几项汽车性能，但大部分的建议均被束之高阁，尤其是他提出的汽车前轴驱动方案竟遭到塞尔断然否决。勒菲弗尔大为恼火，转而将方案呈给路易·雷诺，谁知两个个性鲜明的人之间并不易沟通，双方态度粗暴，言语伤人，局面变得无法挽回。雷诺对着两年前招聘勒菲弗尔进厂的行政经理弗朗索瓦·勒伊杜咆哮道："把这小子给我赶出去，我再也不想见到他！"

沃新恩得知这件事后，立刻将勒菲弗尔引荐给雪铁龙。两人相谈甚欢，颇感相见恨晚。他们有着一样的进取意识、相同的超前直觉和创新的欲望。勒菲弗尔敬佩雪铁龙的雄心壮志和高瞻远瞩，雪铁龙则欣赏对方思路敏捷，条理清晰。

1933 年 3 月 12 日，勒菲弗尔正式加盟雪铁龙汽车厂。雪铁龙像当年

---

① 1924 年的这辆车前轮的间距比后轮间距更宽，1955 年的 DS19 汽车采用了这一设计。——译者注

② 马尔尚和他的团队于 1931～1933 年驾驶"罗莎莉"系列汽车创造了著名的纪录。——译者注

礼待萨洛蒙那样，赋予勒菲弗尔全权。勒菲弗尔除了对老板雪铁龙负责，不受制于其他任何人，特别是不受制于设计室主任布罗格利。雪铁龙也明白布罗格利为人谨小慎微，遵循传统，其实比塞尔好不了多少（他曾是雷诺的制图办公室主任，和塞尔共事过）。勒菲弗尔可以选择任何需要的人为他所用，他也独具卓拔人才的慧眼。他经常会将大家召集起来，简明扼要地说明要解决的问题或要完成的工作，然后问道："谁想负责这个工作？"第一个举手的人就成为了全权负责人。让人自行选择感兴趣的事情来做，还有什么比这更能激发人的积极性呢？

　　勒菲弗尔相貌英俊，目光炯炯有神，让人印象深刻。他是像皮埃尔·鲁伊、维克多·普安那样的猎艳高手，不经意的一瞥就足以俘获女人的芳心。那时他正值第二次婚姻。不过对他来说，真正的情人还是前轴驱动的事业。

　　勒菲弗尔提出发展前轴驱动汽车的设想与雪铁龙不谋而合。自从听过试验室主任皮埃尔·普雷沃介绍前轴驱动的技术以后，雪铁龙就一直在考虑发展这项新技术。两名年轻的工程师让－A.格雷古瓦和皮埃尔·弗纳伊曾驾驶采用前轴驱动的 Tracta 赛车参加 1927 年勒芒 24 小时耐力赛，在 1929 年成为登上领奖台的唯一一辆法国产汽车。普雷沃从综合理工学校毕业，曾是军官，1927 年进入雪铁龙工作（雪铁龙又做出了一项创举，专门为他设立了试验室），与同为综合理工毕业的格雷古瓦十分要好。格雷古瓦以前是纺织品制造商，也曾在马达加斯加岛开采过石油，从事过体育运动（橄榄球和田径），后来改行造起了汽车。格雷古瓦曾将研发出的几辆 Tracta 汽车交给普雷沃。在雪铁龙严酷的试验中，Tracta 汽车经受住了考验，并且展现出令人惊叹的优越性能。雪铁龙立刻对前轴驱动技术十分感兴趣，寻思道：这是否就是自己苦苦寻觅的突破点呢？

　　但雪铁龙还是有所保留。他考虑推出一款小型的经济型汽车，大批量生产，并采纳雷昂·莱纳的建议，发动机设计成两缸。当勒菲弗尔提出的方案和他脑中的想法暗合之后，他打定了主意，不再犹豫。他相信经济危机不会持续很久，当务之急是研发一款在性能上实现飞跃，能代表技术革命的中型汽车，那样的话其先进地位在今后几年内都将无人能及。随后再推出大众化的小型汽车。

前轴驱动的原理在于发动机前置，直接作用于汽车的前轮，而不再像以往那样，发动机位于车后，通过传动轴作用于汽车后轮。前轴驱动意味着汽车的前轮既负责转向，又负责牵引，增加了车轮与地面的附着力。还有，汽车的主要机械装置都集中在前面，汽车重心前移使车辆转弯的稳定性显著加强，路面表现明显提升，车厢地板平坦，车重减轻，等等。

1933 年 3 月底，雪铁龙决定在第二年的汽车博览会上隆重推出雪铁龙前轴驱动汽车。也就是说，从图纸设计，到成品汽车走下流水线，共计 18 个月，而非通常的 60 个月，这是雪铁龙的一贯做法。人们众口一词，在如此短暂的时间内设计并生产出一部全新的汽车简直是白日做梦。这是雪铁龙平生以来遇到的最大的挑战，因为这不仅仅是一款新型汽车，完全可以说是一场革命。他将革命的重担交给了勒菲弗尔。

勒菲弗尔组建了一支精明强干的攻关队伍。他的副手，年轻有为的工程师莫里斯·朱利安专门负责汽车的底盘悬架和浮式发动机的改进，因为采用前轴驱动则势必要改动传统发动机的各部分构造。大家不久后才得知，浮式发动机原来是法国里昂工程师皮埃尔·勒迈尔的发明，然后作为专利卖给了美国的克莱斯勒汽车公司。朱利安和勒迈尔的学生保尔·奥巴雷德一起将该 Pausodyne 系统为前轴驱动汽车进行了调整、适配。Pausodyne 是希腊语，意为"我缓解了痛苦"，多么贴切的名字！

参与攻关的还有年轻的天才工程师马克杜、儒弗雷及其助手阿尔封斯·弗尔索，还有勒菲弗尔在沃新恩公司工作时的技师搭档福尔丹，跟随勒菲弗尔离开雷诺转投雪铁龙的制图员蒙代伊，经验丰富并设计过雪铁龙 B2、B14、C4 和 C6 汽车的乔治·萨洛，此外还有乌达尔、莱翁兹、普鲁道姆等。而卓越的发动机专家莫里斯·圣图拉是这支队伍的中心人物。他养了很多猫，说话喜欢引用柏拉图，满脑子奇思妙想，是他一举成功地造出了全新的高效 4 缸发动机，气门顶置，汽缸套可拆卸。祖籍意大利的雕塑家弗拉米尼奥·贝尔托尼是一位罕见的能够对工程师们的想法心领神会的艺术家。他负责设计绘出的扁圆形、流线型汽车车身新颖独特，完全符合勒菲弗尔的初衷。就像雪铁龙对他最小的儿子马克西姆所说的："我们就是在设计一种形如乌龟背甲的车身。"雪铁龙经常就设计的美学问题，向他的妻子乔吉娜征求意见。乔吉娜紧跟流行风尚，曾建议将汽车座椅漆成米色，当时正值可可·香奈儿推出那款米色的针织紧身上衣。有一天贝尔托尼对自己的设计生涯陷入迷茫，就来到雪铁龙在奥克塔夫－福耶街上的住所。他受到乔吉娜艺术热情的感染，重又恢复了信心。设计灵感一旦涌现，剩下事情的就交给车身研发主任拉乌尔·圭耐及此后专攻敞篷车设计的助手让·达尼诺斯①了。1933 年 11 月 6 日，圭耐和他的副手弗朗西塞带着汽车设计草图去了美国。在巴德公司，他们三周内就确定了用于制造车身的全套工装模具，并与车身冲压专家美国人丹尼斯·肯道尔一道返回法国。

　　尽管有许多优秀的工程师、技术员和工人满腔热忱地投身于这场革命性技术改造，生产前轴驱动汽车的计划依然困难重重。主要是因为时间十分紧迫。勒菲弗尔终日双眉深锁，不分昼夜地四处奔波。有时候，勒菲弗尔像他的老东家沃新恩那样，面部表情僵硬，不停地眨眼睛，不容许丝毫的反对意见，这些都反映出他内心的焦虑。

　　前轴驱动优势的发挥必须具备一个前提：不论前轮（同时也是驱动轮）的转向角度和车身高度如何，前置发动机与前轮之间旋转运动的传递必须严格保持一致。早在 16 世纪，意大利伦巴第区一个名叫吉罗拉莫·卡尔达诺②的医生曾从理论上提出了解决该问题的方法。卡尔达诺还发明了许多机械装置，包括万向节（其名称 Cardan 就是卡尔达诺姓氏的英文拼法）。万向节可以在两根轴之间传递匀速运动，即使它们的位置不同或不在同一条直线上。这个就是"等速"接头。于是，理论设计与具体实践之间总有差距。勒菲弗尔做了很多实验。第一批由格雷古瓦和弗纳伊改进设计、邦迪制作的 Tracta 接头在最初试验中的表现令人满意。可是格雷古瓦坚持继续改进，希望以更"优雅美观"的方式装配在汽车上，让接头的球窝部分保持转动。这时，问题出现了。不论在工程师夏尔·布吕尔的转台试验架上，还是皮埃尔·普雷沃安排的道路试验中，这种万向节根本坚持不住。原因就是润滑及密封不良。这时候再想返回到固

---

　　① 是著名作家、幽默家皮埃尔·达尼诺斯的兄弟。——作者注
　　② Girolamo Cardano, 1501~1576，意大利文艺复兴时期百科全书式的学者，主要成就在数学、物理、医学方面。——译者注

定球窝的方式已然太迟，因为工装模具已经准备就绪。幸亏生产部主管武丹的副手卡兹弥从美国带回一种等速万向节，这个零件耐久性倒是不错，但车辆转弯时会产生非常刺耳的噪声。勒菲弗尔最后找到专业生产此类零件的英国斯派塞公司，对方提供了双头万向节，可是这次，他们又暴露了球窝润滑不良的缺点！

时光如梭，眼看期限一天天临近，任务紧迫。安德烈·雪铁龙如坐针毡，他十分清楚，雅维尔厂的成败在此一举。他必须兼顾两头，一要舍得投巨资，二要确保一炮打响，销售马到成功。

1933 年 6 月，新车最终的图纸得以完成。8 月福尔丹和另两名技术员向雪铁龙展示了两辆样车。它们完全符合设计要求：前轴驱动、流线型、低车身、4 门 4 座、钢制底盘、800 公斤重、4 缸 7 马力、时速 100 公里、百公里耗油 7 升。

最后，仍然有两个棘手的问题等待解决：一是售价，雪铁龙早先定价每辆 15 000 法郎，但大家知道这是不可能的；二是预计取代机械式变速箱的液压变扭器。实际上，新研发的前轴驱动汽车虽然仍旧被称为"小型车"或者"7 系车"，但已经集中了不少新的科技，雪铁龙并不满足，他一直希望增加一款配备自动变速箱的新型车。1932 年，桑索·德拉沃曾在一辆 C6 汽车上安装了自动变速箱，雪铁龙试过之后非常喜欢，总希望进行大规模量产。

迪米特里·桑索·德拉沃出身于巴西一个富裕家庭，拥有很强的发明创造天赋。这位痴迷于机械装置的百万富翁，总是把自己的发明分包给制造商生产。此前在向沃新恩公司分包自动变速箱项目时，他结识了勒菲弗尔，和雪铁龙相比，勒菲弗尔对于这位发明家及其发明的态度要保守得多。他在设计室的工程师中间点将时并没有十足的信心："自动变速箱，谁想做？"

弗尔索第一个举手。但没过多久他就后悔了。几天之后，他只能向勒菲弗尔大吐苦水："这种东西永远没法大批量生产！"

变扭器的润滑油从壳体边缘就开始沸腾。但雪铁龙对这种变速箱十分看重，没人敢将它彻底罢黜，直到布吕尔站出来，打定主意弃之不用。

夏尔·布吕尔是中央理工学校毕业的工程师，做事十分认真。16 岁皈依新教，至今保持单身，能讲流利的德语、英语、意大利语、阿拉伯语，还有拉丁语！他本是法国军备公司的研发工程师，1922 年进入雪铁龙，主要负责设计履带汽车。他曾参加探险考察，也曾作为普安的副手，跟着"东方之旅"造访过中国。他的设计才能卓著，并往往直言不讳。他将自己对变速器的看法写成一份报告，不留情面地丢给了雪铁龙，并坚持自己的立场不动摇，甚至做好了辞职的准备。显然，他的观点是有道理的。弗尔索和勒菲弗尔早先也提出和他一样的观点。他们都有道理，而桑索错了！三月底，雪铁龙只好放弃了叶轮变扭器式自动变速箱。那么，就得开始设计并制造机械变速箱，这时离最后期限只剩 15 天了。但他们也只能硬着头皮上了！

时间越来越紧迫。普鲁道姆向雪铁龙反映，工人们已经筋疲力尽，最好能休息一个星期天，得到的回答却是："我们现在所剩的时间不是以天算，而是以小时算！"

1934 年 3 月 24 日，全新的雪铁龙"7 系"汽车展现在 40 名资深经销商面前，勒菲弗尔向他们做了技术介绍，引发了大家极大的热情。

4 月 18 日，所有的媒体以及所有的网点得以在雪铁龙欧洲旗舰店里目睹新车的风采。翌日，法国汽车行业的权威报纸《汽车报》撰文指出：

> 雪铁龙的 7 马力前驱汽车面市了。此车设计如此新颖，如此大胆，它的科技装备如此丰富，如此与众不同，它给观众的印象简直可称得上是震古烁今。

参加过考察探险的老兵莫里斯·佩诺带着弗朗索瓦·拉科在突尼斯南部完成对新型汽车最后的试验，在那里他们遇见了奥杜安－杜布勒里，他已经在当地定居。

同年 5 月，第一批新车开始售出，价格为 17 700 法郎。与此同时，雪铁龙一方面派人做大篷车广告，走遍全法国，另一方面派夏尔·罗谢朗和莫里斯·朱利安四处作报告，广泛介绍新型小轿车的革命性变化。

卢森堡广播电台每个周六都播放《雪铁龙一刻钟》节目，介绍汽车新技术。

6 月 15 日，皮埃尔·鲁伊驾驶一辆"7 系"新车离开工厂，载着他的助手和一位顶级模特妮卡周游法国各地拍摄照片。拥有天使面孔的金发英国女孩妮卡，其父亲在列宁格勒歌剧院担当男高音歌唱家。他们将拍摄 365 张照片，为前驱车制作特大的车模挂历。

10 月 3 日，汽车展览开幕，雪铁龙凯歌高奏。在其展台上，厂家没有展示仍然畅销的"罗莎莉"系列，展示的只有前驱车系列，不仅有 7 马力，还有 11 CV、8 汽缸 22 CV 等各类新车，品种繁多，有四门轿车、豪华加长车、敞篷车，引来众人的啧啧称羡。懂行的人激动不已地一一历数车身上各个创新的亮点：单壳体全钢制车身，自承重车身，装在减震器上的驱动桥，符合空气动力学的造型，踏脚板取消，前轮驱动带等速万向节，独立车轮扭力杆悬挂，液压避震器，首次在量产车型上采用的洛克希德液压刹车，摇臂式新型发动机，顶置气门，可拆解缸套，独立的发动机悬挂，配同步器的变速箱，带进档锁止装置，仪表台控制钮，设置在方向盘下的照明开关（出自雪铁龙夫人的建议），等等。参观者记不住雪铁龙汽车这么多的优点，但个个都相信这就是未来汽车。

雪铁龙又一次出奇制胜。但他已经疲惫不堪！人瘦得形销骨立！几个月来，他一直胃痛，而且是每次饭后都疼痛不已。医生说，他是因为过度操心，得了胃溃疡。他每顿饭前都要服用一勺治疗溃疡的铋剂。但雪铁龙发现他左侧脖根处有一个淋巴结，难道是……

然而死亡，可能是极度的疲惫，在某个夜晚。

——欧仁·吉尔维克（Eugene Guillevic）

第二十一章　比邦多姆跨越障碍

"今天，在这辞旧迎新之际，我向你们及你们的家人致以最诚挚的问候！祝愿各位家庭幸福、生活美满！我可以预见到，1934 年将是见证我们企业蒸蒸日上的一年。"

这是 1934 年新年伊始，雪铁龙对公司的特许经销商和朋友们致以新年祝福时的讲话。他回顾了名为"罗莎莉"的 8CV 型小汽车所取得的成功、雅维尔河畔重建的工厂"乃是世界上最美的工厂"、设立售后服务的发展等等。他继续说道："在目前经济大环境不景气的情况下，我们凭借着大家的创造性思维，涉险过关，即将迎来胜利的曙光。"

很显然，雪铁龙是在暗示将于 3 个月后问世的前轴驱动小轿车。他最后总结道："像我们这样齐心协力，废寝忘食地干，成功必将属于我们。"

然而雪铁龙有些过于乐观了。虽然 1931 财政年度营业额出现首次大幅下降时次年即得到了稳步回升，但 1933 年的情况不一样了，企业遭受到第一次显著的业绩下滑。债务日渐沉重，1926 年发行的 1 亿法郎的十年息票即将到期，需要连本带息偿还的还有 1929 年的 7 500 万法郎的债务以及 1930 年的 1.25 亿法郎的债务等。斥巨资建厂，原打算紧跟投资步伐的雪铁龙公司，却因世界经济危机、内需萧条和出口贸易受限变得愈发困窘起来。从某种意义上说，雪铁龙公司已连续几年举债度日。

雪铁龙一直相信经济危机会转瞬即逝，可现在呈现出一派旷日持久之势。不仅如此，它还引发了雪铁龙最为担心的世界范围的政治危机。1933 年 2 月，雪铁龙没有亲自参加柏林汽车博览会，而是派施瓦布前往，因为他不愿意在开幕式上跟刚刚上台就解散议会的德国总理阿道夫·希特勒握手寒暄。雪铁龙在博览会中心地带建立了一个大规模的俱乐部，希特勒显然对雪铁龙声势浩大的汽车广告心怀不满。

同年 2 月 27 日，德国国会纵火案上演。3 月 5 日，德国的第一个集中营在达豪投入使用。3 月 24 日，希特勒获得全权，成为德意志的独裁者。4 月 1 日，他宣布取缔工会，4 月 27 日成立盖世太保。5 月 10 日，希特勒的宣传部长戈培尔在柏林歌剧院门前焚烧了 25 000 册与纳粹思想背道而驰的书籍。7 月 25 日，德国决定对低能儿实施强制性绝育手术。10 月 19 日，德国退出国际联盟。5 年后，发生了"水晶之夜"，200 多犹太人惨遭杀害，数以千计的犹太人被关押至集中营。犹太人的商店和教堂被捣毁……

丘吉尔在英国呼吁建立名副其实的英国皇家空军，法国的戴高乐主张建立装甲旅。但人们对他们的呼声充耳不闻，漠然置之。

1934 年也是个多事之秋：南斯拉夫国王亚历山大一世被暗杀；奥地利总理多尔菲斯于 7 月遭纳粹党卫军刺杀，数千人死于由此引发的维也纳街垒战；乌克兰发生饥荒，五百万农民因此死亡；西班牙内乱频发……

法国人却还沉浸在灯红酒绿中，醉生梦死。他们玩"悠悠球"，跳比吉尼舞①和伦巴舞，哼唱靡靡之音。这一年，塞西尔·索瑞尔在巴黎赌场前的演出大获成功，勒布朗总统为文森动物园揭幕，圣拉斐尔·金鸡纳开胃酒和《红与黑》的巨幅海报竞相争奇斗艳。人们发现了有着温柔绵长嗓音的年轻歌者蒂诺·罗西，同时也哼唱着吕西安·布瓦耶的《如你我之间的爱情》。酒吧和夜总会从没有像现在这样高朋满座，女人们也从没有像现在这样花枝招展，珠光宝气。

但是，1933 年底，斯塔维斯基债券诈骗案以及巴约纳市的伪造政府债券事件的揭露，使得法国的右派对左派失去信心，政府名誉受损。

---

① "悠悠球"是一种用线使一小圆盘沿线上升的玩具；比吉尼舞是一种起源于安的列斯群岛的舞蹈。——译者注

1934 年 2 月 6 日，巴黎民众上街游行，声讨部分国会议员贪赃枉法，收受贿赂，警方武力镇压，开枪打死 12 人，打伤 800 余人。2 月 12 日，法国总工会呼吁全国总罢工……

所有这些变故无疑都累及商界。2 月 28 日，人们在错愕中得知雪铁龙竟无力偿还到期的 1.5 亿法郎银行贷款，缺口为 1 500 万法郎。消息传出，舆论一片哗然。法兰西银行立即中断了其信贷。雪铁龙向他的特约经销商们求助，终于在四日后填补了这个缺口。

在新型前轴驱动小轿车问世前，公司经营仍然需要努力维持。在这款神奇的车型尚处在构思阶段的时候，雪铁龙就已经奔走于各大金融家屋檐下，恳请他们慷慨解囊。雪铁龙希望向他们展示这款车的美好前景，可是提前展示的效果并不太好。加布里埃尔·沃新恩后来宣布说，桑索·德拉沃变速箱公司也生产了自己的汽车，银行家们不太信任这个项目，纷纷合上了他们的钱包。

此时，阿尔弗雷德·波米耶再次将他的胡须染黑，使自己看起来年轻许多，接着开始游说行动，有人称之为"环法访友之旅"。他准备了一些预售合同让经销商认购，他们得先付钱，等到以后新车上市才能提货。大部分人接受了这样的条件，因为他们景仰雪铁龙，愿意帮他这个忙。

4 月份新车向媒体展示，5 月份开始向首批用户交付车辆。人们以为雪铁龙已经走出困境，其实不然：这款新车还有些小毛病没有解决。在这样仓促的环境和短到荒唐的项目时间里，前驱车居然能够按时投放，本身已经是一个奇迹。部分热衷的追随者尚能理解，有了故障，他们前来修理，然后离开，因为前轴驱动确实是超前了 20 年的先进技术。有部分人却相对苛求，还有些人不太信任，宁愿持币待购。

雪铁龙身心疲惫。他感觉身体沉重，寒意逼人。周围有不少座位都空出来了。阿尔德，他那深谋远虑的参谋、不可或缺的管家和最亲密的朋友，在 1932 年病逝于遥远的东方。三个月后，阿尔德在"东方之旅"活动时的副手，年轻有为的维克多·普安，居然为了他那轻浮的漂亮女友阿丽思·科赛而自杀身亡。本来雪铁龙对普安非常器重，有意延揽，在"东方之旅"的行程中普安征服戈壁沙漠，说服残暴军阀，给大家留下了深刻的印象。可是他那薄情的女友警告说，如果普安接受任务去中国，回来后就别想再找到她。普安没有把女友的话当真，可等他完成使命回到法国时，阿丽思果真已经移情别恋，投入了他人的怀抱。普安找到她远在法国南方的住处，在她面前饮弹自尽。此后数月，她都不敢再站上舞台，一直到观众不再对着她呼唤："普安，普安，普安！"

接着，正直的埃克奈扬也永远地离开了雪铁龙，这位笑声震天响的财神，喜欢驾驶鱼雷形敞篷汽车以飞快的速度兜风，曾经慷慨解囊，支持雪铁龙拯救濒临破产的莫尔汽车厂，只因为他的雅维尔兵工厂曾造出上百万的炮弹，为他战死沙场的儿子们复仇。

1933 年 2 月，在经过 4 次胸部手术之后，一直与病魔作长期的斗争的忠心耿耿的吉约被肺结核夺去了生命。从此他不能继续向雪铁龙谏言人事或者技术了。

不久以后，跟着拉扎尔兄弟到来，最后又被雪铁龙的风采所折服而加盟的维托尔德·沙曼斯基因心脏病突发倒在办公室里，当时他正绞尽脑汁，苦苦思索如何解决一个棘手的财务问题，因为这个问题只有他一个人知道如何去寻求线索。

今后还有谁能助雪铁龙一臂之力呢？绝非马特恩，此人在生产组织方面的才华可以与勒菲弗尔在机械发明方面的天赋相比肩，但从 1928 年起，马特恩就回归了标致汽车，因为他在巴黎生活不习惯。

诚然，雪铁龙还有几位忠贞不渝的骨干，如谈判专家保罗·瓦文，足智多谋的施瓦布，精明强干的营销专家波米耶，科学家戈德弗鲁瓦，雪铁龙永远的朋友曼埃莫，他曾是雪铁龙的证婚人。还有雪铁龙在巴黎综合理工学院学习时的同窗马迪尔·丰塔纳，这家伙一段时间不见就当上了上校，再见到的时候正担任密勒朗政府共和国总统的书记官，后来接管雪铁龙工厂的人力资源管理事务……

说到朋友，雪铁龙当然还有不少。比如米其林兄弟，1930 年的时候他们就曾经给雪铁龙提供了一笔可观的预付款，帮后者渡过难关，那时拉扎尔银行正在退出。

米其林兄弟！他们所建立的强大公司的历史与汽车工业的发展息息相关。弟弟爱德华早年在布格罗的门下学习美术。他能阅读希腊文，还出入各类艺术沙龙展出自己的绘画作品，直到哥哥安德烈找他去克莱蒙费朗，他们在那里开了一间小铺子，专营管子、传动皮带和橡胶刹车皮。安德烈毕业于中央大学，也是搞工艺美术的，专攻建筑设计。因为不堪忍受办公室里吸烟的人吞云吐雾的习惯，从法国内政部地图测绘局辞职。米其林兄弟和雪铁龙的共同点是都对埃菲尔铁塔非常着迷。

1889 年，一个英国旅游者推着老式自行车找到米其林兄弟的小店铺，他的车胎破了，需要修补，他用的是邓禄普刚发明的橡胶充气胎。兄弟俩发现就着轮辋补胎很费时间，于是发明了一种可拆卸的轮胎。为了推广轮胎，他们参加各类比赛，首先是自行车胎，参加 1891 年的巴黎—布雷斯特自行车赛，然后是汽车轮胎，参加 1895 年的巴黎—波尔多汽车拉力赛。比赛的胜利回报了他们的付出。米其林兄弟从此开始专业生产并销售各类轮胎。艺术家弟弟爱德华主管经营生意，工程师哥哥安德烈负责广告。他于 1898 年创造了比邦多姆，这个著名的轮胎组成的人物，形象由画家奥嘎洛普绘制，其灵感来自一句广告词"米其林跨越障碍"。安德烈还率先为司机推出了《米其林公路行车指南》，这样一份指南的诞生正是出自为驾车人提供方便的售后服务意识。米其林兄弟卓有远见，预料到他们的命运将与汽车工业的命运紧密相连：只要能够抵御外国同行的竞争，市场上的汽车越多，他们的轮胎销售量就越大。所以，1931 年以来，米其林兄弟始终坚定地捍卫法国的汽车工业。他们大规模派发传单，鼓动并支持汽车用户反对政府新增的 4 亿法郎的燃油税。他们视援助雪铁龙为己任，因为雪铁龙是法国汽车工业进步的主流代表，也许是唯一能与日益强大的美国人叫板的法国汽车巨头。

1931 年 10 月，爱德华的女婿皮埃尔·布尔东（他娶了爱德华的二女儿西蒙娜）陪同安德烈·雪铁龙赴美考察访问，两人结下莫逆之交。所以当 1934 年春天，雪铁龙求助于米其林时，布尔东积极主张给予对方贷款，帮他渡过难关。爱德华怕女婿感情用事，特派其儿子皮耶尔和自己的心腹布朗热去雅维尔的工厂实地考察。而爱德华本人也曾与 1928 年末造访工厂。他们两人仔细察看了汽车厂的一切，不放过任何细节。两人对工厂给予了极高的评价，认为无论是其运作还是经营管理都是值得借鉴的，决不能眼睁睁地看着这样优秀的企业毁于他人之手。

这一年的秋天，雪铁龙在经历了不断增长的财务困难后，向米其林他们求助，希望他们能够帮助缩减开支，减少库存及其他费用，重组生产。总而言之，就是尽可能地厉行节约、缩减开支并且减少不必要的支出。

自此，一支米其林特派小分队来到了雅维尔厂。人们能够从他们所穿的蓝色工作服轻易地辨识出他们的特殊身份。他们作风谨慎、肃穆、高效，边观察边记录。改革措施随之而来。所有庞大的部门都进行了重组，人员缩减，薪水减少了了 10% 至 40% 不等。米其林的试车驾驶员、工程师安东尼·艾尔迈负责评估前驱车的前景价值。然而他遭到了来自实验室主任戈德弗鲁瓦、质控部主任莫里斯·诺华、试车负责人皮埃尔·普雷沃的抵触。戴着宽边牛仔圆帽的艾尔迈有着美国牛仔般沉着冷静、坚忍不拔的精神，始终坚守职责。他最终得出结论：如果这款小轿车能够消灭小问题，将是一款了不起的小汽车！紧接着，米其林团队着手逐一攻克前驱车上市以来所暴露出的问题。一套质量标准体系随之建立，质量水平逐月提升。

1934 年 7 月，雪铁龙提交了一份总额为 1.8 亿法郎的融资计划，计划向银行贷款 6 000 万，政府通过减免税的方式扶持 6 000 万，向代理商和供应商借贷 6 000 万。但是国家银行和政府方面心存疑虑，拒绝出资。在金融界，雪铁龙同样遭到了漠视。幸而米其林的相助挽回了银行方面的信心。拉扎尔银行、巴黎银行和荷兰银行等同意出资，但要求重组所有资产，这理所当然地遭到了雪铁龙和米其林的拒绝。

然而，这年 11 月底，一个叫"法美合资木制轮辋公司"的小企业不同意雪铁龙延期支付两张 3 万法郎的汇票，继而在 12 月初再次催付欠款，并将雪铁龙告上法庭，请求法院执行清算雪铁龙公司财产。这好比釜底抽薪。雪铁龙向皮耶尔－艾蒂安·弗朗丹请求政府方面的支持，再次遭到婉拒。后者仍然清晰地记得自己被牵扯进航空邮递公司案件时所遭受的指责与非议，那时他是该公司的律师。而现在，他又是雷诺公司的律师。尽管他一再申明同情雪铁龙的困境，但无疑是希望强有力的竞争对手颓败而亡。

雪铁龙陷入了困境。1934 年 12 月 15 日，是星期六，他向法院提出破产申请。一周后，法院拒绝了雪铁龙的请求，并作出对其公司实行司法清算的裁决。法院任命皮凯迪为审计法官，并指定三名执行人员：莫吉、葛得、勒迈尔。领导委员会由皮耶尔·米其林、拉扎尔银行代表弗兰曾、第三大债权人杜卡斯特尔以及钢铁冶金联盟会代表组成。

消息传出，社会各界一片哗然。在法国议会，社会党议员称雪铁龙公司倒闭是"人类现代社会发展史上最可怕的悲剧之一"，他们要求立即就此事件展开辩论。儒勒·莫克议员发言说，雪铁龙公司的清算使19 000名职工，外加他们的家属，共约5万人的生活陷入窘境，还有数以千计的手工艺者会沦为潜在的受害者。他指出，必须从国家利益的角度慎重对待这样一个如此规模的企业，应当将劳动者的利益放在首位。莫克建议将雪铁龙公司置于政府的监管之下，把公司和工厂彻底分开。他认为"企业产生的利润应当首先考虑代偿集体集资垫付的运行资金，其次考虑发放必要的失业补偿金"。

弗朗丹回应并确认道，司法清算将有可能使车间于1935年1月3日重新开工运行。所有资产负债都用于清偿各类用品。清偿将在不影响原有秩序的情况下进行。

在法国冶金联合会的号召下，数千工人举行了抗议游行。劳工部长接见了以茹奥为首的法国总工会代表团。

同一天，1 500个债权人在市政厅集会，20万小股东代表在三位工会主席的带领下举行集会，他们是附件生产工会主席莫里·古达尔、代理商工会主席雷蒙·穆勒以及汽车制造商协会主席贝蒂埃。不论表面上还是内心深处，所有人都躁动不已。强势集团坚守他们的反对意见：雪铁龙建造的铁路及公路使得购买了其十年期债券的保险公司、银行蒙受了损失。

老于世故的爱德华·米其林远在克莱蒙费朗，却通过其儿子和心腹干将布朗热控制着危机的发展。形势对他十分有利，然而行动余地尚为不足。1930年以来，为了确保先行垫付款项，安德烈·雪铁龙已将他自己所持有的所有公司股份作为借贷的抵押记在了米其林兄弟的名下，并规定后者可以收购。拉扎尔银行将雪铁龙的离开权当是和预付款项的妥协。显然如果当初拉扎尔银行知道雪铁龙已经不再是企业主人的话，雪铁龙更不可能从拉扎尔银行贷到钱款。既是汽车供货商又是汽车制造商的老米其林正打着他的如意算盘：一则不能过于抛头露面，以免成为其他汽车制造商的众矢之的；二则要让他们相信他米其林当初帮助雪铁龙纯粹是为了捍卫法兰西的民族工业；三是要设法稳定法国民心，以便他们在继续购买雪铁龙汽车的同时，不能让雪铁龙的债权人真以为找到了救星，否则，这些人会迫不及待地要求尽快偿还全部债务。因此，米其林准备接手雅维尔厂后将营业额维持在一个不多也不少的水平上；另外，他要继续精减人员和庞大的开支，进一步提高汽车质量。

皮埃尔·米其林和布朗热发现，雪铁龙的在位使他们的工作复杂化，因为他还梦想挽救他已名存实亡的公司，他的一些部下仍然对他言听计从。不过，米其林也不想逼人太甚，他尤其怕雪铁龙在万般无奈之下一走了之，与他人另起炉灶，图谋东山再起。想跟雪铁龙合作的人不在少数，如布加迪、凯格雷斯，最可怕的还有美国人。这就像一场海战，旗舰沉了，国旗将转到其他舰艇上。如果真是那样，他米其林岂不是树了一个竞争敌手吗？

雪铁龙又消瘦了许多，愈发苍白起来，胃痛有增无减，即使注射止疼针也不顶用了。他甚至已不能每天上班。人们亦无法断定是事业的严重受挫、世态的冷暖炎凉使雪铁龙的病体每况愈下，还是疾病本身的折磨让他万念俱灰，锐气顿消。

1935年初，爱德华·米其林的儿子皮埃尔·米其林向雪铁龙郑重宣布，他必须离开公司。这是对雪铁龙的致命打击，他感到自己被出卖了。他对米其林一家人笃信不疑，将自己的全部股权让给了他们，如今他们却要将他扫地出门，并且只字不提他的晚年归宿问题！晚上，雪铁龙向妻子和盘托出他心中的愤懑和绝望。次日，当雪铁龙向布朗热求证皮埃尔·米其林的言论时，雪铁龙被勒令辞职的消息在全厂不胫而走，全体员工错愕不已。可以想象与雪铁龙共事的人们对他的爱戴如何之深！所有人都感到这是极大的不公。

米其林的外善内刻之举很快被报界披露。《力量报》于1月15日发表文章指出："雪铁龙先生将其所有股权和特惠权让给了米其林先生。后者已经成为雪铁龙公司事实上的一把手。"雪铁龙的不幸遭遇赢得了社会的广泛同情。2月20日，几家银行同意贷款5 000万法郎。6月底，债权人与雪铁龙签署了和解协议。另外，司法清算结果也表明，雪铁龙本人两袖清风，如果加上银行的 5 000 万法郎贷款，雪铁龙公司的收支大体平衡，不赔不赚。雅维尔厂得救了，雪铁龙申冤吐气了。

可是，这时的雪铁龙却只属于医生了。严重的贫血使他卧床不起。1月 18 日，雪铁龙被送进了巴黎十六区的乔治·比才医院。他已几乎不能进食。透视结果表明，雪铁龙得了可怕的恶性肿瘤——胃癌。

3 月初，雪铁龙的长女雅克琳娜与保罗·德·哈菲雷斯伯爵举行订婚仪式。未婚夫是雪铁龙集团管理理事会成员阿尔芒·德·哈菲雷斯的儿子。4 月 9 日，他们步入了婚姻的殿堂。新娘的父亲请求女儿婚礼那天穿着洁白的礼服，来医院的病房亲吻他一次。看见雅克琳娜披着洁白的婚纱，雪铁龙露出发自内心的喜悦，这是他收获到的人生最后一份喜悦与欣慰。

5 月 9 日，雪铁龙接受了胃部手术。手术由消化外科主任安东尼·歌赛教授主刀，德斯玛瑞医生以及麻醉师路易·巴莱亚共同辅助。然而雪铁龙已经病入膏肓了。1935 年 7 月 3 日，上午 9 时，安德烈·雪铁龙这盏明灯缓缓熄灭了。他将在天国重逢他期盼了一辈子的亲生父亲，他将在天堂跟他的祖辈们相聚。先辈赋予了他不绝的创造力、不屈的探索力、不尽的想象力、迅即的理解力、准确的判断力、高瞻远瞩的视野、超群的运筹帷幄的能力以及雄辩的口才。他在有生之年将这些能力糅成他的全部，尽情施展运用，发扬光大。

两天后，雪铁龙的灵柩安放在雅维尔厂办公楼明亮的大厅中央，宽敞的玻璃大门外是连绵的山峦，棺木上静静地摆放着法国二级荣誉军团勋章。整整一上午，前来吊唁的工人、职员、合作伙伴络绎不绝。雪铁龙长眠在巴黎蒙巴纳斯公墓，与他早逝的幼女索朗热共寝一穴。

雪铁龙质朴无华地离开了，但他为汽车工业和世界历史所书写的华章将永远被人们深深铭记在心。

"当中国从睡梦中醒来，世界将为之震撼。"

——拿破仑·波拿巴（Napoléon Bonaparte）

第二十二章　扎根龙的故乡

　　早在发展之初，雪铁龙品牌的创始人安德烈·雪铁龙先生就已经将目光投向了中国。

　　1919 年，雪铁龙的"A 型车"投放市场，这是欧洲首次实现整车销售，获得了消费者的热烈欢迎。此前，所有销售的汽车只包括底盘和发动机，不包括其他零部件如车灯、车篷等。按照"规模化和标准化"的理念，雪铁龙创建了高效的营销和售后服务活动，并且从 1923 年起，通过建立在英国、比利时、意大利等各国的分公司，雪铁龙汽车覆盖了欧洲大陆，并且进入南美、中东，还有当时尚属空白的亚洲市场。

　　1925 年，雪铁龙即委托法国驻中国大使馆武官德斯马耶将军研究在中国建立汽车装配厂的可行性。那时候，长期闭关自守的中国开始对外有所开放，允许外国传教士入境布道，允许西方商人在沿海城市经商等等。但是，由于 20 世纪二三十年代中国军阀割据，社会动荡，投资建厂的时机尚未成熟。

　　可是，这并不妨碍雪铁龙策划一场以中国为目的地的"路演"活动。

　　1931 年 4 月 4 日，驾驶着雪铁龙汽车的 43 位勇士正式出发，从地中海东岸的贝鲁特到太平洋西岸的北京，"东方之旅"的勇士们一路栉风沐雨，翻山越岭，跋涉 12 000 公里，完成了人类首次借助汽车沿着古代"丝绸之路"横跨欧亚大陆，翻过喜马拉雅的壮举。他们信仰工业的文明，崇拜机械的力量，挑战自然的桎梏，传播智慧的曙光。他们用自己的鲜血和生命在世界汽车发展史上谱写了不朽的传奇。

"东方之旅"的成功让雪铁龙品牌对中国产生了强烈的关注，而二者的联系并没有因为其创始人的离世而有所减退。

1978 年，社会主义中国开始改革开放，随后深圳经济特区正式宣告成立，中国再一次张开了怀抱。1982 年，雪铁龙向广州东方宾馆供应了150 台 CX，再一次进入中国市场。1985 年，雪铁龙参加首届中国上海汽车展，并在此期间签订了 250 台 CX 的交付合同。

这款 CX 正是大名鼎鼎的雪铁龙 DS 的后续车型。继承了 DS 在设计与技术上大胆无畏的创新精神，CX 拥有流畅的流线型车身，完全不同于同时代的其他轿车。而新一代的液气悬挂系统、助力可变转向系统等极为创新的技术也让 CX 脱颖而出。虽然当时进口的 CX 数量并不多，但其所运用的先进技术和前卫设计给许多人留下了深刻印象。至今，当人们追忆起上世纪 80 年代时，造型前卫，底盘高度竟然可以自主升降的雪铁龙 CX，无疑是当时最先进、最时尚、最舒适、最豪华的代名词。

1986 年，雪铁龙 AX 打出了一则轰动欧洲的广告——一个中国小孩右手打出 V 型胜利手势的姿势，广告词语是简单的"革命"两字。而第二年，雪铁龙 AX 来到中国长城拍摄了历史上最难得一见的电视广告。这则全新 AX 的广告创意由雅克·赛格拉完成：一辆 AX 从长城顶上沿着石阶冲刺下来，妙龄的法国女郎畅快地换着挡位，随后 AX 快速爬上了长城高坡，到达顶端时火红色的 AX 腾空而起。画面最后的镜头定格在一个打出 V 型胜利手势的中国人笑脸上。从来没有一款汽车广告如此触动过人们的心弦！

1988 年，从一个小渔村发展而来的深圳特区已经初具现代化都市的规模。雪铁龙在欧洲发出了这样的招募海报："如果你的年龄在 18 到 30岁之间，雪铁龙邀请你参加首届雪铁龙 AX 车横跨中国的探险之旅，时间是 1988 年 7 月 14 日至 8 月 11 日。报名表只需向雪铁龙龙征之旅筹备处申请即可。"

当年的 7 月，140 名欧洲青年向中国进发，驾驶雪铁龙 AX 轿车开始了全长超过 4 500 公里，从深圳到北京的"龙征行动"。活动结束后，雪铁龙品牌在法国组织了近一个月的展览，展示了有关这次活动的照片、物件、影片等，引起了巨大的反响。

1987年，在国家有关政策的支持下，中国第二汽车制造厂（东风汽车公司的前身）开始和雪铁龙公司（法国著名汽车公司 PSA 集团旗下品牌子公司）进行接触。1988年7月，中国第二汽车制造厂同雪铁龙公司在湖北十堰正式签订了进行30万辆轿车合资项目可行性研究的协议书。当年年底，双方共同编制完成了《合资建设三十万辆轿车厂联合可行性研究报告》，由第二汽车制造厂呈报国家计委审批。1990年11月23日，PSA 集团总裁卡尔维特（Jacques CALVET）先生写信给二汽陈清泰厂长，表示合资合同中"决定性一步已经完成"，一旦合同文本的具体工作做完，双方就可以签订合同。

1990年12月19日，巴黎时间下午7时（北京时间为20日凌晨2时20分），中国第二汽车制造厂与雪铁龙公司在巴黎勒多亚安饭店正式签订了合资合同，陈清泰厂长、卡尔维特总裁分别代表二汽和雪铁龙公司在合同上签字。签字后，陈清泰厂长和卡尔维特总裁的手紧紧地握在了一起，长时间不愿分开——三年多来双方合作的艰难曲折尽在这不言中了。

1992年5月18日，由中国第二汽车制造厂厂长陈清泰和 PSA 集团总裁雅克·卡尔维特1990年12月签署的合资合同终于生效，中国第二汽车制造厂与法国雪铁龙公司合资成立了神龙汽车有限公司，公司英文名称是 Dongfeng–Citroen Automobile Company Ltd，简称 DCAC，英文对应的中文翻译是"东风–雪铁龙汽车公司"。从这一年开始，神龙汽车有限公司利用从法国进口的散件开始在襄樊组装生产 ZX 轿车，ZX 轿车是雪铁龙公司九十年代初在欧洲投放的代表最新设计和技术的车型，也是当时在国内生产的技术最先进的车型。同年9月4日，第一辆雪铁龙 ZX 轿车以中国名字"富康"投放中国市场，这也标示着雪铁龙正式进行本地化生产。富康与捷达、桑塔纳成为中国轿车市场的"老三样"。富康轿车成为中国轿车市场高端两厢轿车的鼻祖。1992年9月1日，"第二汽车制造厂"正式更名为东风汽车公司。

在引进欧洲同期车型生产的同时，神龙公司还引进了雪铁龙公司先进的汽车营销服务标准规范。在20世纪20年代，当安德烈·雪铁龙开始卖车的时候，他就坚信，汽车厂商销售的不仅仅是汽车，还包括与汽车相关的一切，其中最重要的就是售后服务。他要求："必须在全法国建立销售点，形成庞大的销售网络，更重要的还要建立全国范围的售后服务点，供应充足的零配件，使抛锚的汽车能得到最快的维修，而且各地统一收费标准……"雪铁龙创立了一年保证期制度，建立分销网，推出零配件目录及维修费用一览表，使所有销售点、维修点的费用得以统一，他还首创了汽车消费信贷服务。所有这些内容，就是当今中国消费者非常熟悉的以"四位一体"为核心的汽车特许经营模式——4S模式。

1996年5月18日，神龙公司直属第一家销售服务公司——汉阳销售服务公司（神龙鸿泰汽车销售服务公司的前身）正式开业，它最早将雪铁龙国际标准的营销模式"克隆"到江城武汉，被称为神龙公司的"样板站"。这是东风雪铁龙第一家4S店，也是全中国最早建立的4S店，它完全符合雪铁龙的网点建设标准，集整车销售、备件供应、售后服务、信息采集分析等功能于一体。雪铁龙4S模式在服务硬件和软件方面都有明确的要求，如注册资金、展厅面积、功能分区、维修设施设备、试乘试驾车辆等；在服务软件方面也有要求，如要求所有网点的形象保持统一、相关人员接受相关岗位的培训、采用先进的业务管理工具、所有业务必须遵守一定的流程等。4S店模式具有购物环境优美、品牌宣传效果明显、消费者感知尊贵等优点，从此被许多汽车品牌所效仿，在中国得以飞速发展。

在总结中国汽车工业发展历程的时候，业界有这样一种共识：东风雪铁龙就是促进行业发展的那台发动机。东风雪铁龙向中国传统的汽车消费观念发起挑战，发动了中国"家庭轿车"的启蒙运动，并引领了汽车消费个性化的潮流，在其他汽车品牌将产品包装做到极致而忽视产品内在品质时，东风雪铁龙却在内在品质上狠下苦功，包括汽车底盘调校、人机工程学设计、汽车安全结构布局等，把消费者的使用感受特别是安全、舒适等放在首位。

1998年6月18日，清华大学汽车研究所成功地进行了国内首次国产轿车的实车碰撞试验。这天上午9点30分，一辆全新天青色，排量为1.36升的富康牌国产小轿车在清华大学实验场以48.3公里的时速撞在20

米远的巨大正方形钢墩上。通过现场目击，除了车灯破损，保险杠内陷外，发动机没有移位，方向盘没有纵移，燃油也没有泄漏，车门可以打开，车内前排座位上放置的进口模型人，毫发无损。碰撞结果出乎所有媒体记者和现场专家的预料，各项指标均优于国家标准和美国FMVSS208法规的要求，成为"中国轿车第一撞"。从此，中国相关部门开始重视汽车安全性，其中中国汽车研究所从1999年开始组织实车碰撞试验，其C‑NCAP碰撞结果已经成为当今我国汽车评价的权威标志，汽车企业产品开发的重要规范，也成为中国消费者购买新车的主要参考指标。

东风雪铁龙轿车的首次碰撞试验被誉为"神州第一撞"，本来这次碰撞试验用车选用的是某品牌国产高档车，当时所有试验仪器均已安装布置完毕。可是在碰撞试验前一天，该公司的决策者突然要求取消试验，担心碰撞失败会给其品牌产生负面影响。得知这一消息后，神龙公司的领导当机立断，凭借对自己产品品质的了解和信心，果断要求国家选用富康轿车进行安全碰撞试验，试验的结果充分证明东风雪铁龙轿车的安全性能，并在以后的日子里成为消费者津津乐道的话题。

随着中国汽车市场的飞速发展和东风雪铁龙轿车在中国的畅销，神龙汽车有限公司的法方股东有意扩大投资规模和合资级别。2002年10月25日，时任东风汽车公司总经理苗圩和PSA标致雪铁龙集团总裁福尔茨（Jean‑Martin Folz）在北京人民大会堂正式签署扩大合作的合资合同，约定由中国东风汽车公司与法国雪铁龙公司的合资合作提升为与法国PSA标致雪铁龙集团的合资合作，合资企业的中文名称不变，仍然为神龙汽车有限公司，但英文名称更改为DONGFENG PEUGEOT CITROEN AUTO-MOBILE COMPANY LTD，简称DPCA，对应的中文翻译为：东风‑标致‑雪铁龙汽车公司。新的合资合同为合资企业实现可持续发展在资金、技术、产品、管理、网络建设等方面提供有力的保障和支持，神龙汽车公司进入新的发展时期。全新的东风雪铁龙品牌确立并正式运作，随即开展了一系列品牌建设及产品推广活动。在随后的日子里，东风雪铁龙加速发展，不断为中国消费者奉献精彩的作品，东风雪铁龙爱丽舍、萨拉·毕加索、赛纳、凯旋、C2等先后成为中国市场的宠儿。同时，东风雪铁龙品牌营销方面也开始发力，品牌知名度和美誉度不断攀升。

2001 年，东风雪铁龙投放了国内第一款单厢轿车——"萨拉·毕加索"，其原型车是法国雪铁龙在 1999 年底正式推出的车型，在欧洲倍受宠爱。毕加索属于多功能休旅轿车，揉合了法兰西文化的创新精髓以及细致周到的人性化设计，给中国单一的轿车市场带来了一股清风。这款被称为"欧洲最时髦的车"登陆中国以来，以其前卫和时尚获得了一大批年轻消费者的青睐，特别是在经济发达的北京、广东、上海等地区，销量增长很快。兼备小型轿车和旅行车功能的毕加索装备了最新的汽车技术，让车上乘员能够惬意地共享驾乘的乐趣。

2002 年在富康风靡大江南北之际，东风雪铁龙推出了历经两年时间打磨改进的三厢新车型——爱丽舍轿车。说起来，爱丽舍还是中国汽车工业第一款自主研发的车型。由于引进的富康是原汁原味的法系两厢车，而为了满足中国消费者日益提升的三厢车需求，东风雪铁龙组建精干团队，从各个方面对雪铁龙 ZX 进行本土化升级和改造。

作为中国"家庭轿车"启蒙运动的"先行者"，爱丽舍上市后获得巨大成功，它成为家轿市场的风向标，不仅奠定了其在 10 万元以下合资品牌车型中的优势地位，同时还提升了中方自主研发的能力，对本土供应商体系的形成与发展，也起到了推动作用。

2003 年，爱丽舍填补了空缺多年的中国汽车行业科技进步奖一等奖的空白。

2006 年 2 月 18 日正式发布的凯旋是东风雪铁龙第一部中级尺寸轿车，它是中法双方技术人员专门针对中国消费者所设计的产品，诞生在雪铁龙 C4 所属的 2 号平台上。这是一款东风雪铁龙向中高端商务市场拓展的创新力作，在造型、安全、舒适、操控感以及品质等诸多方面达到了相当高的水准，受到许多用户的青睐。2007 年 10 月，东风雪铁龙凯旋在中国汽车技术研究中心完成了 C - NCAP 实验，最终以 47.4 分取得了五星级的佳绩，并在侧面碰撞中获得了 16 分（满分），成为 15 - 20 万元中高级轿车的安全冠军，五星凯旋、五星安全的美誉在此次碰撞后得到广泛认同；作为一款真正的全球车型，凯旋不仅在中国销售，还登陆了南美和欧洲、非洲等地区市场，成为第一款中国设计向国外返销的车型。

在产品营销取得丰硕成果的基础上，东风雪铁龙还非常注重品牌营销，实现了品牌的提升。2006年4月15日上午九点刚过，北京奥体中心北门环岛往西200米范围，已是热闹非凡、人头攒动。"龙腾天下——东风雪铁龙中国行"北京区域的"汽车乐园"活动正式拉开了帷幕。此次活动以丰富多彩的趣味竞技、绕桩、赛车特技表演、试乘试驾为主，旨在让更多的消费者充分了解、感受东风雪铁龙车型的优良品质、卓越的底盘技术和操控性能。当日上午，有惊无险的赛车特技表演引得很多路人驻足观看，伴随着赛车此起彼伏的紧急刹车声，现场观众不时爆发出阵阵惊呼或者是喝彩声。参加绕桩的朋友驾驶着东风雪铁龙爱丽舍轿车通过简单的"8"字桩或是复杂的"蝴蝶"桩，体会车辆扎实的底盘功夫，在逼仄的场地上闪转腾挪、游刃有余。参加趣味驾驶竞技的消费者们积极性也很高，旁边一字排开的各类奖品大到冰箱小到车模，无不吸引消费者踊跃参与，获得大奖的朋友更是掩饰不住自己兴奋的神情。在路演场地边上，东风雪铁龙安排了专业的销售人员，针对观众的各类问题进行仔细的介绍，同时资深维修技师的问题解答更让消费者朋友们在活泼的氛围中加深了对汽车的了解和对东风雪铁龙品牌的认知。

这种"大篷车"类型的汽车路演活动也是安德烈·雪铁龙先生的首创，数十年后东风雪铁龙将之引入中国，为刚刚接触汽车、而又渴望购买的中国人组织了一堂立体、生动的汽车课，现场很多消费者在试驾了东风雪铁龙系列车型以后，坚定了加入东风雪铁龙的品牌阵营的信念。这样的汽车路演活动因为效果突出，现今已经成为各大汽车品牌不可或缺的基本市场推广活动。

2008年是中国的"奥运年"，十三亿中国人民期盼了十多年的奥运会终于成功地在社会主义中国举行，通过前来采访奥运会的各国媒体的传播，改革开放30年的中国以崭新的面貌出现在世界面前。虽然由于美国"次贷危机"的影响，全球汽车市场陷入萧条，但中国的汽车市场却呈现出欣欣向荣的景象，在中国政府刺激内需的政策促进下，各汽车厂家产销两旺，东风雪铁龙也表现出十足的信心，在这一年加快了新品上市的速度。

2008年4月8日，这是东风雪铁龙一个重要的日子，东风雪铁龙新爱丽舍在北京正式发布，作为一款全新换代产品，东风雪铁龙新爱丽舍以全新外形、成熟技术和更高品质的优势出击中级轿车市场，为更多用户开启更加自信的精彩人生。这款车当年成为东风雪铁龙的销量冠军，每月销售近 1 万台，并被主流媒体评为"经济型轿车年度大奖"和"年度最佳口碑车型"。

6 月 28 日，东风雪铁龙全新高品质两厢车——世嘉（C - QUATRE）正式发布。在充满设计感与时尚气息的发布会现场，全国主流媒体记者代表、东风雪铁龙经销商代表以及领导和嘉宾共同享受了一场时尚派对带来的欢乐与惊喜，近距离地感受了全新世嘉的"型·动"魅力。10 月 25 日，东风雪铁龙世嘉 VTS 在上海面市，首次来华的雪铁龙 WRC 车队冠军车手、"WRC 之王"勒布亲临现场为这款车型助阵。作为一款高科技都市运动型轿车，东风雪铁龙世嘉 VTS 带来了原汁原味的欧陆造型、极具运动风范的驾控体验和沉稳坚固的冠军品质。

WRC 全称为"世界拉力锦标赛"，是国际汽联旗下与 F1 齐名的顶级汽车运动，每年有十多站比赛，每个国家组织一站。各参赛车队需要以量产车为基础改装赛车，挑战包括盘山公路、林间小径、驼峰路面等在内的路面条件以及沙漠、高原、雪地等各类气候环境，被誉为全球最艰苦的汽车赛事。因为参加厂商众多，WRC 拉力比赛的争夺非常残酷：领先的战车其平均时速大多要超过 100 公里/小时；半数以上的比赛场次都是沙石路面，附着力很差；路面起伏不定，极易造成腾飞的场景；赛段内弯多且急。要在这样的条件下获得好成绩，一个很重要的前提就是过弯精准。

凭借独步天下的底盘调校，雪铁龙车队在 WRC 中夺取了七年"厂商总冠军"。其中世嘉的原型车 – 雪铁龙 C4 自 2007 年参加世界拉力锦标赛以来，4 个赛季里一共参战 56 场，夺取分站冠军 36 个，年度总冠军 4 个，缔造了世界汽车运动史上的传奇！从比赛现场采集的录像中，我们经常看到 C4 WRC 战车动力强劲，循迹精准，性能稳定；"拉力车王"勒布进弯动作朴实、准确，通过弯心后加油果断，车辆出弯动作简洁有力，毫不拖泥带水。就是靠着在每一个过弯积累的优势，世嘉战车一直领先对手，赢得了 4 年的辉煌！

中国政府 2008 年底颁布的成品油税费改革于 2009 年 1 月 1 日开始生

效，国家取消原在成品油价外征收的公路养路费，这项燃油税政策是改变中国汽车市场趋势的核心利好因素。1月14日，国务院常务会议审议并原则通过汽车产业和钢铁产业调整振兴规划：从2009年1月20日至12月31日，对1.6升及以下排量乘用车减按5%征收车辆购置税。在一系列国家利好政策的支持下，2009年中国的汽车市场取得了开门红，同比增长超过10%。7月份，中国车市持续火爆，汽车销售量超过当月美国销量，成为世界第一的汽车市场。中国汽车市场的历史性发展也给东风雪铁龙在中国汽车市场的发展带来了历史性的机遇。

公元2009年是雪铁龙品牌创立90周年的日子，当年2月5日，在雪铁龙品牌创始人生日的那天，雪铁龙在巴黎举行盛大仪式，正式发布其全新品牌标识。新的品牌标识仍以双人字标为基础，极富金属质感，更加立体圆润，体现时尚、现代气息。通过更换全新品牌标识和品牌口号，雪铁龙品牌表达了持续满足社会需求，不断求新求变的强烈愿望。这也标志着拥有90年光辉历史的全球著名汽车品牌迎来了新的发展阶段。

作为雪铁龙全球战略的重要环节，东风雪铁龙全程参与了全球换标计划。2009年4月18日，东风雪铁龙在上海发布了全新的本地化品牌标识，700余名各界来宾共同见证了东风雪铁龙迈入品牌新纪元的历史时刻。同时，东风雪铁龙还根据雪铁龙全球品牌标语正式公布了全新品牌主张——"人性科技 创享生活"（Créative Technologie），并对品牌定位、品牌精神和价值内涵进行了新的诠释。

在长期为中国用户服务的过程中，东风雪铁龙形成了自身独特的品牌价值。从东风雪铁龙品牌金字塔模型上可以看出，其品牌根基在于"远见与科技"，东风雪铁龙传承雪铁龙辉煌历史和荣耀积淀，以前瞻精神和敏锐洞察力，在不断探索中构建可实现的全景式汽车生活蓝图，同时坚持以人性化科技创新，为中国消费者提供值得信赖的国际领先新技术和新产品。构成东风雪铁龙品牌价值的是三种品牌属性："大胆、创新和严谨"，东风雪铁龙勇往直前，以高效严谨的工作态度，不断挑战并超越人们的主观想象和期待，通过人性化的科技创新和设计达成人与车的融合，致力于创造"心车合一"的美好享受。在这三项品牌基本属性之上，东风雪铁龙具有"艺术、设计、和谐"的品牌个性，形成了与其他汽车品牌明显的区隔。由此，用户能深切地体会到东风雪铁龙"乐观、富于远见"的品牌精神，相信品牌能够提供切实可行、超越用户期待的汽车生活。同时，"人性科技 创享生活"的新品牌主张也是东风雪铁龙品牌精神与人类生活追求的完美契合。

新品牌的发布是东风雪铁龙整体品牌提升的一个新起点，东风雪铁龙以此为契机，进一步提升为用户服务的能力和水平，通过不断创新和突破，以新技术、新观念和积极的态度为用户提供优质的个性化车上生活，致力于创造"心醉神迷"的美好享受，同时构建人、车与自然的和谐关系，并矢志成为中国最具创新精神的主流汽车品牌。

在新品牌主张的引领下，东风雪铁龙将以三大战略为中心推进革新步伐，其中包括产品提升战略、网络提升战略和用户满意度提升战略。

产品提升战略的第一步一个月后就得到落实。2009 年 5 月 15 日，东风雪铁龙"全球投放·中国首发"车型——世嘉三厢正式投放市场。作为肩负提升东风雪铁龙品牌与销量双重使命的战略车型，世嘉两厢和三厢在东风雪铁龙整体产品战略布局中具有非常重要的意义。世嘉三厢的问世正好填补了入门级车与高端车之间的空缺，丰富了东风雪铁龙的产品线，对市场形成全方位覆盖。此外，世嘉三厢将与世嘉两厢组成东风雪铁龙王牌"双子"车型，全面发力主流中级车市场。2010 年，世嘉三厢和两厢年销量突破 10 万辆，成为神龙公司首款年销量过 10 万辆的车型，为东风雪铁龙更好地发展作出了重要贡献。

作为东风雪铁龙布局中级车市场的重要战略车型，东风雪铁龙世嘉凭借纯正的欧洲血统，传承创造 WRC"七冠王"荣誉的 C4WRC 的卓越品质，赢得了消费者的广泛认可，获得了优秀的市场表现，一举跨入中级主流车型的阵营。

产品提升的第二步来自于当年上市的另一款重量级产品。2009 年 11 月 17 日，是一个可以载入东风雪铁龙乃至神龙公司发展历史的重要日子，东风雪铁龙品牌的战略旗舰产品——东风雪铁龙 C5 在神龙公司第二工厂荣耀下线。包括政府领导、中外来宾在内的近 500 名尊贵客人共同见证了东风雪铁龙 C5 极具历史意义的荣耀时刻。东风雪铁龙 C5 的荣耀下线也标志着"全球新一代精益化样板工厂"——神龙公司第二工厂正式投入生产。在东风雪铁龙 C5 下线仪式上，神龙公司总经理刘卫东先生表示，东风雪铁龙 C5 对神龙汽车有限公司和东风雪铁龙品牌具有划时代的意义，不仅填补了企业在高端产品领域的空白，也是神龙公司工业化战略的重大突破。

凝聚了雪铁龙九代高级轿车的精髓，肩负着品牌回归高端价值的东风雪铁龙 C5，凭借堪比 C 级轿车的"动态舒适"魅力，开辟了 B 级车的新纪元：大气、尊贵、高档，更融合了动感、优雅和品位，东风雪铁龙 C5 为用户带来全新的价值和体验，引领未来中高级轿车的发展趋势。

作为一款大气、优雅、动感的全新一代高级轿车，C5 体现了东风雪铁龙回归高端品牌价值的决心和信心。上市一年以后，东风雪铁龙 C5 成功跻身主流中高级轿车阵营，为提升东风雪铁龙品牌形象起到了重要拉动作用。

东风雪铁龙新的三大战略体系还包括网络提升战略和用户满意度提升战略，当年全面启动了全新网络布局。2009 年 10 月 18 日，东风雪铁龙首家全新品牌形象店——东风雪铁龙杭州鸿泰汽车销售服务有限公司正式开业。它是东风雪铁龙销售网络中最高级别的形象店面，其盛大落成是东风雪铁龙新品牌形象改造的重要阶段成果，标志着东风雪铁龙全新网络布局的正式启动。随着东风雪铁龙三大品牌提升战略的全面推进，东风雪铁龙将以全新的姿态和面貌来迎接新的未来。

作为行业内第一个打开车门让用户进车体验的汽车品牌，东风雪铁龙从品牌创建之初即高举"用户体验为王"的旗帜。同时，随着全新品牌形象店的建设，东风雪铁龙还适时提出了"5C 价值体验"，为消费者提供全新升级的品牌体验。5C 价值，即消费者能享受到舒适（comfortable）、便捷（convenient）、贴心（considerate）、完善（consummate）、信赖（confident）。在硬件方面，东风雪铁龙从 2009 年起全面启动销售网点的全新品牌形象改造。网点新形象不仅环境优雅、色彩明快，其简洁、人性化的功能分区更为顾客提供了"沙龙式的服务环境"。同时，遍布全国的渠道触角也在不断扩展，为消费者提供贴身的便捷（convenient）体验。仅 2011 年一年，东风雪铁龙就兴建了 90 家 4S 店，覆盖 84 个城市，实现超过 68％ 的地级市覆盖率，并形成覆盖近 500 个城市的营销网络。

在软件方面，整个营销网络严格执行东风雪铁龙的"七大服务承诺"与"九大步骤"，定期举办免费检测活动，不断完善系统服务流程，为用户提供贴心的服务体验，同时以 24 小时全天候紧急救援服务、"一对一专属服务"以及"移动服务站"等形式，让用户体验到品牌完善的服务。此外，积淀了近百年的雪铁龙汽车文化和 20 年的东风雪铁龙品牌文化，成为了赢得用户信赖的最坚强后盾。2011 年以来，通过以"世纪传奇 驾驭未来"为主题的纪念雪铁龙东方之旅 80 周年的系列活动，以及羽毛球系列营销，东风雪铁龙与消费者达成了心灵的深度沟通和共鸣，真正用"心"实现了品牌价值的体验。

随着网络提升战略的实施，东风雪铁龙还将同步进行用户满意度提升战略，从工作人员、水平业务着手全面提升 4S 店的"软件"环境。一方面，加强工作人员的精益管理和培训，贯彻以用户为中心的标准化行为规范，为用户提供尊贵的高级轿车购车服务；另一方面，通过提升对网点融资能力的支持，东风雪铁龙将为消费者提供更方便的汽车金融和二手车业务服务，为用户提供全方位的关怀。体验品牌"5C"价值，打造全球标准网络。

从 2009 年"新品牌元年"开始，东风雪铁龙大力进行品牌建设和营销推广，取得了令人瞩目的成就。2010 年 8 月 10 日，东风雪铁龙签约成为中国羽毛球队"官方合作伙伴"，未来三年中，东风雪铁龙正式成为中国羽毛球队、中国羽毛球协会的高级赞助商；东风雪铁龙 C5 及世嘉成为中国羽毛球队指定用车；东风雪铁龙将为中国羽毛球队及其参与的各大赛事提供鼎力支持；同时，还将联合中国羽毛球协会，共同推动中国羽毛球运动的普及和发展。

2011 年 8 月在英国伦敦举办的羽毛球世锦赛中，中国羽毛球队继巴黎世锦赛后再次包揽 5 金，创造了世锦赛男子单打五连冠的新纪录。作为中国羽毛球官方合作伙伴及此次赛事的主要赞助商，东风雪铁龙与世界羽坛再一次共同见证了中国羽毛球队的"C5"神话。

赛后中国羽毛球主教练李永波在接受采访时表示，很高兴中国队再次夺得世锦赛五金。一年前在赞助签约仪式上，李永波将东风雪铁龙 C5 解读为五个冠军，即 Champion 5 的缩写，表达了挑战五个单项冠军的决心和勇气。随后出征的中国羽毛球队一举包揽2010年世锦赛五金，实现了李永波的"C5"豪言。时隔一年的伦敦世锦赛，中国羽毛球队再次以实力谱写出了双"C5"的羽坛神话。

作为中国羽毛球队及中国羽毛球协会官方合作伙伴，东风雪铁龙还在中国羽毛球超级联赛和群众性羽毛球赛事中全面助力中国羽毛球运动的推广。伦敦世锦赛落幕之际，"2011年东风雪铁龙羽毛球冠军赛"正在火热招募中。此次赛事在北京、上海、广州、西安、成都、沈阳、武汉、青岛八个城市依次展开，网罗全国羽毛球爱好者参与。为了丰富此次赛事，东风雪铁龙还在多个城市倾力打造羽毛球与汽车体验的大型城市嘉年华，让参与者在享受羽毛球比赛的同时也能享受世嘉带来的完美操控体验。挑战林丹，与世嘉一起，做自己的冠军！

除了体育营销的累累硕果以外，东风雪铁龙还在文化营销方面赢得了广泛的关注，其"新东方之旅"项目也吸引了无数的消费者。

2011年4月的上海车展上，东风雪铁龙正式启动"世纪传奇 驾驭未来——纪念汽车史上首跨欧亚大陆·雪铁龙东方之旅80周年"活动，与千百万车主及广大公众一起，深度体验雪铁龙、东风雪铁龙的品牌荣耀和创新精神。这次纪念活动是全球巡回庆典，欧亚多国都将陆续举行庆祝活动，中国是庆典首站。

80年前完成雪铁龙传奇"东方之旅"的一台履带车——AUTOCHE-NILLE 1931——也登上了车展的展台，这款传奇的老爷车，引发了无数观众的热议。当年的雪铁龙东方之旅是人类与机械征服自然的创举，是一部改写汽车历史的史诗，更是雪铁龙品牌精神与技术实力的极致体现。80年后的今天，传承创新科技的品牌基因，东风雪铁龙完美诠释"人性科技 创享生活"的品牌理念，引领人车合一的移动生活，续写传奇，驾驭未来。

2011年5月，东风雪铁龙新东方之旅线下活动正式启动，历时62天，行程近1.5万公里后，车队成功抵达新疆红其拉甫，并在国门前揭幕了代表千百万车主梦想的"梦想之碑"。这标志着新东方之旅行走活动的完美收官，同时也再次掀起了"世纪传奇 驾驭未来——纪念汽车史上首跨欧亚大陆·雪铁龙东方之旅80周年"系列推广活动的高潮。

新东方之旅车队一路跋山涉水，一路共享荣耀：在青岛共同见证中国羽毛球队手捧苏迪曼杯的激情，在连云港探访新亚欧大陆桥的东端起点，在上海走进汽车博物馆探寻汽车工业的变迁，在昆明发起保护自然景观环保公益行动，在成都爱心助残倡导公众关心公益事业，在重庆寻访渣滓洞学习红色文化，在西安感受中华传统文明的兴盛发展，在乌鲁木齐见证西域风情的巨变和交融。据统计，此次活动吸引了沿途数千位车主和潜在车主参与试乘试驾，并有数十万名各地消费者见证了车队巡游及主题路演活动，共同体验和感受了雪铁龙品牌 92 年的创新与荣耀、东风雪铁龙 19 年的发展与积淀。

80 年后组建新东方之旅车队，不仅为向往日的辉煌致敬，重温雪铁龙品牌荣光，更是要引领中国用户书写汽车梦想，成就明日传奇。

时光如梭，雪铁龙在中国已经发展了将近 20 年，上百万用户见证了雪铁龙产品的优异质量和卓越性能。而为进一步满足国内用户日益多元化的汽车消费需求，雪铁龙还积极地将雪铁龙大 C4 毕加索、雪铁龙 C4 轿跑车等丰富车型以进口形式带入中国，从而将最纯正的法式汽车生活毫无保留地呈献给国人。

2008 年年末，雪铁龙大 C4 毕加索正式登陆中国。大 C4 毕加索是一款时尚优雅、实用舒适的家用 MPV。得益于全球独创的全景空间（Visio-space）设计理念，大 C4 毕加索以超大的车内视野、极佳的采光效果、灵活的座舱空间设计，带来清新敞亮的全新法式风格。凭借众多雪铁龙创新技术的应用，大 C4 毕加索能为用户带来从容便捷的操控体验，以及平稳舒适的驾乘感受。

而雪铁龙 C4 轿跑则是一款集动感外观和充沛动力于一身的都市轿跑车，并于 2010 年年初进入中国。C4 轿跑外形时尚前卫，动感有力。其搭载的 1.6T "EP" 系列发动机拥有非常先进的技术，从而使 C4 轿跑在拥有强劲动力性能的同时，还能兼顾燃油经济性和环境保护，将艺术与科技完美融合。

在 2009 年法兰克福车展上，雪铁龙高端豪华车系 DS 重新复出，再续荣耀传奇。作为雪铁龙高端车系，DS 系列现已推出 DS3、DS4、DS5 三款车型，并受到广泛好评。为将雪铁龙复兴之作——DS，呈献给国内用户。雪铁龙不仅会陆续以进口车方式引入此系列车型，而且还积极寻找中国合作伙伴将 DS 系列尽早国产化。

2010 年 7 月 9 日，在中国全国人大常委会委员长吴邦国先生和法国国民议会议长阿夸耶先生（Bernard Accoyer）的见证下，中国南方工业集团公司中国长安汽车股份有限公司总经理徐斌先生和法国标致雪铁龙集团总裁瓦兰先生（Philippe Varin），在巴黎正式签署了在中国组建新合资企业的协议。全新成立的合资企业将于 2012 年上半年引进 DS5 和 DS4，并于 2012 年下半年引进 DS3。新的合资工厂将落户深圳，DS5 将通过此新合资工厂实现国产化。

此外，为能近距离为中国用户贴身打造新产品，PSA 于 2008 年在上海组建了中国设计中心，专为旗下的雪铁龙和标致品牌进行本地化服务，其中雪铁龙设计部门成为除法国本土设计中心之外最大的海外设计中心。在这个中心内，90% 的设计师是中国人，但却无一例外地拥有国际化的视野，他们能够将雪铁龙的设计元素和本土化的生活环境融合在一起，形成一种独特的，既具有雪铁龙 DNA，又蕴含中国元素的设计风格。

该设计中心设计的第一辆车是概念车 METROPOLIS，2010 年在上海世博会法国馆展示引起了轰动。METROPOLIS 汇集了全球顶尖创新科技，融入东方审美智慧，将奢华、魅力与雪铁龙品牌的创新技术融为一体。她不仅仅是中法两国文化碰撞出的火花，更是进入中国 20 年来雪铁龙洞悉中国市场的表达。这款高端豪华概念车，将成为中国大都市中尊贵、时尚和活力的象征。同时该车延续雪铁龙一贯关怀自然的意识，其每公里的二氧化碳排放量将不超过 70 克。这款高端豪华概念车引起了媒体和公众的共鸣，并以 1020 万的参观量成为世博会上最受欢迎的车型。

除了 METROPOLIS 以外，从 2007 年开始，东风雪铁龙就有意识地引入雪铁龙概念车在国内展示和试驾。当年 11 月，东风雪铁龙组织的"驱动未来——雪铁龙、东风雪铁龙 C – Métisse 媒体试驾会"就接待了超过80 名的全国各大媒体记者。荣获 LV 路易威登"最佳经典概念车"设计大奖的雪铁龙 C – Métisse 驾临中国，并且在上海一条景色怡人的马路上测试了堪比世界超级跑车的性能。百公里加速 6 秒以内，最高时速 249 公里/小时，装备 2.7 升 V6 柴油引擎和两台 400 牛米扭矩电动机的混合动力系统，配上 6 速自动变速箱，雪铁龙 C - Métisse 在超级跑车的身躯里面，跳动着一颗环保的心。这次的概念车试驾得到了汽车媒体的普遍好评，之前很少有汽车品牌组织这样的概念车实车试驾活动。

随后，陆续有好几款雪铁龙概念车来到中国展示，GT 是其中的佼佼者。GT 是雪铁龙专为 PS3 次时代游戏大作《GT 赛车 5》打造的概念车，将游戏里虚拟的空间变为现实的存在，体现了雪铁龙对最佳空气动力效果的探索成果。GT 在公众面前的几次亮相和试车都引起了巨大的轰动。华语乐坛天王周杰伦十分喜爱这款概念车，专门借用拍摄其新歌《自导自演》MV，成为天王第十张个人专辑《跨时代》的亮点之一。

正如这些在中国展出的概念车展现的那样，雪铁龙就是一个不断追求"创新"的品牌，始终不懈地把旗下最好的车型带到中国，前卫的科技和独到的设计，让消费者可以轻松地与其他品牌区分。

作为欧洲低油耗汽车的领军企业，雪铁龙时刻致力于环保汽车、可再生能源和新型发动机的研发。并多次提出具体方案为以环保为导向的 21 世纪世界汽车工业指引方向。生物燃料、天然气、混合动力、纯电池驱动……都是雪铁龙曾经尝试的短期或长期降低油耗的方案。

为减少二氧化碳排放，雪铁龙研发了全球领先的柴油机电动机混合动力系统，2008 年 10 月巴黎车展推出的 C4 HDi 混合动力汽车就是这项技术的探索，计划 3 年内上市，它的油耗和二氧化碳排放将比相同功率的传统柴油车降低近 30%，比日系汽油机电动机混合动力系统降低 40% 以上，实现节能减排历史性的新突破。

2011 年春天，雪铁龙在日内瓦车展推出了 e - HDi 微混合动力技术。

e - HDi 微混合动力技术就是雪铁龙创造的最新实用成果。该技术目前已经在旗下多款产品上得到应用，比如：C3，C4，C4 毕加索和 C5，未来该技术的应用将继续扩展。本次车展上展示的厢式小货车 Berlingo 就应用了该技术，并将在 2011 年年内投放上市。作为一项成熟的高科技成果，e - HDi 微混合动力技术在燃油消耗和排放方面的进步非常明显，其减少温室气体二氧化碳排放的级数，可以达到每百公里 5 克的水平，同时在城市工况下，其燃油消耗以及污染物排放水平可能降低 15%。

e – HDi 微混合动力技术由第二代即停即起（Stop&Start）功能构成，当发动机处于无效空转的情况下，系统允许发动机暂时休眠，从而节省燃料，减少排放。同时，雪铁龙还设计了一款新的发电/启动机，以保证在驾驶员需要的时候，发动机能够快捷高效地启动。由于使用了皮带传动，整个系统的机械部分减少了噪声，没有了震动。该系统的控制部分和车身网络中的一个辅助装置（e – booster）相连，该技术的其他优点是：增加了能量传递，保证温度低至零下 5 度的时候，系统仍然能够再启动；整车网络在启动机运行占电的情况下，仍然可以维持前大灯、雨刮甚至收音机的运转；优化蓄电池充电，在刹车减速的时候可以收集部分能量。

此外，在全混动力技术领域，雪铁龙也取得了丰厚的成果。2011 年 4 月，在中国上海全球首发的雪铁龙 DS5 即是雪铁龙旗下首款采用 Hybrid4 全混技术的车型。采用 Hybrid4 全混技术的雪铁龙 DS5 不仅拥有充沛动力，而且其每公里二氧化碳排放量更低至 99 克，甚至不到同级别传统车型二氧化碳排放量的一半。

当然纯电池技术是更为清洁的能源，雪铁龙研发的纯电池技术是为了减少燃料消耗，降低污染及温室气体排放的措施之一。自 2010 年推出 C – ZERO 以后，雪铁龙在 A 级车市场已拥有 100% 纯电力驱动的产品：零油耗，零污染排放，零二氧化碳排放，零行驶噪声污染，C – ZERO 兼顾城市及城郊的使用用途：体积紧凑，性能突出，而且具备满足日常活动的续航里程。尽管车身尺寸十分紧凑，但优化的车内空间设计又让驾乘人感觉舒适。雪铁龙 C – ZERO 是当代造车工艺和造车理念的最佳体现，它的出现预示了未来城市交通的新面貌。

除了锂离子电池技术以外，C – ZERO 还应用了雪铁龙品牌的其他实践经验，已经正式销售了 5500 台车。除 C – ZERO 外，雪铁龙的纯电力驱动方案中还包括一款名为 Berlingo First 的车型。随着这两款车型赢得越来越多的认可，对于未来几年将强劲增长的环保车市场，拥有制胜武器的雪铁龙将是不可或缺的关键角色。

安德烈·雪铁龙有一个梦想——扎根"龙的故乡"。欧洲因为雪铁龙了解了中国，中国家庭因为雪铁龙开始了解汽车，喜欢汽车，享受有车的生活。雪铁龙见证着这一伟大民族的崛起和国民的富强。"人性科技 创享生活"，雪铁龙愿意陪伴中国消费者享受更有品质、更美好的生活。

附录 1　雪铁龙之后的品牌历任总裁

　　人们很明显可以看出，尽管安德烈·雪铁龙的继承者们，有时也希望采用与品牌创始人不同的管理和经营模式，但无论他们如何决策，最后仍然圆满地保留了品牌的精神。在品牌总部驻留在创设地点雅维尔码头的岁月里，雪铁龙品牌的核心价值甚至老的传统都没有发生改变，即便是经历了两次股权控制权的更迭（米其林和标致）。直到 1982 年 11 月，总部搬到讷衣（Neuilly）以后，雪铁龙品牌才与其传统拉开了距离，而这个差异主要是品牌外在形象的差异；尤其是 2009 年 2 月，雪铁龙品牌在其创始人 90 周年诞辰之际完成的换标活动，新的品牌标识仍以双人字标为基础，极富金属质感，更加立体圆润，体现时尚、现代气息。品牌外在形象的变化只是变得年轻和时尚，而品牌内在的精髓始终如一，那就是：以创新科技实现完美车上生活，并且追求梦想，不断挑战自我。这也是所有雪铁龙品牌的总裁们为之奋斗终生的最高信条。

1935～1937　皮埃尔·米其林（Pierre MICHELIN）

　　爱德华·米其林的次子，也是他最小的儿子。1934 年，米其林托管雪铁龙品牌的时候，爱德华委托他出生于 1903 年的小儿子重整家业，要求一切从简，把前驱车拉上正轨。1935 年 7 月，雪铁龙逝世后，皮埃尔·米其林被任命为常务董事长。1937 年 12 月，在巴黎至克莱蒙费朗的 7 号国家级公路上不幸车祸遇难，英年早逝。

1937～1950　皮埃尔·布朗热（Pierre BOULANGER）

　　1885 年 3 月 10 日生于法国北方。1908 年前往美国，接连在农场、电力公司和建筑师设计室工作。1911 年，在加拿大成立了一家建筑公司。战争时出任飞行员，1919 年加盟米其林轮胎公司，从此成为米其林兄弟的左膀右臂。1934 年，被派往雪铁龙公司，辅佐皮埃尔·米其林。皮埃尔离世后，布朗热被任命为安德烈·雪铁龙有限公司的总裁。1950 年 11 月在巴黎至克莱蒙费朗的 9 号国家级公路上车祸遇难。

1950 ~ 1958　罗伯特·皮瑟（Robert PUISEUX）

1892 年生于巴黎，祖孙三代都是天文爱好者。因战争而中止他在巴黎综合工科学校预备班的学业，当过炮兵和航空兵。1921 年，他迎娶了爱德华·米其林的三女儿安娜，在负责技术研发之前，接受过克莱蒙费朗（Clermont - Ferrand）公司的干部培训。与皮埃尔·布朗热共同经营米其林，后继任雪铁龙总裁一职（在米其林托管阶段）。1958 年引退，担任雪铁龙公司名誉总裁。1991 年离世，享年 99 岁。

1958 ~ 1971　皮埃尔·贝尔科（Pierre BERCOT）

1903 年 7 月 12 日生于巴黎，15 岁丧父。早年毕业于巴黎东方语言学院（古代与现代希腊语），法学博士，经济问题专家。1937 年加入米其林集团。皮埃尔·布朗热招去雪铁龙研究成本和薪金。1950 年 11 月荣升为副总裁进入管理层，一起进入管理层的还有一位他在奥诗国际语言学校（Ecole Des Roches）的校友安托万·布鲁德尔（Antoine Brueder），后者 1935 年加入雪铁龙。皮瑟交给贝尔科越来越多的职责，并于 1958 年 7 月 3 日委任总裁一职，安托万·布鲁德尔作为总经理，在其身边辅佐。

在贝尔科的推动下，雪铁龙收购了庞阿尔（Panhard）品牌并与贝利埃（Berliet）品牌结盟。

1968 年 6 月 27 日，由安德烈·雪铁龙有限公司及其众多子公司组成的集团进行了重组。皮埃尔·贝尔科担任母公司雪铁龙股份有限公司总裁，直到 1970 年 11 月 24 日，引退后担任雪铁龙公司名誉总裁，1991 年 3 月 26 日辞世。

在 1968 年的改组中，旗下两家主要子公司——雪铁龙汽车有限公司和雪铁龙销售公司的总经理职务由克洛德·阿兰·萨尔（Claude - Alain SARRE）担任。

克洛德·阿兰·萨尔于 1928 年 4 月 10 日出生在杜埃（Douai），起先在里尔攻读历史，之后到巴黎政治学院就读。1955 年，作为商务专员加入雪铁龙。先后担任商务方法部长和商务部长（1968 年 1 月），1968 年 8 月 29 日身兼两职。其间，尝试与菲亚特集团合并（其中有米其林的积极参与）。1970 年 4 月 15 日，萨尔辞职离开雪铁龙（一年后他登上鲁贝毛纺公司总裁的职位）。

雪铁龙两家主要公司的总经理职务旋即由雷蒙·拉维内尔（Raymond RAVENEL）接任，任职期为 1970～1974 年。

作为艺术和工艺工程师，拉维内尔从 1949 年起开始在生产、工艺、设备、人事和国际商务领域担任不同的职务。1964～1966 年出任布列塔尼大区雷恩新工厂的厂长，1966 年成为总经理助理，1968 年重组时，被任命为集团两家主要公司的总经理。1986～1992 年担任汽车制造商工会主席。

1971～1974　弗朗索瓦·罗利耶（Fransois ROLLIER）

1915 年 2 月 20 日生于巴黎，在 1945 年加入安纳西（Annecy）律师事务所之前，在巴黎学习法律。1952 年，进入米其林集团最高领导机构，1966 年，成为该集团公司两总裁之一。从 1970 年 6 月 24 日起，被任命为雪铁龙集团副总裁，1971 年 1 月 1 日任命为总裁。

继贝尔科-萨尔-拉维内尔时代那些相对自由的管理之后，罗利耶的任命，可以被理解为回归米其林的统治。

1968 年与菲亚特达成的协议没有产生令人满意的结果，1973 年，该协议被宣布放弃，并开始与标致谈判合作（以前已经有过这方面的尝试，只是一直没有结果）。1974 年 12 月 6 日他促成标致合并雪铁龙。弗朗索瓦·罗利耶于 1992 年 6 月辞世。

1976 年 5 月 12 日，雪铁龙股份有限公司正式并入标致股份有限公司，雪铁龙汽车和标致汽车组建成汽车部，由让·保罗·巴莱亚（Jean-Paul Parayre）领导。两家汽车公司都有自己的监事委员会和董事会。

1974～1979　乔治·泰勒（George TAYLOR）

1920 年 12 月 22 日生于罗马尼亚的布加勒斯特。法学学士，后在法国高级商校学习。1941 年加入标致汽车公司，先后任秘书长、发动机厂厂长、标致索肖工厂厂长（1963 年）、集团公司副总经理（1966 年）、总经理和标致董事会成员（1973 年）。1974 年 12 月 6 日，被任命为雪铁龙汽车董事会总裁。

董事会由三人组成，另外两个成员是雷蒙·拉维内尔（Raymond Ravenel）和雅克·隆巴德（Jacques Lombard）。监事委员会主席由弗朗索瓦·葛蒂埃（Fransois Gautier）担任，之前已经是标致股份有限公司总裁和标致汽车监事委员会主席。

标致把他放在雪铁龙的领导位置，引领还很脆弱的联合体前进，这任务颇有些棘手。乔治·泰勒非常认真地行使他的职责，以至于有些人称，他更像是雪铁龙的人而不是标致的人，"被征服的希腊征服了他的征服者"（贺拉斯 Horace）。

1979 ~ 1982　雅克·隆巴德（Jacques LOMBARD）

1923 年 7 月 12 日生于法国奥塞尔。1945 年毕业于法国著名的矿业学院土木工程系，同年，加入北方加来省的煤矿工作，1953 年，进入标致汽车集团，1960 年被任命为标致汽车公司商务部部长（法国和出口），1974 年，任命为雪铁龙董事会成员。

1979 年 1 月 1 日，雅克·隆巴德接替乔治·泰勒在雪铁龙汽车公司董事会的领导职务。

1982 年 9 月 28 日，董事会和监事委员会的架构由总经理和董事会的架构代替，雅克·隆巴德被任命为总经理，让·巴拉特（Jean Baratte）为雪铁龙汽车董事会主席。

1982 ~ 1983　让·巴拉特（Jean BARATTE）

1920 年 8 月 18 日出生于讷衣。著名的法国巴黎政治学院的高才生，法学博士，1941 年加入标致集团，历任公司总部秘书长（1958 年）、公司副总经理（1973 年）、总经理（1975 年）、1976 年标致汽车董事会主席、1980 年标致股份有限公司董事会成员及总裁。

继泰勒（Taylor）和隆巴德（Lombard）更偏向"雪铁龙精神"的 8 年经营之后，从让·巴拉特空降到雪铁龙要职这一事实，可以看出标致想要重新控权的愿望。

在重新回到标致股份有限公司董事会之前，让·巴拉特在隆巴德之后和卡尔韦（Calvet）之前，临时做了雪铁龙一年的总裁。

1983 ~ 1998 雅克·卡尔维特（Jacques CALVET）

1931 年 9 月 19 日生于巴黎。先后毕业于法国巴黎政治学院、巴黎政治经济学院和法国国立行政学院。历任国家审计院助理稽核、审计员（1957 年）、顾问（1963 年），法国德斯坦政府财政部部长办公室主任（1970 年 9 月）、经济和财政部长（1973 年 4 月），巴黎国民银行副总经理（1974 年）、总经理（1975 年）及总裁（1979 年 10 月到 1982 年 2 月）。1982 年 9 月加入 PSA 董事会，任副总裁，1984 年 9 月 4 日接替让·保罗·巴莱亚（Jean – Paul Parayre）成为总裁，后者 1977 年接任弗朗索瓦·葛蒂埃（Fransois Gautier）担任这一职位。他兼任雪铁龙汽车和标致汽车总裁直到 1997 年。之后由让·马丁·福尔茨（Jean – Martin Folz）继任，50 岁，综合理工和矿业学院毕业，1995 年加入 PSA 集团，担任汽车部部长。

1990 年 12 月，巴黎，雅克·卡尔维特和东风汽车公司总经理陈清泰签署了在中国建立合资公司的合资合同，两年后，该合资合同生效，雪铁龙品牌终于在中国"落地生根"。

1998 ~ 2007 克洛德·萨蒂内（Claude SATINET）

1944 年 7 月 19 日出生，综合理工和高等电信学院毕业，1973 年加入雪铁龙汽车，从事计算机信息系统职务。1979 年升任工业成本及工厂管理负责人，两年后负责雪铁龙及分公司财务控制。1984 年在雪铁龙品牌总经办，负责协调改善销售与市场的关系，主要是销售及生产预测。1986 年担任雪铁龙西班牙公司总经理，1990 年出任欧洲出口负责人，1992 年任欧洲销售部长，1994 年担任雪铁龙品牌副总经理、销售部长，1998 年 2 月 16 日起担任雪铁龙汽车总经理，7 月 1 日后成为 PSA 董事会成员。

2007 ~ 2008 吉尔·米歇尔（Gilles MICHEL）

毕业于巴黎综合理工学院，国立统计与经济管理学院和法国巴黎高等政治学院。1979 年在国立统计与经济管理学院（ENSAE）担任助教，1982 年进入美国华盛顿特区的世界银行担任工业经济师。1986 年加入圣 – 戈班公司任调研主管，一年后转到圣 – 戈班陶瓷工业部担任经管与计划经理，1989 年进入勒彭代的分公司担任经理，1994 年任圣 – 戈班陶瓷工业部"电铸陶瓷"分部总经理，1997 年在美国印地安纳波利斯的波尔福斯特玻璃分公司担任总经理，2000 年担任圣－戈班陶瓷与塑料部总裁，集团执行委员会成员。2002 年 10 月米歇尔加入 PSA 标致雪铁龙集团，任平台技术与采购部部长，同时兼任 PSA 标致雪铁龙集团执行委员会成员，2007 年 2 月 6 日，担任雪铁龙品牌总经理，同时兼任集团执行委员会及管理委员会成员。

让·马克·盖乐（Jean－Marc Gales）毕业于卡尔斯鲁厄大学机械系，获工程师学位，随后在英国伦敦帝国大学获管理学硕士。他 1990 年加入 BMW，从事过多项管理工作（战略策划、集团协调、组织）。1998～2003 年加入大众，担任战略营销部长和集团营销部长。2003～2006 年，加入通用汽车，先后在欧宝和萨博品牌担任轻型乘用车总经理和销售、市场、中欧市场售后总经理职务。2006 年加入梅赛德斯－奔驰，担任全球销售总监。2009 年 3 月加入 PSA，担任雪铁龙品牌总经理，兼任 PSA 管理委员会成员，3 个月后，调任 PSA 品牌总监，负责雪铁龙和标致两个品牌的营运工作，雪铁龙品牌总经理一职由鹏飞（Frédéric BANZET）接任。

2009 至今　鹏飞（Frédéric BANZET）

出生于 1958 年，法学学士，先后就读于巴黎高等科学技术与经济商业学院、美国哈佛商学院。1982 年加入 PSA 集团财务部。1991 年进入伦敦 PSA 金融银行担任副总经理，1995 年回到法国汽车金融公司 CREDIPAR，担任市场与开发部部长，1999 年被任命为标致品牌亚太部部长，2004 年加入雪铁龙品牌，担任国际部部长，2007 年担任欧洲销售部长，品牌管理委员会成员。2009 年 6 月 19 日，鹏飞被 PSA 董事会主席菲利普·瓦兰（Philippe Varin）任命为雪铁龙品牌总经理。

附录2 | 雪铁龙品牌的主要车型

　　从1919年推出第一款汽车到现在，雪铁龙品牌经历了卓越而时尚的九十多个春秋。雪铁龙品牌由一位有着开明思想的旷世奇才所缔造，虽曾经历磨难，但总能凭借创新精神重整旗鼓而令人惊喜。这个最具天赋的法国汽车品牌也是法国人的最爱，总能引发人们的激情和仰慕。雪铁龙品牌之所以能获得法国人的倾心，应归功于它的缔造者安德烈·雪铁龙及其领导的团队和继任者们，是他们赋予了这个品牌及产品不可否认的灵魂。纵观其发展史，从皮埃尔·布朗热（Pierre Boulanger）到安德烈·勒菲弗尔（André Lefèbvre），从弗拉米尼奥·贝托尼（Flaminio Bertoni）到罗伯特·欧普龙（Robert Opron），从皮埃尔·米其林（Pierre Michelin）到皮埃尔·贝尔科（Pierre Bercot），雪铁龙的历史就是一部具备勇敢、创新精神的人物史。在世界汽车史上最具影响力的汽车排名中，雪铁龙有多款车型进入候选的行列，从早期的前驱车、2CV到总统座驾DS、SM，从C3毕加索到C4毕加索，从C5到C6到新一代DS系列，九十多年的车型设计无不体现出强烈的时代气息，大胆前卫和奇思妙想绵绵不断。那许多款蕴涵时尚与科技的车型，伴随着一代代人的成长，从牙牙学语的孩童，到华发垂鬓的老者，人类和雪铁龙汽车之间早已超越了商业、产品，卖家或消费者之间的关系，那是千万人凝结的普遍的情感，虽经如斯岁月，但历久弥新。

TYPE A-1919 欧洲首款规模化生产的汽车

　　雪铁龙品牌的第一个产品，欧洲历史上第一款大批量生产的汽车，"type A 10 HP"同时也是第一款交付齐全的经济型轿车，第一款左置方向盘的轿车，也是第一款安装电动启动机的汽车。1919年4月下线，6月4日交付。4座3门敞篷车。1919年上市价格为7 950法郎。1919年10月价格：12 500法郎，1920年10月：15 900法郎。

　　该车拥有非常传统的标准规格钢质底盘，有2.55米和2.83米两种轴距可选，核定捐税功率为8CV。它的发动机由直列四个垂直缸体组成，排量为1 327毫升，缸径/冲程65×100毫米，气门侧置，可拆卸气缸盖，电子点火，电启动，Solex化油器。通过虹吸管方式循环水冷却（无水泵），无风扇，铝制发动机下机罩，叶泵加压式曲轴润滑，实际功率达到18马力/2 100转/分。变速箱三挡加倒挡，中置操纵杆，后轮驱动。弹簧式悬架，鼓轮式脚刹制动（油门右边踏板），710×90的米其林轮胎，备胎置于左侧。该车总长4米，总宽1.41米，总高1.75米（闭合顶棚时），空载重量810千克。A型车最高车速达65公里/小时。百公里油耗仅为7.5升，是当时非常经济的车型。

　　尽管鱼雷式敞篷是它最常见的一款车型，"Type A"也有一款四座车型（产量1 938台），当时来说豪华且装备齐全：内饰篷布，细木装饰，配有遮帘，内部电器照明。前座椅位置前后可调，椅背角度可调，可拆卸。备胎后置。与鱼雷式的差异在于，前者是三门车，涂漆木制工具箱安置在上车踏板位置，鱼雷式相同位置却多放置备胎。

　　1920年，雪铁龙首度参加法国勒芒汽车节油大赛，表现出众，勇夺最佳经济性能奖。这个光环果然成功拉动了汽车的销量。1919年至1921年共销售24 093辆type A10 HP。

迷人的C型车 品牌初期的标志性产品

1921年11月，安德烈·雪铁龙将C型车投放市场。因为他一直梦想有一款真正面向大众的经济型轿车，这便是C型车或叫5CV（马力）。5CV的名字来源于它的功率，它才是真正汽车普及化的标志。因其使用经济，保养方便，很快取得成功。它驾驶的方便和悦人的颜色使其成为第一辆女性车。1921年车展首先推出浅黄色两座敞篷款，广告上称之为"小柠檬"，然后是可折叠敞篷车（cabriolet）（1923年）和"treflet"（敞篷3座，1925年）。

5CV配备856毫升的小型四缸发动机，气阀侧置，气缸内径55毫米，冲程90毫米。实际功率达到11马力/2 100转/分。点火方式独特：电池和分电器点火。电启动。脚刹传动系制动（踏板位于右侧，油门踏板在中间）。650×80的米其林轮胎。该车总长3.2米，总宽1.40米，总高1.55米（合上顶棚）。空载重量543千克。最高时速60公里。百公里油耗为5升。

C型车的出现使公司销量大增。在随后相当长的生命周期中，C型车又演变为Type C2、Type C3和 Type C4，直到1926年5月停产。在法国人的记忆中，这款可爱的"小柠檬"（法语中的"柠檬"和"雪铁龙"发音相似)标志着雪铁龙品牌的开始。直到1926年春，5CV（C1、C2、C3款）售出80 759辆。

全钢车身的B10 雪铁龙开创封闭式车厢的潮流

在1924年10月的汽车展上，安德烈·雪铁龙推出了B10型车（Type B10），这是法国第一辆全钢车身的封闭式汽车。B10以由冷压钢质部件焊接而成的车身掀起汽车业的一场技术革命，比以往的木质车身更坚固、更耐磨的全钢车身为乘客和司机提供了更好的保护，B10的生涯虽然短暂，但它是未来10年雪铁龙B12和B14系列的开山之作。雪铁龙让封闭式汽车流行起来。

自1925年10月起，B12系列使全钢车身概念走向成熟。几个月之后，由于采用了整体式后桥壳和新型后制动鼓，从而抵消了由于底盘加固和全钢车身带来的重量增加。车身种类也更加多样化。一年之后的1926年10月，B14车型取代了B12。新一代产品相对于当初的A型车有了很大的突破：底盘重量减轻；发动机排量达到1 538毫升，更加灵活；与变速箱一样，刹车也被强化，四个车轮上装配了四个制动鼓。另外，B14的车身款型进一步多样化，其全钢车身也终于完全成熟。一直到1928年10月，雪铁龙工厂只生产B14，一直到新车型C4的问世才结束。

B12轴距2.87米。前后轮距1.22米。长4.10米，宽1.41米，高1.83米，重1 000公斤，时速75公里/小时，百公里油耗8.51升。总产量为38 381辆。

B14是一款销量大的豪华车（间接照明仪表台），因其扁平散热器、低底盘、现代齐全的仪表板而吸引人。四个月后的B14F是首款大批量装备伺服助力制动的车型。

1928年，B14G取代B14F，顶棚隆起，倒圆角。两种轴距可选，常规和加长，这就使它成为封闭式车厢、6座朝前的家庭轿车。

产量：119 467辆。

C6　高级轿车的开山之作

1928年10月的巴黎车展上，雪铁龙推出了两款拥有四缸和六缸两种发动机配置的新系列，准备在1929年投放市场，这就是C4和C6系列，C6代表了雪铁龙迈入了高级量产车市场。

四缸C4替代了B14，它保留了原来车型的部分特性，采用新的散热器、新机罩、新挡雨板和翼子板，造型改观。凭借新的加强底盘和结实的全钢车身及现代的发动机，车型宽敞、豪华、优雅但不失稳固，C4成为30年代富裕客户的首选车型。

直列四缸发动机，气阀侧置，可拆卸气缸盖。缸体与曲轴箱整体铸成，气缸内径72毫米，冲程100毫米，排量1 628毫升。实际功率达到30马力/3 000转/分。火花塞和电池点火。电启动。三速比变速箱。弹簧悬架机构。四轮装有助力制动。13×45的米其林轮胎。该车长4.10米，宽1.58米，总高1.74米（轿车），净重1 180公斤，车速90公里/小时。百公里油耗8.8升。

1930年车展上C4F取代了AC4，化油器、离合器和变速器都是新的，固定在四个橡胶支架上的发动机也是新的。

C4G继C4F之后在1932年春推出，装备雪铁龙全新技术、赫赫有名的"浮式发动机"：前后支架安装在橡胶块上并布置发动机摆动轴在其重心，结果震动消失。所有装有浮式发动机的雪铁龙车型，都骄傲地竖着一个在双人字下游弋的天鹅标识，象征"像天鹅在水中划过一样，惬意而宁静地前行"。发动机气缸内径为75毫米，排量是1 767毫升，功率可达32马力/2 700转/分，压缩比为5.3。车速95公里/小时。

C4总产量：约243 068辆（1928~1934）

C6–1928

同样在1928的车展上，推出了第一款雪铁龙六缸发动机轿车C6，这是雪铁龙品牌高端造车历史的首代产品。

C6使用了C4的车身，但做工比C4更精细，外观通过更长的机罩、更大的头灯、散热器中间的"6"标识和右后翼子板上刻有"C6"的三角板加以区别。

除了六缸发动机外，其他参数与C4相同。气缸内径72毫米，冲程100毫米，该发动机气阀侧置，Solex 30 BDVD化油器，排量2 442毫升，14CV，实际功率可达42马力/3 000转/分。14×45的米其林必比登舒适轮胎。该车轴距2.95米，净重1 275公斤，车速105公里/小时，百公里油耗14升。

1929年初，C6推出第一款演变车型C6E或者叫做加宽版C6，轮距从1.32米增加到1.39米，车身也同比例加宽。

另一更改使得四缸和六缸更易区分：保险杠和"壳体"行李箱实现批量生产。同样要注意到的是，它第一次使用了"安全"玻璃。

1929年车展，C6以C6F显示了雪铁龙六缸最恰当的尺寸。相较第一款C6，它更宽（轮距1.42米），空间更大，装备和内饰都提高了档次，C6F毫不惧怕更高价格车型的竞争。

1931年推出的CGL车型（雪铁龙超豪华）取得了巨大的成功。它不仅车身和装备考究，还在各项评选中多次折桂，凭着高性能直列六缸发动机，它也堪称绿色车型。排量2 650毫升，压缩比6.1，实际可达50马力/3 200转/分。该车长4.40米，宽1.70米，重1 380~1 400公斤。

1932年推出的C6G是C6的最后一次演变。它采用了CGL的排量，不同的是橡胶包边的保险杠和一个更宽敞的壳体行李箱（净高4.60米），它还装备有革命性的浮式发动机。

为了检验性能及舒适性，近一个世纪前的C6就已经进行长距离的道路测试，它曾经创造了

以平均时速108公里/小时连续行驶25 000公里的世界纪录，随后又以104公里/小时的平均时速，在54天时间内不间断行驶了136 000公里，将自己创造的纪录刷新。

C6总产量：约61 293辆。C6的用户中包括了教皇庇护十一世和法国作家萨卡·圭特瑞这样的知名人士，由此可见其在历史上的重要地位。

罗莎莉（ROSALIE）优雅与成熟的第二代高级汽车

雪铁龙新品在1932年10月的车展上投放。新系列实现了雪铁龙汽车发展的一次飞跃，其发动机配置从两种扩大到三种：雪铁龙Type8、Type10和Type15型车，该系列性能可靠、外观优雅、经久耐用、款式多样，被后人统称为"罗莎莉"（Rosalie），是雪铁龙的最后一批后驱车型。同时，它也标志着雪铁龙品牌一个发展阶段的结束。凭借罗莎莉的成功，安德烈·雪铁龙将在两年后为汽车理念带来新一轮革命。

罗莎莉系列是雪铁龙第一款采用独立前轮的车型，这种前桥新结构之后应用在了所有车型上。这款车采用型钢纵梁加强型底盘，基板均进行焊接，而车身则采用"沉箱"式车架纵梁使车身更加坚固，"普尔门"式座椅提供了卓越的舒适性能，它是第一个双向可调座椅（前后调节和靠背倾斜度调节）。在其他技术创新方面，新车型采用了同步双速技术、自由轮以及新型格里森（Gleason）车桥，从而提高了操控的舒适性。

该车长4.72米，宽1.72米，其豪华型装备6缸发动机，排量2 650毫升，输出功率56马力，最高车速可达115公里/小时。从1933年至1938年，罗莎莉系列共生产95 312台。

这是雪铁龙第一款在格栅上镶入雪铁龙品牌双人字标志的车型，从此这个典型的具有雪铁龙烙印的设计风格被延续至今。

1933年3月至7月，在巴黎南部的MONTLHÉRY汽车试验场上，一款单座车身的Type 8 "小罗莎莉"（Petite Rosalie）打破了一项又一项的国际纪录。在134天的时间内，它共跑完30万公里，创造了290多项纪录。从此，雪铁龙Type 8、Type 10和Type 15系列被老百姓亲切地统称为"雪铁龙罗莎莉"。汽车还装备了符合空气动力学原理的特殊车身。在此纪录后，众多媒体进行了广泛的宣传。

前驱车（Traction Avant）改变世界汽车历史的巨作

1934年4月18日，安德烈·雪铁龙向世界展示了一款前轴驱动车型——7型车（Type 7），后来也被称为"前驱车"，将汽车技术向前推进了一大步，并在随后的20多年中引领整个法国乃至全世界汽车工业的潮流。世界汽车历史也由此从后驱车迈向了前驱车时代。如今，全世界汽车总量80%的车型都是采用前轴驱动。

雪铁龙7型车是一款承载式车身的4门4座轿车，它摆脱了底盘车架以及传动轴的制约，由此大大提高了汽车的舒适度。此外，相比以前的汽车驱动形式，新产品在操控稳定性方面也有很大的提高。其发动机为4缸，排量为1 303毫升。根据客户的要求，这款发动机很快就得到升级。在其诞生后不到两个月，7型车升级为7 B型车，发动机排量提高到1 530毫升。同时，7 S型车搭载排量达到1 911毫升的发动机，功率达到11马力。

"前驱车"是雪铁龙历史上第三代高端汽车。车体长4.96米，宽1.79米，其高端车型装备6缸发动机，排量2867毫升，输出功率77马力，最高车速135公里/小时。除了时尚的造型融合了最新的空气动力学成果之外，该车还装备了诸多技术创新。比如液压刹车系统替代原机械拉索系统，使得刹车性能更好，寿命更长；比如悬挂由扭力杆和可伸缩液压减震器组成，悬架舒适性更好；比如最早使用子午线轮胎。雪铁龙甚至还尝试过将自动变速箱装到"前驱车"中。

"前驱车"的开发工作是由工程师安德烈·勒菲弗尔（André Lefebvre）和造型设计师弗拉米尼奥·贝托尼(Flaminio Bertoni)共同主持的。他们两人无论在安德烈·雪铁龙的时代还是爱德华·米其林的时代都是公司的中坚力量。他们后来的作品还包括2CV、"公路女王"DS等车型。

"前驱车"生产时间达到23年之久，共生产了76万辆。在第二次世界大战解放巴黎的过程中，"前驱车"为法国反法西斯力量（FFI）使用，在解放法国的战斗中作出了重要的贡献。

2CV（1948年） 掀起汽车普及的潮流

2 0世纪30年代经济危机爆发时，安德烈·雪铁龙就想制造一种价格很低的百姓车，使汽车成为普通老百姓用得着买得起的日用品，为工人或农民设计用作劳动工具的汽车。40年代，雪铁龙品牌的小型车项目启动的时候，当时的总裁皮埃尔·布朗热就热切地提出，这款车将是拥有自己技术特点的经济型车。于是主设计师勒菲弗尔融入了飞机制造技术：前轴驱动，独立轮纵梁扭力杆式悬挂，水平对置双缸风冷式发动机，给人留下了深刻的印象。战后，2CV一面市，迅速成为象征自由的汽车，375毫升排量发动机（之后排量依次是425毫升、435毫升和602毫升），水平对置双缸风冷，没有气缸盖垫，没有点火系统分电器。功率9马力/3500转/分（1969年的2CV6功率达到33马力/7 000转/分），配备四速比变速箱。该车长3.78米，宽1.48米，重495公斤。时速65公里/小时（1969年为110公里/小时）。百公里油耗4.5升。

2CV在汽车历史上拥有着与大众甲壳虫、Mini Cooper等一样的历史地位。从1948年10月到1990年7月27日最终停产，雪铁龙2CV的生产总共持续42年，制造并销售了5 114 940辆，掀起了汽车普及的潮流。

时光荏苒，光阴如梭，永不落伍的时尚教主雪铁龙2CV已经有60岁了，但她带给人的情感财富，薪火相传，历久弥新。所有认识或不认识她的人们，见到她之后很快就会爱上她大方的外形和回眸微笑的眼睛。想当年，她背负着"经济简洁"的设计目标，却结合了当时最前沿的科技装备，一如雪铁龙品牌的内涵，革命性地在汽车领域开创了经济化、大众化、多用途的汽车路线，并给人类带来了一款永不落伍的车，因为2CV身上"先锋派"的精神，已经深深地镌刻在雪铁龙品牌的基因之中，并且有如陈酿，愈久愈香。

从此，雪铁龙卖的不是汽车，而是一种生活艺术。

雪铁龙DS 公路女皇 1955年

——→战过后，雪铁龙汽车的发展有了
——→明显的提速，而且在技术上开始
有新的突破。1951年，天才设计师弗拉米尼
欧·贝托尼受水滴的启发，画出了DS的设计草
图。这种车身设计带来较低的风阻系数，直接
为车主带来更安静的环境和更少的油耗。1955年，雪铁龙DS19在巴黎车展展出，首推的液气联
动悬挂让这款产品轰动一时。

1955年10月1日，巴黎大皇宫展览中心，雪铁龙DS惊艳亮相。DS的到来引起了巨大轰动，
新闻界竞相报道。DS完全不同于他们以前看到过的任何车型。"从前大灯到尾灯，它有的，别
的车全没有"，这是当时媒体对这款车型的评论。人们争先恐后地前来参观，消费者对其一见
钟情：45分钟之内就卖出了750辆，一天之内卖了12 000辆！凭借液气联动悬挂以及盘式制动等
技术，DS获得了良好的市场表现，被人们誉为"公路女皇"。

DS轿车是"前驱车"的换代车型，它继承了前驱车的优点：技术尖端，造型大胆。DS的车
身由11个可拆卸部件组成，这样的设计与当时极为超前的流线造型相当吻合。简约的"钳夹"
式散热器护栅、隐藏在挡泥板下的车轮、无框车门以及可转向式前大灯（1968年出现的革新技
术）都印证了这一点。DS车型驾驶舱内的众多细节设计同样展现了雪铁龙的创新精神，如超前
的模制塑料仪表盘、单叉方向盘和安装在方向盘后的变速杆。雪铁龙在普及前卫技术风格的过
程中，凭借DS车型确定了新一代现代汽车的走向，并获得了广泛认可。

DS对世界汽车工业的贡献不仅是它独特的外形，还在于它在多个地方革命性地运用的新技
术。车身采用了铝合金和塑料等新材料，符合空气动力学的线条和圆形造型令人耳目一新。所有
重要的总成都是助力的：变速箱、离合器、转向、制动（前轮碟刹，是世界上第一次在量产车上
使用）、独立的双制动回路、制动力自动分配器，等等。液气悬挂柔韧性很大，外带平衡校正
器，无论载荷多少都能保持一样高的离地间隙。这种悬挂靠油和气相互作用，取代了传统机械弹
簧，驾乘舒适，抓地性无可挑剔。英国劳斯莱斯公司于1982年向雪铁龙购买此项专利，配置在劳
斯莱斯车系上，将法国式的浪漫韵律，融入英国式的严肃典雅，造就了地位尊崇的皇室风范。

该车尺寸长4.87米，宽1.8米，装备2 347毫升的4缸发动机，功
率130马力，车速可达188公里/小时。从1955年至1975年，20年的产
量超过145万台，创造了雪铁龙品牌高端车型的产销记录。

DS是雪铁龙历史上第4代高端车型，有"总统座驾"的美誉。
最让这款车出名的是1962年8月的"刺杀法国总统事件"。刺客佩蒂
特·克拉玛尔用冲锋枪扫射总统座驾DS，令人惊奇的是尽管车身上
布满弹孔，甚至轮胎也被射瘪，但DS仍然载着戴高乐将军一路狂奔，成功脱离险境。此外，丹
麦玛格丽特女王夫妇和柬埔寨西哈努克亲王也十分喜爱这款车。

由于出众的操控性，这款车也被雪铁龙品牌用于汽车拉力赛中。1959年、1966年两次获得
蒙特卡罗拉力赛冠军，初步奠定了雪铁龙"运动家"的雅号。

雪铁龙SM　最快的总统座驾

2O世纪60年代末，意大利运动汽车品牌马莎拉蒂（Maserati）遭遇经营危机。马莎莉蒂虽然有过辉煌的历史，但由于管理不善而濒临破产。雪铁龙总裁拉维内尔认为，这是获得技术专长、品牌形象以及成熟的运动性动力系统的机会。1968年，雪铁龙同马莎拉蒂达成了第一项协议，接着很快就对其控股。于是，DS运动款项目应运而生。

SM是雪铁龙与玛莎拉蒂合作的产物，也是雪铁龙第一款时速达到220公里的车型。它还配备了主动液压悬挂，堪称是速度与安全的完美结合。优异的运动基因使其首次参加摩洛哥拉力赛便取得了第一名的成绩，并于1970年获得全球最安全的高速汽车的殊荣。1972年，被美国知名杂志《MOTOR TREND》冠以"全球最佳车"头衔。虽然SM运动能力突出，但也不妨碍它成为法国政府元首接待的专属座驾，英国女王、法国总统密特朗、希拉克都曾经拥有这款车。

SM的外型特点非常鲜明，其采用的全景玻璃掀背门可谓一大创举，在技术上也是突破，后来被众多法国乃至外国车型竞相仿效；其成功之处还在于车身三角窗玻璃边上的凸肩设计，使整体线条雄浑有力，同时又形成与车顶线条的优雅连接；大灯镶在玻璃灯罩内，更符合空气动力学原理；1971年开始选装的加强树脂材料轮毂仅4.2公斤，被美国航空航天局用于登月车辆。

SM尺寸长4.89米、宽1.84米、高1.32米，重1 450公斤，装备玛莎拉蒂6缸发动机，排量2 670毫升，功率178马力，最高车速可达220公里/小时（1972年的SM电喷型为178马力/6 250转/分，时速228公里）。五速比变速箱。可变助力转向：低速方向轻，利于操控；高速方向重，保证稳定性。恒定高度液气联动悬挂。助力盘式制动。百公里油耗12.5升。

作为雪铁龙第五代高端轿车，从1970年到1975年，该车型共生产12 920辆。

雪铁龙汽车在20年后推出的XM便是以SM作为参照的。

雪铁龙CX 二战后首款进入中国市场的法国车

CX是继SM之后雪铁龙第六代高端车型。第一款装备涡轮增压的车型。车身长4.75米，宽1.77米，高端车型配备排量2 500毫升的涡轮增压4缸发动机，功率168马力，时速达223公里。发动机变速箱横置在车的前部，恒定高度的液气联动悬挂、后凹型玻璃窗、未来型仪表板、自动回正助力转向系统和"C-Matic"变矩器变速箱，这些都是CX的优点。

CX一经推出便当选为欧洲"1975年度车型"，并在赛车运动中以优异的操控性能囊括多项重量级奖项。1975年，CX系列增加了长轴距平台，轴距从原来4门4座车型的2.84米提高到3.10米。这个长轴距平台催生了旅行款和被命名为"尊贵"的豪华车型。很快，这个豪华款车型得到了政府官员和企业老板的青睐。作为当时法国最高级别的轿车，CX毫无疑问地成为了法国总统德斯坦的专属座驾。

1985年7月，雪铁龙参加中国首届上海车展，并在此期间签署了250台CX轿车的交付合同，CX是从法兰西走进中国市场的第一款车型。

从1974年到1991年，CX的生产持续17年，产量为1 169 695辆。

作为"总统座驾"的继承者，1975年到1981年，CX为法国共和国总统德斯坦服务。

1995年法国共和国总统当选当晚，希拉克使用CX在巴黎举行了检阅仪式。德意志民主共和国总统昂纳克也是CX的用户。

XM - 过渡时期的高端车型

1989年5月23日，雪铁龙总裁雅克·卡尔维（Jacques Calvet）亲自向媒体推介XM车型，其典型的雪铁龙造型和外观，在1990年为它赢得了令人羡慕的"年度最佳汽车"称号。XM的造型设计极其符合空气动力学的要求，并且采用了前沿技术。像它的一些前辈一样，XM采用了液气联动悬挂系统，并在此基础之上增加了一套新调节装置——Hydractive主动液压悬挂。这种装置因为在每根车轴上加装了两个附加的液压球，所以可以选择两种减震模式：柔和式或运动式。该装置可自动操控或通过变速杆边上的控制键来手动操控。

XM是雪铁龙第一款使用多路传输网络系统的车型。车长4.71米，宽1.8米，装备3升24阀门发动机，该发动机可提供200马力的动力，车速达到235公里/小时。从1989年到2001年，该车生产333 775辆。如同雪铁龙先前所有的高档车一样，XM也曾是总统和部长的座驾，诸多XM因此而装配了防弹玻璃。

雪铁龙ZX 富康的原型车 1991年

1990年12月，雪铁龙汽车与中国第二汽车制造厂签署协议，设立合资公司，同步引进生产和销售雪铁龙ZX系列轿车，这就是中国生产的富康的原型车。

1992年9月4日，雪铁龙ZX轿车以中国名字"富康"投放中国市场，富康与捷达、桑塔纳成为中国轿车市场的"老三样"。富康轿车成为中国汽车市场两厢轿车的鼻祖。该车采用了雪铁龙首创的领先技术——后轮随动转向，在减震、抗侧倾能力和减少甩尾影响方面具备明显的优势，拥有出色的底盘操控性和安全经济性，十年来获得无数消费者的青睐。

1998年6月18日，富康轿车在清华大学汽车研究所进行的安全性检测碰撞试验中取得成功，被誉为"中华第一撞"，见证了雪铁龙品牌不凡的安全实力。

1998年，富康三厢型投放市场，这就是著名的"988"。东风雪铁龙的产品日益贴近中国消费者的习惯。"弯道王"、"耐用王"都是中国用户对于东风雪铁龙轿车的亲切称呼。对于很多中国人来说，90年代的东风雪铁龙富康、大众捷达、大众桑塔纳是家庭拥有的第一辆车。富康车参与了国内家用车从无到有，再到后期井喷的时代。同时它也从国内一线车型发展成为二三线地区常见的经济车型，见证并影响了国内汽车消费习惯。

东风雪铁龙爱丽舍 "成熟之选"

2002年在富康风靡大江南北之时，东风雪铁龙再接再厉推出了改进的新车型——爱丽舍轿车，将法国风情与中国时尚完美结合起来，并根据中国市场的特点打造"两厢和三厢"产品平台。

历经九年的市场考验，量产百万辆级的成熟平台，累计400余项的持续技术改进，锻造出爱丽舍愈发成熟可靠的品质。2011年还有新产品上市，新产品继承了雪铁龙享誉全球的后轮随动转向专利技术，确保驾驶者对车辆拥有出色的把控，防止侧倾和甩尾；采用与奥迪等高档车型相同的博世8.1版本ABS+EBD系统，令车辆操控更稳定；高强度全承载式吸能车身，配合整体式吸能保险杠、前排双安全气囊及三点式安全带，为驾乘者提供全方位安全保障；燃油切断装置在车辆发生碰撞时能够及时切断燃油，防止泄漏；电子密码防盗系统、四探头倒车雷达和行车自动落锁等配置则大大增强了用车过程中的安全系数。

多年来，爱丽舍获得了无数荣誉，不仅荣获了连续多年空缺的中国汽车工业科技进步一等奖，被授予全国"用户满意产品"称号，也斩获了来自全国各地的多项赞赏，"百姓最喜爱的经济型轿车"、"年度最佳口碑车型"、"最受欢迎家轿"等殊荣不胜枚举。正是对品质和完善服务的追求，爱丽舍才赢得了来自汽车行业和市场的称赞与认可。

东风雪铁龙C2 "活力魅族"

2006年10月11日，东风雪铁龙C2在北京发布。这款会聚欧洲最新科技，全新四门两厢紧凑型电子化轿车的活力登场，为都市年轻时尚一族带来更多创新科技和活力时尚新体验。中国版的C2，与欧洲版的C2大不一样，欧洲版C2是3门掀背式，而中国版是5门两厢轿车。在外形尺寸上，中国版更长更宽。

2007年6月东风雪铁龙启动与著名运动服饰品牌Kappa的跨界营销，成为2007年汽车营销的经典案例，Kappa推出的特为设计C2的服装，首开国内车主专有服饰之先河。10月9日晚，高度凝聚"活力、时尚、运动"的东风雪铁龙C2 VTS劲飚登场，汪涵、夏雨等明星前来助阵。第二天的南京车展上，车迷设计的"C2 变形金刚"参展，并成为业界焦点。随后，东风雪铁龙C2正式参加中国汽车拉力锦标赛，并在比赛中取得优异成绩。

C2是一款具有完美操控性能，时尚并极具活力的精品两厢车，在东风雪铁龙的产品布局中有着重要的地位。该车型上市以来，从外观造型到内饰设计，从安全装备到舒适配置，从动力总成到车身颜色，不断地在更新，在升级。C2时尚、活力、动感的产品形象已深入人心。2011年C2的全新升级将为都市年轻时尚一族提供更多选择。

雪铁龙C3 "百变精灵"

C3标志着雪铁龙品牌在大众化城市小型车市场的强势回归，这款车在千禧年初期诞生，它承载着品牌重新回归市场的期望。C3是PSA标致雪铁龙集团中最先采用全新HDi系列小型DV柴油发动机的车型。同时可以选装电控变速箱，可通过置于方向盘后的拨片换档。还可选装全景天窗。尽管刚上市时存在一些不成熟的缺陷，但是，C3还是很快在销售上取得了不俗的成绩，这显然要归功于其精良的装备和靓丽的外形。

2003年5月，C3 Pluriel "百变星" 上市，之所以这样命名，是因为它可变身为敞篷车、小皮卡和顶棚可折叠的Spider车型。2005年10月初，C3系列重新焕发青春。这次改型的内容有：更精致的内饰、更细腻的外观、功率更强大更环保的柴油发动机。2008年10月的巴黎车展上，一个新的特别版本——查尔斯顿（Charleston）横空出世。它重拾了20多年前出现在同名2 CV中的双色主义风格：经典的红与黑搭配，勾勒出一道鲜明的弧形分割带，与顶棚弧形支撑板连为一体。

2009年11月上市的雪铁龙新C3，比上一代车型更具动感、强健的外形。精心雕琢的车身像一款小型C4。整部车散发着高档轿车的气质，这在法国制造的城市小车中实为少见。在采光方面借鉴了它的兄长C4毕加索的大风挡玻璃设计。在全景空间（Visiospace）之后，就是全景驾驶（VISIODRIVE）了！如同一部紧凑型单厢车，新C3将视野和采光概念发挥到了极致，达到了其它城市用车从未达到的水平。新C3装有名为Zenith的超长挡风玻璃，使车内乘客的视野向上提高了80度，其风阻系数被降至0.30。

和雪铁龙其他几款新车型一样，新C3在配置方面也遵循了雪铁龙的创新精神。除了MP3音响、USB Box（带有可兼容iPod和蓝牙的USB接口）和MyWay GPS导航系统之外，新C3还配备了新型HIFI高保真音响系统，该系统音响效果出色，同时价格很具竞争力。在动力配置方面，新C3尚未公布所有的发动机配置，只公布了一款顺应时代要求的环保型发动机——1.6升90马力高压直喷HDi，其二氧化碳排放量仅为每公里99克。不过，雪铁龙对于这款新车的中期规划却介绍得很详细。从2011年起，C3将搭载新一代柴油发动机，这款发动机将配合Stop & Start停车启动系统，二氧化碳排放量将降至每公里90克。

东风雪铁龙世嘉 "优雅的运动家"

2008年6月28日，东风雪铁龙世嘉发布。世嘉(C-QUATRE)是雪铁龙C4轿车的国产车型，其命名延续了东风雪铁龙车型命名的规律，世嘉与C4的法文发音C-QUATRE吻合，同时QUATRE取自法国巴黎著名景点——亨利世嘉港（QUAIHENRI QUATRE），延续了东风雪铁龙系列车型命名与法国元素的关联。世嘉不同于目前以进口方式引进的3门掀背式C4轿跑车，国产车型为5门掀背车型。世嘉是同级别车型中唯一配备定速巡航与限速器的车型，为车主提供了不一样的品质享受。定速巡航能使世嘉在高速公路上行驶时，实现设定车速自动巡航行驶，减少长时间匀速行车带来的枯燥和疲劳感；限速器则为车主的安全行驶默默地设置了一个安全速度保证线，避免超速驾驶，在监视器繁多的城市是非常实用的功能；更为精巧的是，定速巡航和限速器的控制按键都在中央固定集控式方向盘上，操作异常便捷，带来"一切尽在掌握"的尊贵感受。2009年6月，世嘉三厢上市，使得东风雪铁龙的产品线日渐清晰完整。

上市之初东风雪铁龙世嘉即围绕其"冠军"特点，打造了一系列动感活力的"型动"展示。2009年10月31日，历时3个月的"谁是王中王"世嘉挑战极限之旅活动在张家界天门山上演了最后一站"决战巅峰"的精彩对决。此前经过票选和实地评测，天门山盘山公路"通天大道"以36 525票被广大网友评为"极限道路之王"：全长10.77公里，共计99个弯，海拔从200米骤升至1300米，两侧绝壁千仞。活动当天，众多媒体和车友都见证了"操控之王"与"道路之王"的巅峰对决，凭借卓越操控、充沛动力和精准底盘，东风雪铁龙世嘉以其良好的操控性和整体的稳定性征服了这条公认的"极限道路之王"，以"一览众山小"的气魄向全世界证明了其"操控之王"名至实归。

2010年8月正式成为中国羽毛球队及中国羽毛球协会官方合作伙伴以来，东风雪铁龙一直在为中国羽毛球运动的进一步普及和发展贡献力量，其旗下世嘉产品一直积极参与各类羽毛球活动，2011年，东风雪铁龙再次举办大型全民羽毛球比赛，邀请世嘉形象代言人、著名球星林丹担任大赛形象大使，并向全国广发英雄帖，邀请朋友们与世嘉一起，挑战林丹。"冠军是一种生活态度"，这就是世嘉希望表达的理念和对生活态度的认识。

毕加索 艺术家之车

1998年，雪铁龙品牌重新展示出非凡的创新力，在Xsara（赛纳）车型的基础上开创性地推出了单厢车。为了更加引人瞩目，特意以著名画家巴勃罗•毕加索的姓氏予以命名。媒体的评论使这款不俗的车型在推向市场时赢得了更高的知名度，其生命周期也比最初预期的更为长久。

尽管是以赛纳轿车为基础打造，但萨拉•毕加索没有和前者共用任何车身或座舱部件。萨拉•毕加索是中级单厢车中最为宽敞的车型之一，它宽1.75米，长4.28米，高1.64米，行李箱也十分宽敞。其路面表现相当出色，接近赛纳轿车。萨拉•毕加索标配有四气囊、ABS系统、助力转向、CD音响、电动后视镜、电动前车窗、遥控门锁、车载电脑、可调式方向盘和司机座椅等。萨拉•毕加索实现了国际化生产。2001年，东风雪铁龙萨拉•毕加索轿车下线。2004年10月，装备了全景天窗的新萨拉•毕加索在中国上市，萨拉•毕加索车型系列更加完备丰富。同年12月，萨拉•毕加索在全球销量突破1 000 000台。由于萨拉•毕加索巨大的成功，随后C3与C4车型的MPV都被命名为毕加索，未来毕加索的名字将陪伴几乎所有的雪铁龙MPV。

2007年，雪铁龙推出了C4毕加索，C4毕加索拥有5座和7座两种版本，7座版就是在中国很畅销的雪铁龙大C4 毕加索（Grand C4 Picasso）。优雅、舒适、温馨、安全、充满驾乘乐趣，雪铁龙大C4毕加索融合了来自法国的优雅格调与来自雪铁龙的创新科技，让人耳目一新。

采用全球独创的VISIOSPACE理念，大C4毕加索以大胆灵活的设计创造出焕然一新的车内氛围。明亮、自然的车内光线不仅提供了极佳的视觉享受，同时也让车内空间更显宽敞，不觉一丝压抑。一改传统MPV过于商务的沉闷风格，大C4毕加索充满活力车身设计，展现出其与众不同的个性。

采用7座独立座椅设计，大C4毕加索不仅满足家庭用车的需求，同时兼顾乘坐舒适性。而灵活的座椅布局更使车内空间得到最大化应用。最大可达1 951升的行李厢容积，足以胜任在空间方面的各种挑战。

大C4毕加索配备了先进的四区空调系统、空气质量传感系统、香水挥发器等诸多营造舒适效果的人性化设备。而优良的悬挂系统也让大C4毕加索带来令人印象深刻的平稳舒适。此外，

大C4毕加索还装配有电子自动停车制动系统、坡道起步辅助系统等诸多驾驶辅助设施，让驾驶更加从容自如。

在安全性上，大C4毕加索同样功力深厚。除ABS、EBD、ESP等主动安全系统，大C4毕加索在乘客被动安全方面也同样值得称道。在EuroNCAP的撞击测试中，大C4毕加索以接近满分的佳绩，获得乘客保护的5星级评价。

2009年，新型C3毕加索向世人揭开了面纱，为毕加索家族增添了一款安全、科技与环保并重的新车。

除了前卫的设计理念和优雅的外观，萨拉·毕加索另一个出彩之处在于其车名的选择。利用天才画家姓氏来冠名在艺术界乃至整个社会引起了广泛的争议：一些艺术界人士把这称为丑闻，认为这样做有损于画家的形象；自由派认为这不仅不会降低大师艺术作品的价值，相反，还可以向更多的人们敞开艺术世界的大门。这款车因这场论战而名声大噪，几个月后，当争议平息下来的时候，"毕加索"的名字成为汽车时尚的一部分，并一举成为中级单厢车的标杆。

东风雪铁龙C5 中级车主流力量

2009年4月18日，东风雪铁龙在上海举行新品牌发布大会，引入了新的品牌形象和口号，迈入品牌新纪元。同时，旗舰车型C5的上市，开启了东风雪铁龙回归品牌高端价值的新篇章。

凝聚了雪铁龙九代高级轿车的精髓，肩负着品牌回归高端价值的东风雪铁龙C5，凭借堪比C级轿车的"动态舒适"魅力，开辟了B级车的新纪元。大气，尊贵，高档，更融合了动感、优雅和品位，东风雪铁龙C5为用户带来全新的价值和体验，引领未来中高级轿车的发展趋势。

从底盘技术而言，C5装备有雪铁龙独有的FML减震韧性多连杆后悬挂，采用MNLD分离式多级非线性阻尼减震技术，极大提高舒适性和车辆控制的精确性；设计震动频率与人体行走节奏一致，乘坐更舒适；适应性可调整前束，减少轮胎磨损，提升驾驶性能。同时，来自雪铁龙专有的底盘液压缓冲系统将悬挂与前、后副车架之间实现柔性连接，有效缓解、吸收来自路面的震动，为车内成员提供愉悦的乘坐体验。

东风雪铁龙C5搭载3款发动机，其中包括全新一代2.3L全铝高效发动机，采用全球领先的VTCS可变相位气门正时系统，动力澎湃，震动小，噪音低，最大功率为171马力，最大扭矩为230Nm，各项性能居同级竞品领先位置。全球领先的Tiptronic智能6速手自一体变速箱，具有极佳的换挡舒适性，兼具出色燃油经济性，实现与发动机完美适配，换挡过程更加精准，带来愉悦、流畅的驾驶乐趣。

东风雪铁龙C5采用救生舱式高强度车身设计，8.5安全气囊和全系标配ESP三大领先安全科技，为驾乘者提供全方位的安全保护。此外，四向随动转向HID双氙气大灯，使视野更开阔，全中文显示智能泊车辅助系统、TPMS智能胎压监测系统、预张紧式安全带等众多安全配置将C5安全提升到同级轿车领先水准。

2011年4月，东风雪铁龙C5籍上海车展推出全新拉菲红车漆，作为C5提升整体竞争实力，丰富消费者选择的全新车型，C5拉菲红再次彰显了法式优雅的格调和原汁原味的法国血统。同时，凭借一年来出色的表现，东风雪铁龙C5迅速跻身主流中高级轿车行列，独一无二的动态舒适典范及其带来的法式优雅生活方式为其树立了出色的市场口碑，并将成为更多卓越不凡、尊贵品位的新绅士们驾驭真我生活、活出新绅风采的契机。

雪铁龙概念车 GTbyCITROËN 从虚拟到现实

雪铁龙专为PS3次时代游戏大作《GT赛车5》打造的概念车，将游戏里虚拟的空间变为现实的存在，体现了雪铁龙对最佳空气动力效果的探索成果。修长流线的外形，充满雕塑感的线条，略带夸张的伸长的尾部，车身两侧由浅入深的颜色渐变，这些无不给予这辆车一种独特的气质：沉静里带着狂野，理智里饱含激情。车身两侧的后视镜采用碳纤维材料，悬挂在极富流线感觉的支架上，好像是为了更好地划开粘着的空气，保证这辆雪铁龙GT更加稳当地伏在地面。整体式前玻璃风挡提供毫无遮掩的视野，顺着向后依次

有顶篷和尾部超长的可变式尾翼。这些流动的线条无时不刻都在向外传递着雪铁龙GT不安分的内心。

从外部尺寸来看，这辆车也可媲美其他品牌的超级跑车：车长4.96米，车宽2.08米，车高1.09米，轮毂21寸。GT在公众面前的几次亮相和试车都引起了巨大的轰动。华语乐坛天王周杰伦十分喜爱这款概念车，专门借用拍摄其新歌《自导自演》MV，成为天王第十张个人专辑《跨时代》的亮点之一。

雪铁龙概念车 SURVOLT ARTCAR 科技与艺术的结晶

在传奇勒芒赛道上试车之后，100%纯电动赛车雪铁龙概念车SURVOLT再一次震撼了人类的审美，受到著名画家Françoise Nielly启迪而产生的"ARTCAR"版本概念车，在2011年4月的上海车展上广受关注。

低低地蹲踞在车台上，SURVOLT表现了明显的雪铁龙设计风格。在一种若即若离的气质笼罩下，紧凑和流畅互相映衬。前引擎盖的线条多为圆弧，仿佛鲜花怒放；尾部线条绷紧，单尾翼向后伸出。粗犷的侧围如雕像般优美，大气的轮罩增加了坚固的感觉。与男性赛车世界里常用的橙色或是红色不同，SURVOLT车身颜色是画家Françoise Nielly常用颜色组成的彩带，从另外的角度营造出一种力量的氛围。她的前照灯不大，呈水平排列，并且上方还顶着一串念珠状的发光二极管灯头。

从诞生的那一刻起，SURVOLT仿佛就被气流统治，在她身上刻下了细长的肌肉线条，宛如一名长跑运动员。碳纤维、铝材、铬材，都是她采用的制造材料；彩色外衣颜色忽深忽浅，映着闪动的反光，或温柔自负，或丰满灵巧。凭借这些，SURVOLT无可争议地创造了自己的腔调，前无古人地将运动与美术理念融合在一起。

SURVOLT的名字含义是"高电压"，正如该名字揭示的，该车是百分百电力驱动。单独立项开发的SURVOLT体积紧凑，长宽高尺寸分别是3.85米、1.87米和1.20米，钢架式车身，平底底盘，全碳纤维车身，是一辆真正的电动赛车。该车的动力部分装备两台电机，总功率达300马力，有力地驱动仅重1.15吨的车身。其运动成绩相当出色，最高时速达260公里/小时，从零至100公里/小时加速时间达到5秒以内，1 000米起步急停时间为22秒。车上的能源储备系统由两块140公斤的锂离子电池组成，总电量为31千瓦时，可供续航里程200公里。专用充电器充电仅需2小时，即便是普通220伏民用电网也只需10小时即可完全充满。

SURVOLT ARTCAR代表着科技的激情和艺术的感悟，解决了环保与性能的矛盾，对未来汽车的发展指明了正确的方向。

CITROËN DS3　迷人风采

CITROËN DS3美轮美奂地揭开了雪铁龙全新高端产品系列——DS CITROËN的序幕，是雪铁龙技术和创造力的综合体现。CITROËN DS3在2009年法兰克福车展上一经亮相就引起了轰动，上市16个月内销量已突破110 000辆大关。

CITROËN DS3使用了全新的设计语言去演绎雪铁龙原创科技的精髓。车身长3.95米，宽1.71米，高1.46米，轴距为2.46米。其唯美外观的吸引力在于独特而新颖的设计创造："悬浮式"车顶，侧面鳍状造型设计使车身更富动感，前侧的LED竖灯勾勒出生动的前脸，略带张扬中还保持着沉着的自信。难能可贵的是，DS3别具个性的唯美设计并没有牺牲实用性。其仪表板进行了升高处理，为腿部留出更大的空间；而细长的座椅和后部典型的旅行轿车线条加大了后部空间。多种选择设计使DS3拥有名副其实的5个座位和一个285升的超大后备箱。

CITROËN DS3系列共搭载6款高效环保的欧V发动机，其起步发动机的二氧化碳排放量仅为98克/公里，低排放水平完全符合DS CITROËN的环保领军者形象。

DS3系列中包括一款更具运动激情的CITROËN DS3 Racing，其设计首要考虑要素是性能，发动机也是其关注的重点，这款发动机在1.6升涡轮增压发动机基础上开发，输出功率提升到202匹马力。扭矩从240Nm提高到275Nm，并且发动机转速达到2 500转/分时就可以得到峰值扭矩。因此该款车型特色独具，于2011年正式成为WRC（世界汽车拉力锦标赛）中雪铁龙车队的赛车。

CITROËN DS4 卓尔不凡

CITROËN DS4注定要成为挑战设计极限和感官享受的唯美之作而让驾驭者疯狂。作为全新的4门式Coupe车，曾经在2011年初举行的第26届巴黎国际汽车节上，被62个国家的6万多位网民评选为"2010年度唯美车型"，并荣膺"最美内部设计奖"的荣誉。在专业设计人士看来，长4.27米，宽1.81米，高1.53米的CITROËN DS4的承诺更像一个挑战：将Coupe车的动力性和使用的方便性和功能更好地结合起来。通过完全融入设计风格之中的其后部的3个座椅、宽大的后备箱和为数众多的储物空间，DS4成功地完成了挑战。

为了提供顶级品质，雪铁龙DS4内部以驾驶员为核心，运用了室内氛围灯、全景玻璃天窗以及多处镀铬装饰和真皮件。做工精美，品质超群，丰富观感，是其内部设计主导思想。CITROËN DS4的客户同时有5种皮革的组合可供选择。值得观者心动的是CITROËN DS4通过全景式挡风玻璃提供一种向上45度角的视野，为有效而动感的驾驶提供一种优化了的视野。

CITROËN DS4配备了两款标配微粒过滤器的欧V柴油发动机以及3款与宝马公司合作的欧V汽油机发动机。CITROËN DS4的调校偏向动感，尤其适合那些追求个性化的客户。CITROËN DS4项目负责人杰瑞米•马埃斯塔奇就此表示："我们力求让客户能更灵活地驾驶车辆，感觉车轮就像掌握在自己手中一样，享受绝对的路面触感。"

CITROËN DS5 尽情愉悦

2011年4月，CITROËN DS5全球首发仪式在上海举行。作为DS CITROËN系列不断向高端突破的产品，CITROËN DS5兼具"Shooting Brake"气质与 GT跑车动感。CITROËN DS5是一幅真正的空气动力学雕塑作品，线条勾勒得流畅而富有张力，给观者动感十足的震撼。

CITROËN DS5的与众不同还在于座舱非常特殊，与外部造型非常搭配。它采用航空风格的"驾驶舱"设计，令每个驾乘者都享有自己不同的体验。CITROËN DS5驾驶座的设计真正体现了以驾驶者为中心：造型别致的垂直式方向盘，地板升高，中控台精美大气，换挡杆安排在司机前臂的延伸线上，非常人性化。

CITROËN DS5对驾驶进行了高科技处理：以LED为基础的车内灯光逐渐照亮座舱，只需按下免提启动"START"按键，座舱便开始生机勃勃：HUD抬头显示器开始启动，将重要驾驶彩色信息投射到驾驶员的视野内（车速、定速巡航/定速限制或巡航指令），组合仪表中的数字显示和指针开始活动。车内的环境照明使驾驶舱沉浸在梦幻般的氛围中，属于你的旅程就此开启。

对于那些追求帅酷车型和驾驶乐趣的驾驶者，CITROËN DS5提供了一个创新的答案。它融合了驾驶乐趣和舒适分享，是一款能演绎精彩驾乘生活的车型。作为唯美的作品，CITROËN DS5将设计、舒适、精致和技术的概念推向更高的境界，为追求高端享受的消费者开辟了全新的视野。

CITROËN DS5座舱内部用最完美的全粒面黑檀色真皮包裹，银色针脚线与黑色真皮形成微妙的视觉反差。从车门门板上的真丝褶皱，到真皮座椅中间的DS LOGO压花，用来装点座舱的这些精美皮革工艺，充分彰显了DS的两个关键词："品质"和"精致"。